Ad gloriam Dei

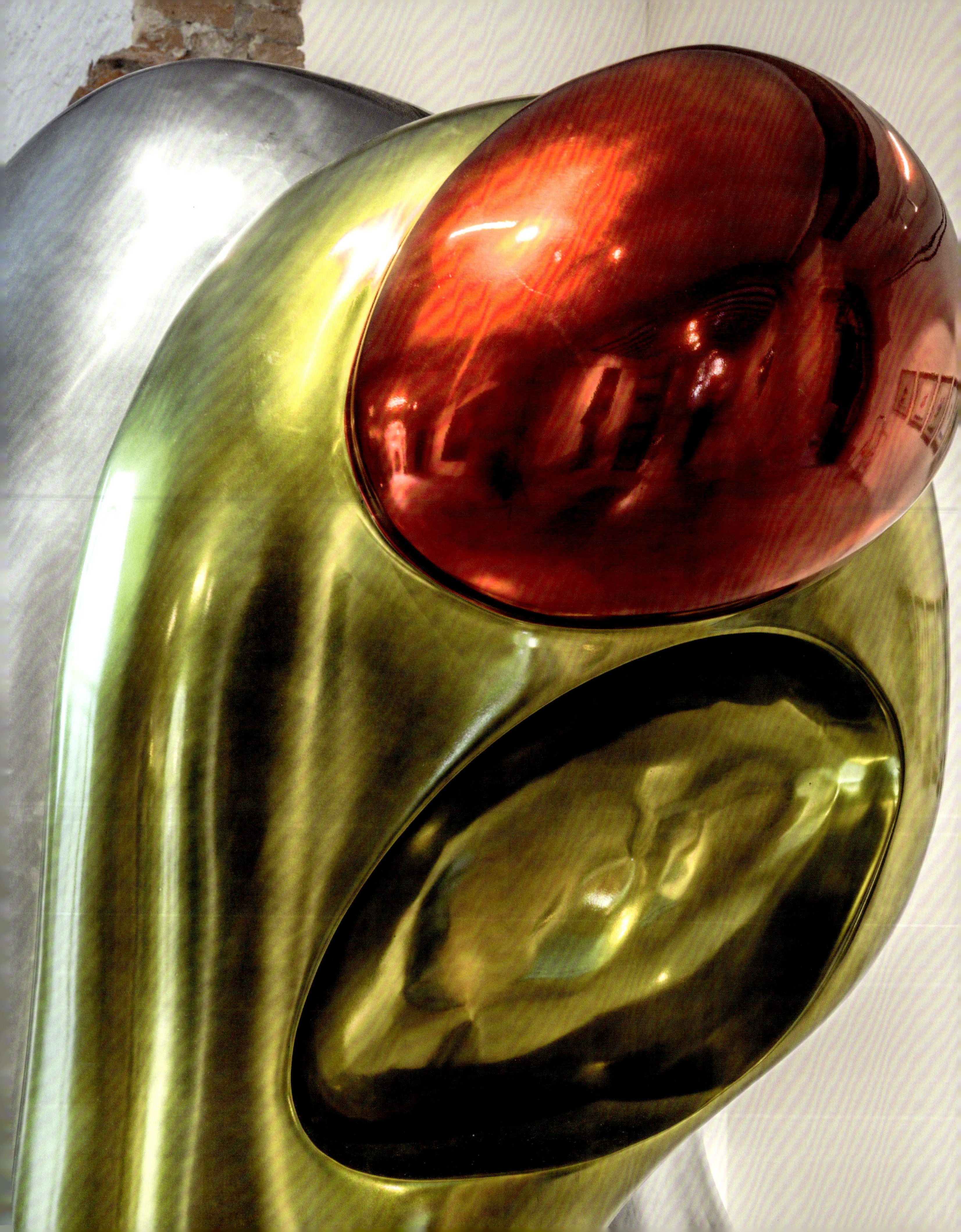

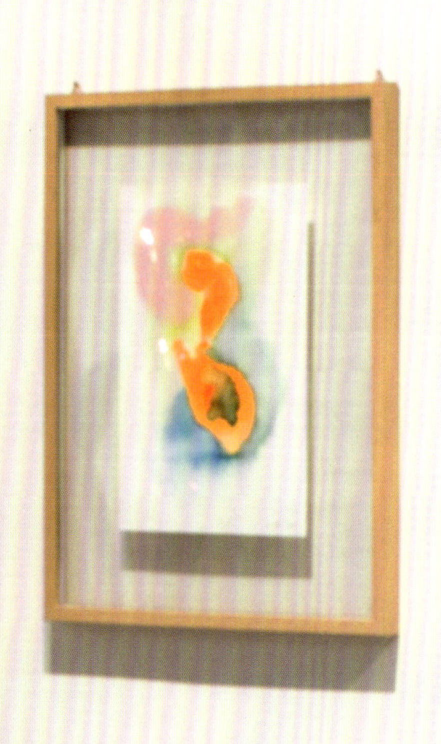
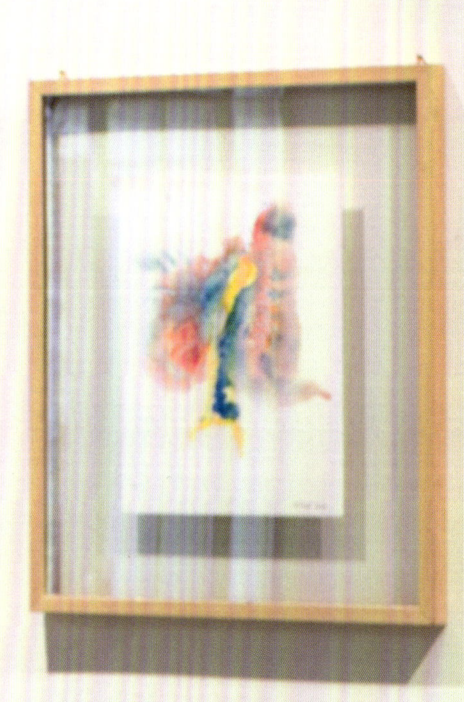
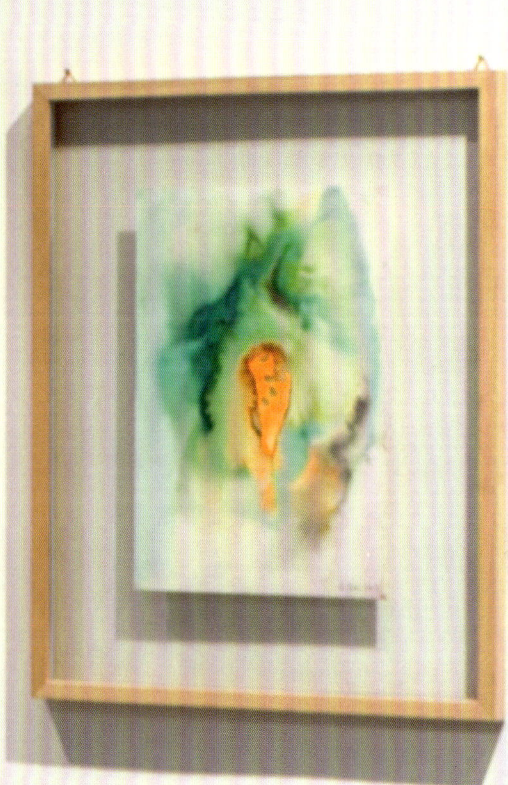

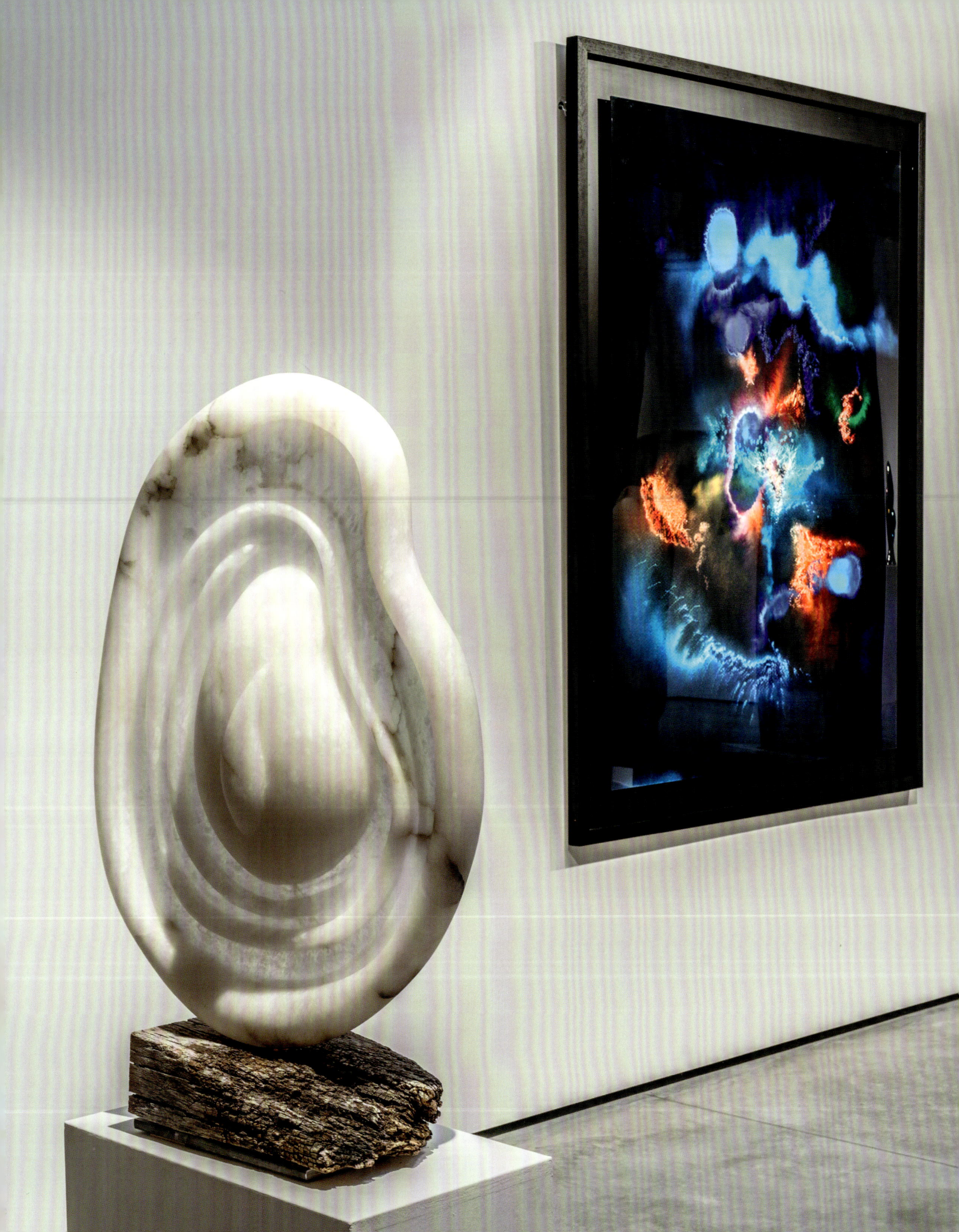

Marialuisa Tadei
ENDLESSLY

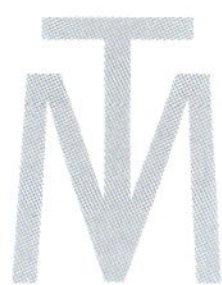

SilvanaEditoriale

SOMMARIO / CONTENTS

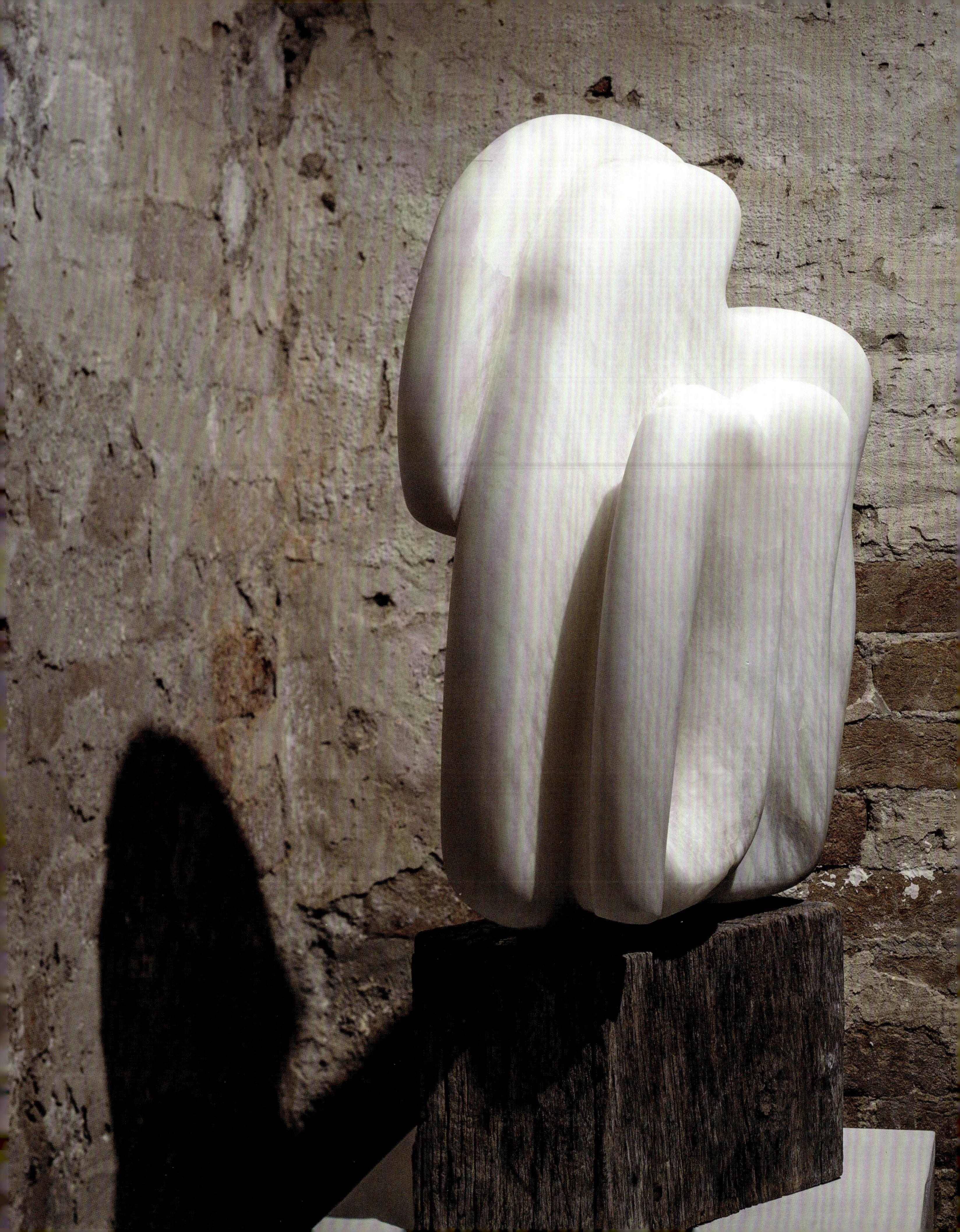

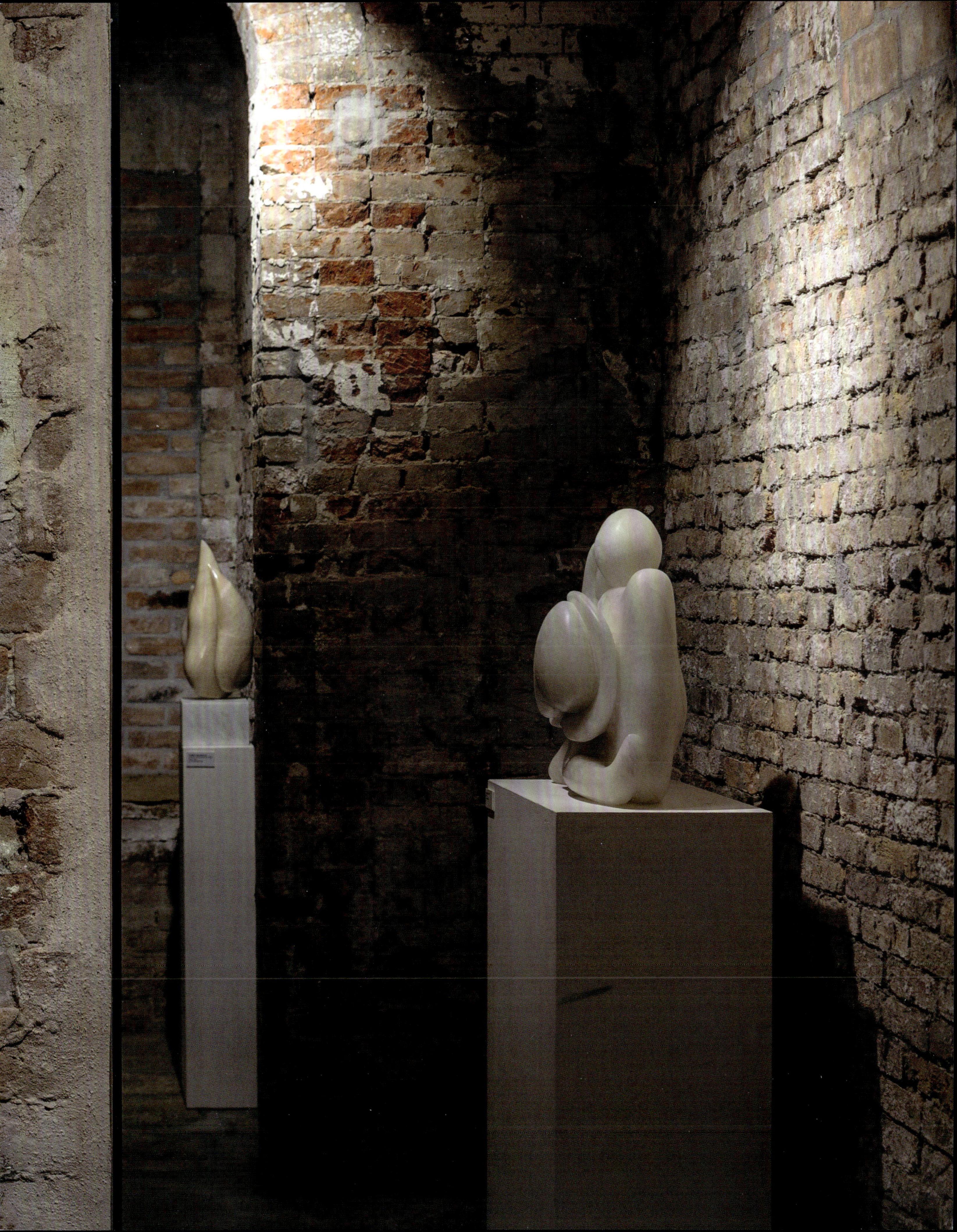

L'estasi della visione

DONALD KUSPIT

L'unione tra Dio e l'uomo avveniva regolarmente attraverso l'ekstasis – l'anima si libera dal corpo – e l'enthousiasmos – il dio penetra e abita lo spirito del credente. Ma i mezzi per realizzare questa unione, benché allegorizzati e spiritualizzati al massimo livello, sono a volte del genere più primitivo. Le variazioni dell'emozione religiosa possono raggiungere i punti più alti come quelli più bassi della natura umana.
Gilbert Murray, Five Stages of Greek Religion[1]

L'arte visiva è rivolta allo sguardo dell'osservatore e incentrata sullo sguardo dell'artista, sulla sua "visione" e costruzione visiva. L'arte è un modo per inviare queste visioni, queste distillazioni artistiche della vista – una vista divenuta puramente estetica, estaticamente separata dal suo oggetto, senza per questo negare la sua indiscutibile appartenenza all'occhio – all'osservatore, "impressionandone" l'occhio in modo che anche lui possa "vedere" (nel modo più puro possibile) con gioia estetica e intensa concentrazione: che apra i suoi occhi al visibile – nella realtà o nella fantasia, nel mondo circostante o nella mente – trasformando al tempo stesso la percezione visiva in arte.
Se le cose stanno così, se il punto fondamentale dell'arte visiva più seria consiste nel glorificare lo sguardo, nell'elevarlo al primo posto fra i sensi, nel celebrarne la sacra natura e il potere cognitivo – che è la ragione per cui Aristotele lo definisce il più nobile tra i sensi – , allora le opere esteticamente più pure e sublimemente astratte di Marialuisa Tadei sono quelle della serie "Oculus Dei" (1998-2008). Realizzate in marmo, vetro e mosaico, e perciò splendenti della luce emanata dal materiale stesso, queste opere, che possono essere lette come raffigurazioni dei capillari presenti nell'occhio, ci contemplano dall'alto, come suggerisce l'installazione nella chiesa di Santa Maria della Croce a Ravenna del 2001. Se i dischi colorati in plexiglas dipinto di *Intra me* (2000) sono un'altra versione di *Oculus Dei*, allora il loro uso nell'installazione *Divini Vultus* (2000) di Bad Homburg, quel loro essere sospesi in alto fra gli alberi del bosco – macchie di luce nella scura foresta tedesca –, conferma la loro essenza di apice dell'essere, come l'occhio onniveggente di Dio. Queste forme si librano al di sopra degli alberi in una visione autonoma e al tempo stesso la loro pienezza segna e informa di sé la pienezza della natura. L'occhio divino di Tadei è benigno, benedice il mondo che vede ed è, in sé, benedetto, non giudica: è lo sguardo di Dio prima della Caduta, quando, come narra la Genesi, osservando il cosmo che aveva creato disse che "era cosa buona".
Ma allora, come interpretare un'altra opera dell'artista, quel *Giardino dei pensieri* (2001), in cui ogni pensiero è protetto da un vetro, quasi fosse una reliquia preziosa? I pensieri – a volte Tadei li chiama intuizioni, come ne *L'orto delle intuizioni* (2000) – sono allineati in file, come campioni medici in attesa di essere analizzati da uno studioso del cervello, perché somigliano a cervelli, benché sottoposti a una mutazione, persino distorti in maniera grottesca. Sembrano anche formazioni viscerali e bizzarre, fusioni surreali tra creatura e vegetale, con l'aggiunta di un pizzico di minerale: le formazioni intelligenti di Tadei hanno la stessa cupa assurdità, la stessa febbrile complessità delle enigmatiche strutture dei giardini esotici di Max Ernst. Possono riprodursi (e incrociarsi) nella serra dell'inconscio dell'artista – come suggeriscono *Il giardino bianco* (2000), *Il giardino dell'Eden* e *Il giardino su Marte* (entrambi del 2004) – , eppure sembrano piene di un'inquieta coscienza, come rivelano le volute serpeggianti dell'intrico in cui si auto-avviluppano.
Per me, gli occhi luminosi e riccamente colorati di Dio e i cervelli tutti più o meno cupi – grigiastri e tenebrosi eppure animati, per non dire bizzarramente organici (e maniacalmente pensierosi) – costituiscono gli antipodi dell'arte di Tadei. Come può l'artista essere autrice di entrambi? A meno che non ci stia dicendo che i cervelli per crescere hanno bisogno della colorata luce solare degli occhi. Qual è, dunque, la loro relazione? O forse non ve n'è alcuna e l'artista è divisa da se stessa, una personalità artistica scissa, che fa il gioco degli estremi contro il mezzo – anche se un vero mezzo non c'è. Il mezzo – l'intermediario – sembra essere il corpo, come sug-

The Ecstasy of the Eye

DONALD KUSPIT

The union of man with God came regularly through Ekstasis — the soul must get clear of the body — and Enthousiasmos — the God must enter and dwell inside the worshipper. But the means to this union, while allegorized and spiritualized to the last degree, are sometimes of the most primitive sort. The vagaries of religious emotion are apt to reach very low as well as very high in the scale of human nature.
Gilbert Murray, Five Stages of Greek Religion[1]

Visual art addresses the beholder's eye, and is about the artist's eye, the artist's "sightings" and construction of sight. The work of visual art is a way of sending these sightings, these artistic distillations of seeing — seeing that has become purely aesthetic, ecstatically separate from what is seen without denying its givenness to the eye — to the beholder, "impressing" her eye so that it, too, "sees," hopefully purely, with aesthetic joy and poignant attention: opens her eye to what can be seen, whether in fact or in fantasy — whether in the world or the mind — even as it elevates seeing to an art.
If this is so, and if the basic point of serious visual art is to apotheosize the eye, to elevate it to the prime place in sensing, to celebrate it for its own sacred self and cognitive powers — which is why Aristotle said it was the highest sense — then Marialuisa Tadei's most aesthetically pure and sublimely abstract works are those in the "Oculus Dei" (1998-2008) series. Made of marble and glass mosaic, and thus glowing with light that seems to emanate from the material, and displaying what can be read as the capillaries visible in the eye, Tadei's *Oculus Dei* surveys us from the heights, as its installation in the church of Ravenna's Santa Maria delle Croci in 2001 implies. If the colorful disks of Intra me (2000), made of painted perspex , are another version of *Oculus Dei*, then their use in the *Divini Vultus* (2000) installation in Bad Homburg, high in the trees of a forest — bright spots in the dark German forest —, confirms that they are the apex of being, as it were, like the all-seeing eye of God. They float above the trees in autonomous vision, even as their plenitude marks and informs the plenitude of nature. Tadei's eye of God is benign, blessing the world it sees and blessed in itself, and non-judgmental: it is the prelapsarian eye God had when he looked upon the cosmos he created and said "it was good," as the story of Genesis tells us.
But then what are we to make of Tadei's *Giardino dei pensieri* (The Garden of Thoughts, 2001), each thought preserved in glass, like a precious relic? The thoughts — sometimes Tadei calls them "intuitions," as in *L'orto delle intuizioni* (The Garden of Intuitions, 2000) — are lined up in rows, like medical specimens, waiting to be studied by a student of the brain, for they resemble brains, however mutated, even grotesquely distorted. They seem like viscerally bizarre growths, a surreal fusion of creature and plant with a bit of mineral thrown in: Tadei's brainy growths have the same lurid absurdity — the same feverish intricacy? as the enigmatic formations in Max Ernst's exotic gardens. They may breed (and interbreed) in the hothouse of Tadei's unconscious, as *Il giardino bianco* (The White Garden, 2000), *Il giardino dell'Eden* and *Giardino su Marte* (The Garden of Eden and The Garden on Mars, both of 2004) suggest, but they seem to be restless with consciousness, as the twists and turns of their self-entanglement imply.
For me the luminous, richly colored eyes of God and the more or less grim brains — they're grayish and somber in comparison, however animated, not to say extravagantly organic (and manically thoughtful)? are the antipodes of Tadei's art. How can Tadei make both, unless she is saying that the brains need the color-filled sunlight of the eyes to flourish? What, then, is their relationship? Or is there none: Is Tadei divided against herself, a split artistic personality, playing the extremes against the middle — except there is no middle? The middle — the mediating agent — seems to be the body, as *Angelo* (Angel, 2002) suggests, but the body has dropped out: the angel has fallen, its body has broken —

gerisce *Angelo* (2002), solo che il corpo si è sottratto: l'angelo è caduto, il corpo si è spezzato – la testa e le braccia sono state tagliate via dal torso – , e ciò ci rivela la sua natura di angelo-Icaro. La testa può anche continuare a pensare, come suggerisce *Meditazione* (2004) – gli occhi chiusi, concentrati in una contemplazione tutta rivolta all'interno, stanno senza dubbio immaginando la scultura astratta, una costruzione di piani azzurro-cielo, sospesa dietro di loro – ma, insieme al corpo nudo, qualcosa di essenziale è andato perduto: la natura primitiva.

(L'angelo luminoso di Tadei è degno di quello di Rilke, che comunica bellezza e terrore al tempo stesso, come scrive il poeta nella decima Elegia di Duino. L'uso di strisce di neon rosso a simboleggiare il sangue che scorre è un colpo di genio e questa è una delle ragioni per cui penso che la sua visione dell'angelo sia originale, certamente inconsueta nell'arte moderna. I primi disegni di Tadei rivelano che l'artista è una studiosa del corpo, il quale però tende a dissolversi nel colore – quei colori che diventano ancora più vividi negli occhi di Dio – , suggerendo in tal modo che il colore è per lei più importante della corporeità, benché sia possibile affermare che gli occhi di Dio mostrano la corporeità del colore vissuto e vivente. È inoltre degno di nota il fatto che la testa di Tadei è una specie di sostituto del corpo. La sua consistenza sensuale, misteriosamente simile alla carne, che ricorda le teste di Medardo Rosso, suggerisce che si tratta di un distillato estetico di corporeità vissuta.)

Mi sembra che la natura "bassa" sia stata trasferita nelle "altezze" del cervello, il che spiega il loro aspetto paradossalmente primitivo – il perché della loro convulsa visceralità di crescite organiche incontrollabilmente spontanee –, mentre gli occhi di Dio sono astrazioni mentali, simili alle astrazioni angeliche che fluttuano come presenze luminose in *Equilibri* (1995-96), frammenti di luce ondeggiante disposte in un crescendo che sale fino al cielo. Sono sezioni incrociate di una piramide ascendente, carica, per così dire, di una luce virile che le solleva tenendole al tempo stesso sospese in uno spazio tutto loro. Il cervello può pensare i suoi pensieri astrattamente "artistici", come suggerisce *Meditazione*, ma se l'occhio fiammeggiante di Dio – che non si chiude mai, a differenza degli occhi umani che devono necessariamente chiudersi per vedere il mondo interiore con l'occhio della mente – non brillasse sopra di lui, non potrebbe pensare o, più precisamente, sperimentare quella che Jacques Maritain chiama "intuizione creatrice", la stessa che Dio "utilizzò" per creare l'universo.

E veramente l'arte di Tadei aspira all'universo: i suoi cervelli sono varianti dell'intricata mente divina – di certo molto più complessa rispetto a quella umana. Più esplicitamente, quelle entità organiche, auto-generanti e in costante mutamento che sono i suoi cervelli, stanno all'occhio astratto di Dio – cui il colore cangiante (tradizionalmente inteso come elemento organico, a differenza della linea, l'elemento transorganico astratto che l'intuizione creatrice "vede" in natura) conferisce un carattere organico – nello stesso rapporto dialettico che sussiste tra conscio e inconscio. L'arte di Tadei non è dunque discorde da se stessa, ma è dialettica, tanto più che i suoi cervelli primitivi possono essere interpretati come versioni microcosmiche dei suoi astratti occhi macrocosmici: l'implicito cambiamento di scala non cambia in nulla il fatto immaginativo per cui gli occhi astratti comunicano la raffinata essenza interiore dei cervelli esternamente grezzi. Gli occhi di Dio sono fiori che sbocciano nel suolo fertile della mente, nello stesso modo in cui sembrano sbocciare dagli alberi in *Divini Vultus*.

Tadei è un'artista spirituale, nel senso che usa l'arte astratta come mezzo in vista di un fine spirituale: strumento della coscienza spirituale, com'era per Kandinskij. Così Tadei riporta l'astrazione alle sue origini spirituali – di nuovo, analogamente a Kandinskij, è convinta che l'arte sia parte essenziale della vita dello spirito, come l'artista russo scriveva nel 1912 nel suo Lo spirituale nell'arte. E come per Kandinskij, anche per lei lo spirituale è collegato con quanto è stato vagamente definito nei termini di bellezza decorativa: l'aspirazione spirituale si esprime in meandri di sfolgorante colore puro. Ma Tadei ripristina un elemento da cui Kandinskij rifuggiva: il senso della corporeità trasmesso dai suoi pensieri, che cresce spontaneamente nel giardino della sua arte. Cioè, in ognuno dei suoi colori è insito un corpo ben preciso, ed è questa la ragione per cui, per quanto "decorativi" possano essere, essi si proiettano nello spazio e al tempo stesso ci seducono attraendoci verso e dentro di loro. La corporeità spiritualizzata e la spiritualità implicita nel corpo, o almeno nella sua parte pensante – il cervello – sono espressi in un delirio di colori, emblematici di quell'estasi che "si libera dal corpo", per citare l'epigrafe di Gilbert Murray. Eppure, paradossalmente, l'estasi – e il decorativo al suo apice eccitante e ricco di colore, come negli *Oculi Dei*, è intrinsecamente estatico – è impossibile senza il corpo, anche se nella forma piena di risonanze simboliche del cervello, nella sua vistosa e persino grossolana corporeità, malgrado tutta la sua facoltà cosciente e la sua capacità di coscienza spirituale, che è la più creativa di tutte.

Credo che uno dei compiti più importanti – e una responsabilità fondamentale – dell'arte del XXI secolo consista nel ripri-

the head and arms are severed from the torso — suggesting that it is an Icarian angel. The head may continue to think, as *Meditazione* (Meditation, 2004) suggests — the eyes are closed and concentrated in inward contemplation, no doubt conceiving the abstract sculpture, a construction of sky-blue planes, that hovers behind it — but without the naked body something essential has been lost: primitive nature.

(Tadei's luminous angel is worthy of Rilke's, conveying at once beauty and terror, as he writes in the tenth Duino Elegy. Tadei's use of bands of red neon to symbolize flowing blood is a stroke of genius, which is among the reasons I think her vision of the angel is original, certainly unusual in modern art. Tadei's early drawings show that she is a student of the body, but it tends to dissolve in color — the colors that become even more vivid in the eyes of God — suggesting that color is finally more important to her than bodiliness, although it is possible to say that the eyes of God show the bodiliness of lived and living color. It is also worth noting that Tadei's head is a kind of stand in for the body. Its richly sensuous, uncannily flesh-like texture, reminiscent of Medardo Rosso's heads, suggests that it is an aesthetic distillation of lived bodiliness.)

I think "low" nature has been displaced to the "high" brains, which "explains" their paradoxically primitive look — why they seem so convulsively visceral, uncontrollably wild organic growths ? while the eyes of God are mental abstractions, like the angelic abstractions that float like luminous angels in *Equilibri* (1995-1996), fragments of floating light building to a heavenly climax. They are cross-sections of an ascending pyramid, as it were, charged with virile light that lifts them up even as it suspends them in a space of their own. The brain may think its abstract "artistic" thoughts, as Meditation suggests, but without the glistening eyes of God — which never close, unlike human eyes, which must close to see the inner world with the mind's eye — to shine on them, they cannot think, more precisely, experience what Jacques Maritain calls creative intuition, which is what God "used" to create the cosmos.

Indeed, Tadei's art is cosmically ambitious, suggesting that Tadei's brains are versions of God's intricate brain — certainly overcomplicated compared to the human brain. More pointedly, her organic, self-generating, constantly changing brains stand to her abstract eyes of God — which are given organic character by changing color (traditionally understand as the "organic" element in nature, in contrast to line, the trans-organic abstract element that creative intuition "sees" in nature) — the dialectical way the unconscious stands to consciousness. Tadei's art is not divided against itself, but dialectical, all the more so because her primitive brains can be understood as microcosmic versions of her macrocosmic abstract eyes: the implicit change in scale does nothing to change the imaginative fact that her abstract eyes convey the refined inner essence of her externally raw brains. The eyes of God are flowers that blossom in the fertile soil of the brain, the way the eyes of God in *Divini Vultus* seem to be flowers blossoming from the trees.

Tadei is a spiritual artist, that is, she uses abstract art as means to a spiritual end: it is the instrument of spiritual consciousness, as it was for Kandinskij. She returns abstraction to its spiritual origins — like Kandinsky, she believes that art is an essential part of the spiritual life, as he wrote in *On the Spiritual Art* (1912). And like Kandinskythe spiritual and what has loosely been called decorative beauty are connected for her: spiritual aspiration expresses itself in the meanderings of radiant pure color. But she restores something that Kandinsky eschewed: the sense of bodiliness, conveyed by her thoughts, growing wildly in the garden of her art. That is, her colors have a certain body to them, which is why however "decorative" they project in space even as they seductively draw us to and into them. Spiritualized bodiliness and the spirituality implicit in the body, or at least the thinking part of it — the brain — are conveyed by a delirium of colors, emblematic of the ecstasy that "get[s] clear of the body," to refer to the epigraph from Gilbert Murray. But, paradoxically, ecstasy — and the decorative at its exciting colorful best, as in Tadei's *Oculi Dei*, is inherently ecstatic ? is impossible without the body, if in the symbolically resonant form of the brain, conspicuously, even grossly physical for all its powers of consciousness and capacity for spiritual consciousness, the most creative of all consciousnesses.

I think it is a major task — a fundamental responsibility — of 21st century art to restore a sense of the sacred, and with that of enlightened and enlightening spirituality, in a society which has become even more materialistic than Kandinsky said it was at the beginning of the 20th century, suggesting that unconsciously it is even more aesthetically and spiritually needy than it was at the beginning of materialistic modernity. Tadei successfully addresses this ethical task, creating convincing works of spiritual art using modernist aesthetics, indicating that spiritual art is necessarily pure art

stinare un senso del sacro e con esso una spiritualità illuminata e illuminante, in una società divenuta ancor più materialista di quella già stigmatizzata come tale da Kandinskij al principio del Novecento, rivelando quanto essa sia inconsapevolmente più povera dal punto di vista estetico e spirituale di quanto non fosse all'inizio della modernità materialistica. Tadei si dedica con successo a questo compito etico, creando opere d'arte spirituali convincenti in cui fa uso di un'estetica modernista, indicando così che l'arte spirituale è necessariamente arte pura (anche se non tutta l'arte pura è necessariamente spirituale, come dimostra l'astrazione minimalista). Wilhelm Worringer notò in un suo celebre scritto che il fatto stesso di esserci alzati in piedi a osservare il cielo – permettendo alla mente di pensare alla vastità dell'universo anziché al prossimo pasto da consumare, cosa che ci distingue dai quadrupedi – ha generato in noi un "senso di insicurezza"[2]. I cervelli di Tadei suggeriscono che vi è un istinto alla spiritualità che trova il suo oggetto più alto nell'occhio di Dio – oggetto di pura spiritualità – e che quel senso di insicurezza può essere superato grazie a un coinvolgimento estatico in quello sguardo, in modo da divenire un tutt'uno con esso, che diventa così l'occhio interiore della nostra coscienza, puntato saldamente verso il cielo. L'unione mistica con il divino è il sottotesto dei cervelli pensanti di Tadei, diamanti spirituali allo stato grezzo.

Infine, è opportuno prestare attenzione ai materiali usati dall'artista – che dà prova di una straordinaria sensibilità verso i differenti elementi materici della sua arte, molti dei quali sembrano a loro volta intrinsecamente sensibili (compreso il colore, il più prezioso e delicato tra i materiali, benché tanto comune e familiare) – e alla trasformazione immaginativa cui vengono sottoposti. Tadei ha fatto estensivamente uso del plexiglas, certo a causa della trasparenza e luminosità di questo materiale, della sua capacità di trattenere e incarnare la luce e di "illuminare" il colore. L'opera *Le quattro sorelle* (2004) – un gruppo di strutture figurative astratte, ciascuna con un suo peculiare carattere totemico – ne è un esempio ricco di colore. *Mandala* (2004) è un'altra costruzione astratta in plexiglas fatta di frammenti adagiati sul pavimento in ordine sparso, con le sue parti vivacemente colorate intarsiate di piccoli occhi di Dio, un esplicito riferimento alla meditazione spirituale. Il mandala è scomposto, sta all'osservatore ricomporlo con l'occhio della mente. Somiglia a un fiore, ma sappiamo che non appartiene a questa terra, benché sia, letteralmente, sulla terra. Ma soprattutto l'uso che Tadei fa delle piume – immacolate come la pelle del suo Angelo e il marmo polverizzato de Il sogno bianco (1998) – inserite in globi disposti su un quadrato di plexiglas specchiante ne Il giardino su Marte, è particolarmente degno di nota. Le piume divengono spontaneamente creature viventi, ibride, ambiguamente a metà tra vegetale e animale, forse anemoni di mare o esseri enigmatici tenuti in vita nell'acqua in virtù di un esperimento. L'opera è ingannevolmente semplice; in realtà, il suo fulcro spirituale è molto complesso. Gli oggetti sono posti in un sottile equilibrio e l'opera nel suo insieme si legge come una squisita natura morta. I globi possiedono la rara bellezza di forme di vita ultraterrena, che si sono appena evolute attraverso l'arte.

L'opera che pare più caratteristica dell'arte di Tadei emana una sensazione di quieto rapimento. *Equilibri* – un'altra astrazione biomorfica realizzata con piume e tessuti delicati – ci comunica la stessa sensazione di intimità, lo stesso silenzio estatico e sembra anch'essa fatta per la meditazione. Come la costruzione piramidale della *Scala del paradiso* (2004) fatta di piani di alluminio e plexiglas, ciascuno dei quali forma una superficie autonoma di un giallo brillante, queste opere – assieme alla serie più "pittorica" degli Oculi Dei – sono pura estetica, cui è stata conferita una dimensione spirituale, anche se l'estetica dei giardini di Tadei ha più a che fare con le origini della vita che con il suo fine spirituale. L'altra sua opera, dal titolo + (2000-2001), il cui specchio contiene tutto il cosmo colorato, rende ancora più esplicito questo punto. Se gli occhi di Dio e le intelligenze della natura sono le "idee emblematiche" di Tadei, allora *La Sapienza Creatrice* (2006-2009) è la sua "opera emblematica" nel senso che Harold Rosenberg attribuisce a tale espressione, perché si tratta di una sorta di grandioso gesto astratto di auto-creazione. Epica e lirica al tempo stesso, intensa e solenne, splendente di colori e trionfalmente eretta nello spazio aperto, comunicando a sua volta la propria apertura nei confronti dello spazio – implicitamente cosmico, come a riconoscere quella "emozione cosmica" che secondo Roger Fry veniva suscitata dall'astrazione pura – l'opera ha in sé quella nota di insicurezza di cui parlava Worringer, perché sembra in precario equilibrio, benché partecipe della luce, come rivela la sua splendente sommità (la stessa purezza che conosciamo da altre opere). Può essere letta come una sintesi tra l'occhio divino e la mente della natura – l'intelligenza astratta di Dio sottoposta a una torsione organica, come il suo intreccio di curve sembra suggerire, ma anche l'intelligenza della natura con la sua sapienza creativa – e in quanto tale come un tentativo convincente, sia dal punto di vista espressivo che da quello percettivo, di risolvere quella che rimane la dialettica fondamentale del modernismo: l'astrazione ed

(even if all pure art is not necessarily spiritual, as Minimalist abstraction makes clear). Wilhelm Worringer famously noted that as soon as we stand upright, our eyes raised to the sky — allowing our brains to survey the world at large and think about the possibility of higher things rather than only the next meal and reproducing ourselves, as the instinct-ridden brains of animals on all fours do — a "feeling of insecurity was left behind."[2] Tadei's brains suggest that there is an instinct for spirituality, which finds its higher object in the eye of God — a purely spiritual object — and that the feeling of insecurity can be overcome by becoming ecstatically absorbed in it, so that one becomes enthusiastically one with it and it becomes the inner eye of one's own consciousness, securely looking skyward. Mystical union with the divine is the subtext of Tadei's thoughtful brains, clearly spiritual diamonds in the rough.

Finally, one should note Tadei's materials — her extraordinary sensitivity to different materials, many of which seems inherently sensitive (including color, the most precious and delicate if commonplace and familiar of materials) — and her imaginative transformation of them. She has made extensive use of perspex, no doubt because of its transparency and luminosity — its power to hold and embody light and with that "illuminate" color. *Le quattro sorelle* (The Four Sisters, 2004), a grouping of abstract figurative constructions, each with a totem-like character, is a colorful example. *Mandala* (2004) is another abstract perspex construction, this time of fragments spread flat on the ground, its vividly colored parts inlaid with little eyes of God, with an explicit meditative-spiritual point. The Mandala is broken, but we put it together in our mind's eye. It looks like a flower, but we know it is not of the earth however literally down to earth it is. But Tadei's use of feathers — they're as white as the skin of her Angel and the pulverized marble in *Il sogno bianco* (The White Dream, 1998) — in globes placed on a flat square of mirror-like perspex, in *Il giardino su Marte* (The Garden on Mars) is especially noteworthy. The feathers spontaneously generate into living beings, ambiguously plant and animal, perhaps sea anemones or enigmatic creatures kept "experimentally" alive in water. The work is deceptively simple, for its spiritual point is complex. The objects are subtly equilibrated, and the work as a whole reads as an exquisite still life. They have the rare beauty of unearthly life-forms, freshly evolved by art.

There is a quiet rapture to the piece which seems characteristic of Tadei's works in general. Equilibri, also a kind of biomorphic abstraction, and also made of delicate feathers as well as textiles, has the same intimacy and ecstatic silence, and is also made for meditation. Like the pyramidal construction of Aluminium and perspex planes, each a smooth autonomous surface of bright yellow, in *Scala del paradiso* (Stairway to Heaven, 2004) these works — along with Tadei's more "painterly" *Oculi Dei?* are pure aesthetics given a spiritual dimension, even if the aesthetics of Tadei's garden installations has more to do with the origin of life than with its spiritual goal. Her glass cross + (2000-2001), containing the colorful cosmos in its mirror, makes it explicit. If the eyes of God and the brains of nature are Tadei's "signature concepts," then *La Sapienza Creatrice* (Creative Wisdom, 2009) is her "signature work," in Harold Rosenberg's sense of the term, for it is a grand self-entangled yet self-contained — and self-creating — gesture. At once epic and lyrical, monumental and playful, intense and stately, radiantly colorful and triumphantly alone in open space, signaling its own openness to space — implicitly cosmic space, as though to acknowledge what Roger Fry called the "cosmic emotion", pure abstraction awakened — it has the note of insecurity Worringer spoke of, for it seems precariously balanced, even as it partakes in the light, as its gleaming apex implies (the same purity familiar from other works). It can be read as a synthesis of the eye of God and the brain of nature — the abstract brain of God given an organic twist, as its interlocking curves suggests, but also of nature with its own creative wisdom — and as such an expressively and perceptually convincing attempt to resolve what remains the basic dialectic of modernism — the Abstraction and Empathy that Worringer influentially wrote about in 1908.

On the one hand, there is the "immense spiritual dread of space,"bringing with it the need for tranquility and transcendence that abstraction satisfies. Through abstraction from nature the insecurity aroused by cosmic space — "the feeling of being lost in the universe" — becomes transcendence of it. On the other hand, there is empathic "delight in organic form," in "the lines and forms of the organically vital, the euphony of its rhythm," bringing with it "the free, unimpeded activation of one's own sense of life," and with that one's own *élan vital* and creativity. Tadei's Creative Wisdom has the euphony of organic rhythm — the inner delight of vital life, as it were — and expresses her free creativity and empathic appreciation of life. At the same time, it remains

empatia di cui Worringer autorevolmente scriveva nel 1908. Da un lato c'è "l'immenso terrore spirituale dello spazio", che reca con sé un bisogno di serenità e trascendenza che viene soddisfatto dall'astrazione. Tramite l'astrazione dalla natura, l'insicurezza suscitata dallo spazio cosmico – la sensazione di essere smarriti nell'universo – diviene trascendenza dalla natura stessa. Dall'altro lato c'è l'empatico "piacere della forma organica", "delle linee e delle forme della vitalità organica, l'eufonia del suo ritmo", che porta con sé "l'attivazione libera e spontanea del sentimento vitale" e con essa l'*élan vital* e la creatività. La Sapienza Creatrice possiede l'eufonia del ritmo organico – l'intimo godimento dell'esistenza vitale, per così dire – ed esprime la libera creatività dell'artista e il suo empatico apprezzare la vita, rimanendo al tempo stesso ingegnosamente astratta, abbracciando lo spazio cosmico pur trascendendolo energicamente. In quest'opera vi è un senso di inevitabilità – il sublime apice dell'astrazione organica operata da Tadei – che solo la vera arte trasmette. È un'opera di perfezione onnisciente. L'artista porta alla luce la bellezza astratta nel mistero della vita senza perdere il suo slancio vitale, suggerendo così la propria sapienza creatrice.

Qualche riflessione finale sul posto occupato da Marialuisa Tadei nel panorama dell'arte contemporanea. Una delle ragioni per cui la sua opera si distingue dalle altre è che si oppone alla tendenza anti-estetica e con essa alla ideologizzazione e alla generale evoluzione verso il kitsch. Il cosiddetto postmodernismo porta con sé una versione kitsch dell'espressionismo che diventa "espressionismo pop", come il surrealismo diventa "surrealismo pop" (questi sono i termini usati, e approvati, dal direttore del New Museum di New York). A ciò si aggiunga la "kitschificazione" dell'astrazione, che diviene anch'essa "astrazione pop". Simili sviluppi postmodernisti sono altrettanti aspetti di un'avvilente assimilazione della grande tradizione modernista, con tutta la profondità del suo obiettivo estetico ed emozionale, nell'industria dell'intrattenimento o in senso ampio in quella che Adorno e Horkheimer chiamano l'industria culturale della società di massa, che tende al livellamento dell'esperienza personale trasformando la profondità in superficialità e agevolando così la manipolazione e collettivizzazione dell'individuo.

Ciò si collega a uno sviluppo "postmodernista" di tipo più teorico: l'idea che l'arte possa essere ridotta ad affermazione ideologica, più in particolare, che serva a un fine politico prima ancora che personale (cosa che presumibilmente non è più tenuta a fare): quello che chiamerei un fine estetico-spirituale-terapeutico. In realtà, lo slogan femminista per cui "il personale è politico, il politico è personale", che evoca l'intercambiabilità dei due termini, è diventato il credo di un certo pensiero postmodernista. Un pensiero che comporta la totale riduzione della soggettività a oggettività sociale, la banalizzazione dell'esperienza interiore, che diventa un'ombra priva di significato dell'esperienza esteriore, una spina accidentalmente conficcata nel fianco del potere, che la strappa via liquidandola come un'illusione prima che possa sollevare degli interrogativi sulla realtà del potere stesso. L'esperienza soggettiva è il tallone d'Achille del potere perché implica un soggetto che non può essere completamente sopraffatto, dunque una certa resistenza al potere sociale, per quanto futile in quanto irrealizzabile nella pratica. Perduta la sua valenza soggettiva e ridotta a pura ideologia, l'arte diviene socialmente conformista, ovvero assume il proprio posto secondario nel sistema dominante.

L'ideologizzazione dell'arte e la sua evoluzione verso il kitsch non fanno che appiattirla e possono essere interpretati come uno fra i tanti aspetti del generale appiattimento – instupidimento, annullamento – della coscienza in quella che Saul Bellow definisce la nostra "società della distrazione". Ciò che ammiro nell'arte di Tadei è la sua bellezza estetica e la sua intensa biofilia, quel suo ripristinare un senso del sacro nei termini di un'astrazione modernista intesa in senso alto: questi sembrano essere i soli termini in cui la coscienza spirituale ha la possibilità di sopravvivere. Gli straordinari giardini di Tadei suggeriscono che è ancora possibile fare dell'arte un hortus conclusus, un Eden emozionale ed estetico (per quanto bizzarre siano le sue formazioni) in cui coltivare una coscienza spirituale, avere intuizioni e meditare sul sacro ("vedere" estaticamente, con il proprio sacro occhio interiore, la sapienza della creazione), nel deserto di una cultura pop che intorpidisce la mente e lo spirito, vuota di sapienza creativa e proprio per questo strumento massimo di potere sociale e de-individualizzazione del nostro tempo.

New York, 2009

[1] Cit. Bertram D.Lewin, *The Psychoanalysis of Elation*, New York 1950, p. 145.

[2] Wilhelm Worringer, *Abstraktion und Einfühlung*, München 1908, p. 16.

ingeniously abstract, encompassing cosmic space while energetically transcending it. There is an inevitability to the work — the sublime climax of Tadei's organic abstraction? that the best art has. It is a work of omniscient perfection. Tadei brings out the abstract beauty in the mystery of life without losing her feeling for it, suggesting her creative wisdom.

A final word on Tadei's place in the contemporary art scene: one of the reasons her work stands out it is that it bucks the anti-aesthetic tide. And the kitschification and ideologization of everything tide. So-called "postmodernism" involves the kitschifying of Expressionism into "Pop Expressionism" and the kitschifying of Surrealism into "Pop Surrealism" (these are the terms used, approvingly, by the director of New York's New Museum). One might add the kitschifying of Abstraction into "Pop Abstraction." These "postmodernist" developments are aspects of the degrading assimilation of high modernism, with its profound sense of aesthetic and emotional purpose, into the entertainment industry, more broadly, what Adorno and Horkheimer call the culture industry of mass society. It takes the idiosyncratic edge off personal experience, turning depth into shallowness, which makes the individual easier to manipulate and collectivize.

This correlates with a more theoretical "postmodernist" development: the idea that all art can be reduced to ideological statement, more particularly, that it serves a political purpose before it serves a personal purpose (supposedly it no longer has to do so) — what I would call an aesthetic-spiritual-therapeutic purpose. Indeed, the feminist motto "the personal is the political, the political is the personal," suggesting their interchangeability, has become the credo of one kind of post-modernist thinking. It involves the complete reduction of the subjective to the socially objective, the explaining away of interior experience as the meaningless shadow of exterior experience, indeed, an accidental thorn, as it were, in the side of public power, which plucks it out by dismissing it as an illusion before it can raise questions about the reality of power. Subjective experience is the vulnerable Achilles heel of power, for it implies a subject that cannot be completely overpowered, a certain resistance, however futile because impractical, to social power. Once art loses its subjective import and becomes completely ideological it becomes socially conformist, that is, takes its secondary place in a system of dominance.

Both the kitschification and ideologization of art dumb it down, and can be understood as an aspect of the general dumbing down — dullifying and nullifying ? of consciousness in what Saul Bellow called our "distraction society." What I admire about Tadei's art is its aesthetic beauty and intense biophilia, and its restoration of the sense of the sacred in the terms of high modernist abstraction. These seem to be the only terms in which spiritual consciousness has a chance of surviving. Tadei's unique gardens imply that it is still possible to make art that can be a hortus conclusus — an emotional and aesthetic garden (however bizarre its growths) of paradise, in which one can cultivate a spiritual consciousness, intuiting and meditating on the sacred (ecstatically "see," with one's sacred inner eye, the wisdom of creation) — in the mind- and spirit-numbing desert of pop culture, which lacks creative wisdom, which is why it is the major instrument of social power and de-individualization today.

New York, 2009

[1] Quoted in Bertram D. Lewin, *The Psychoanalysis of Elation* (New York: Norton, 1950), p. 145.

[2] Wilhelm Worringer, *Abstraction and Empathy* (New York: International Universities Press, 1908), p. 16.

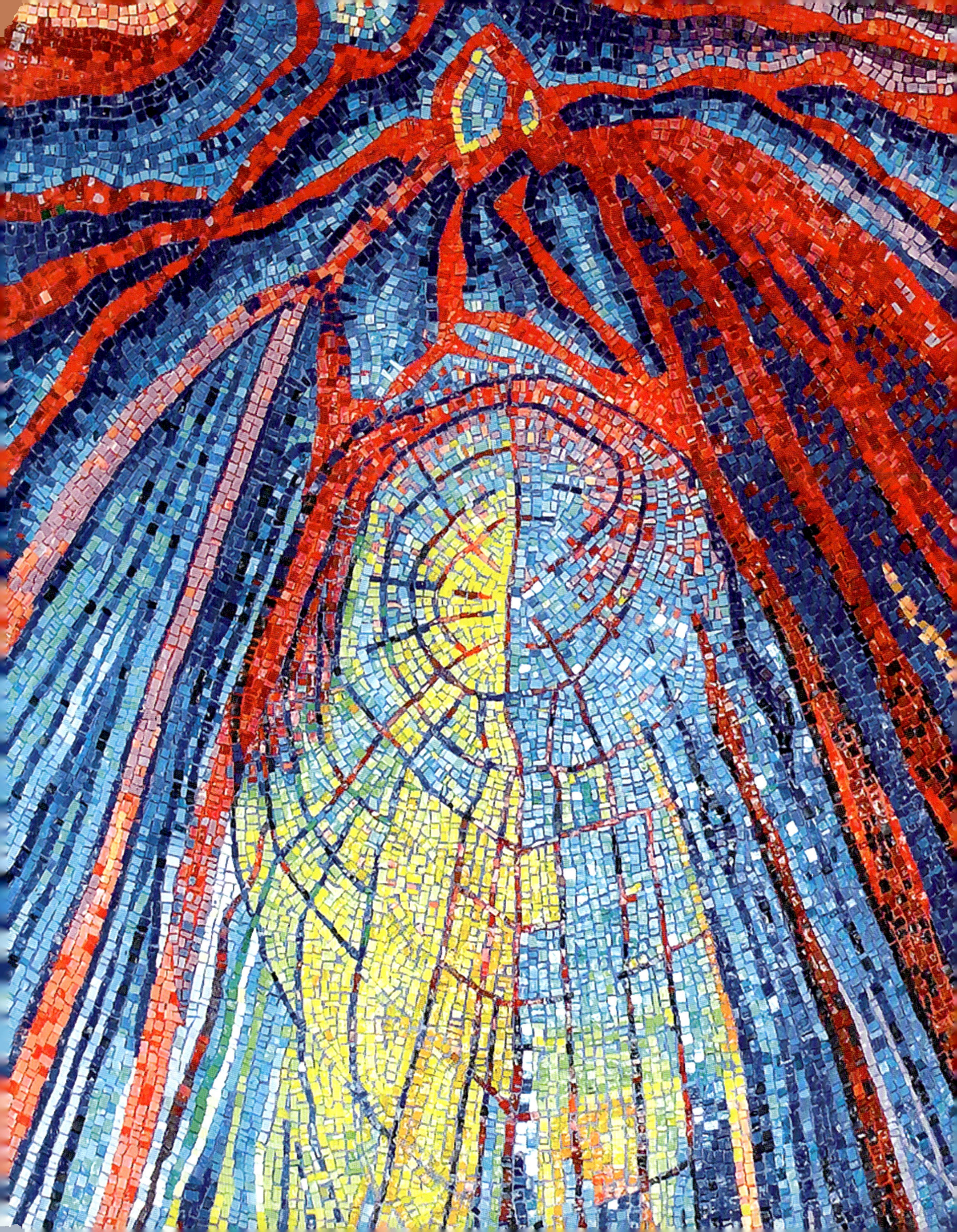

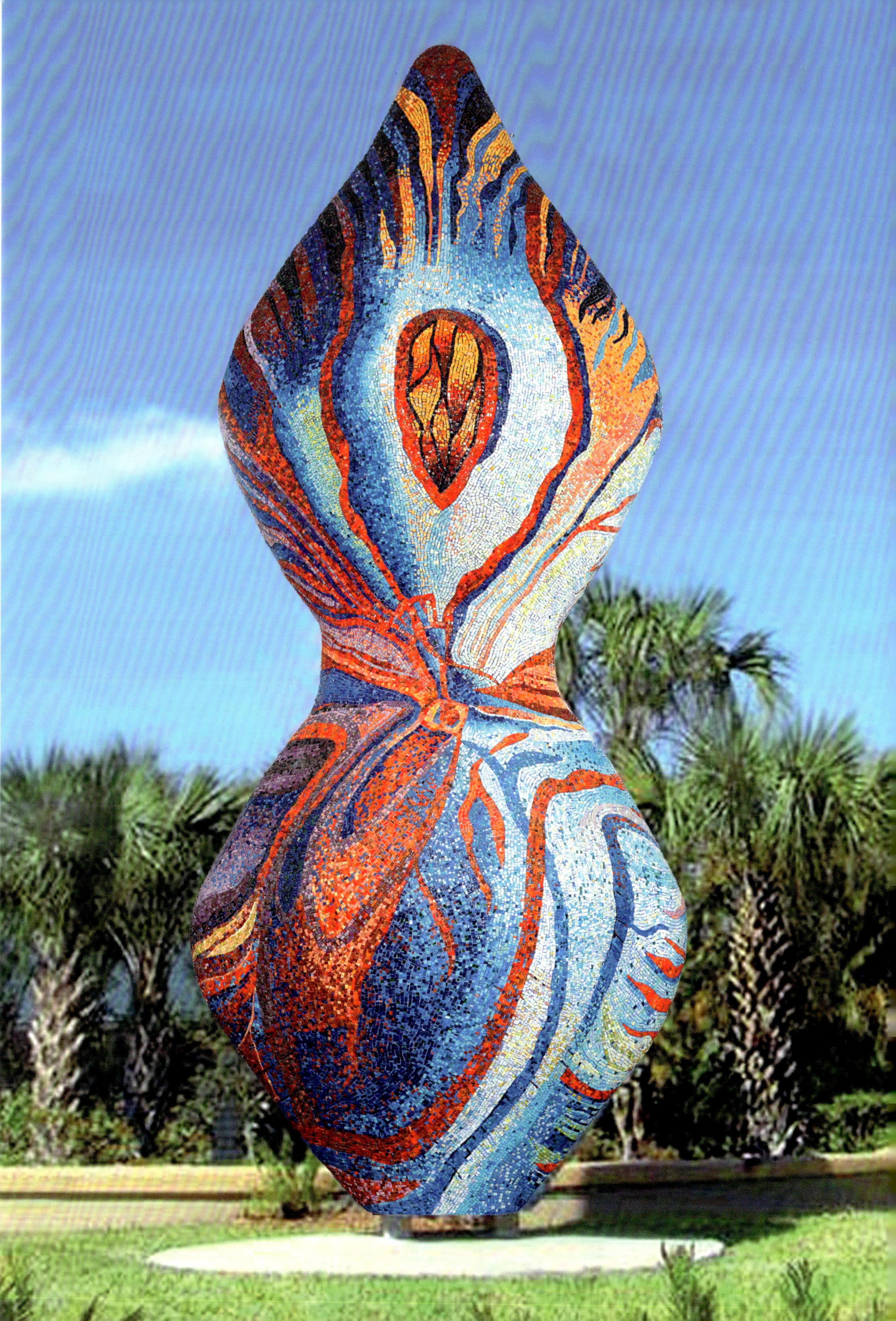

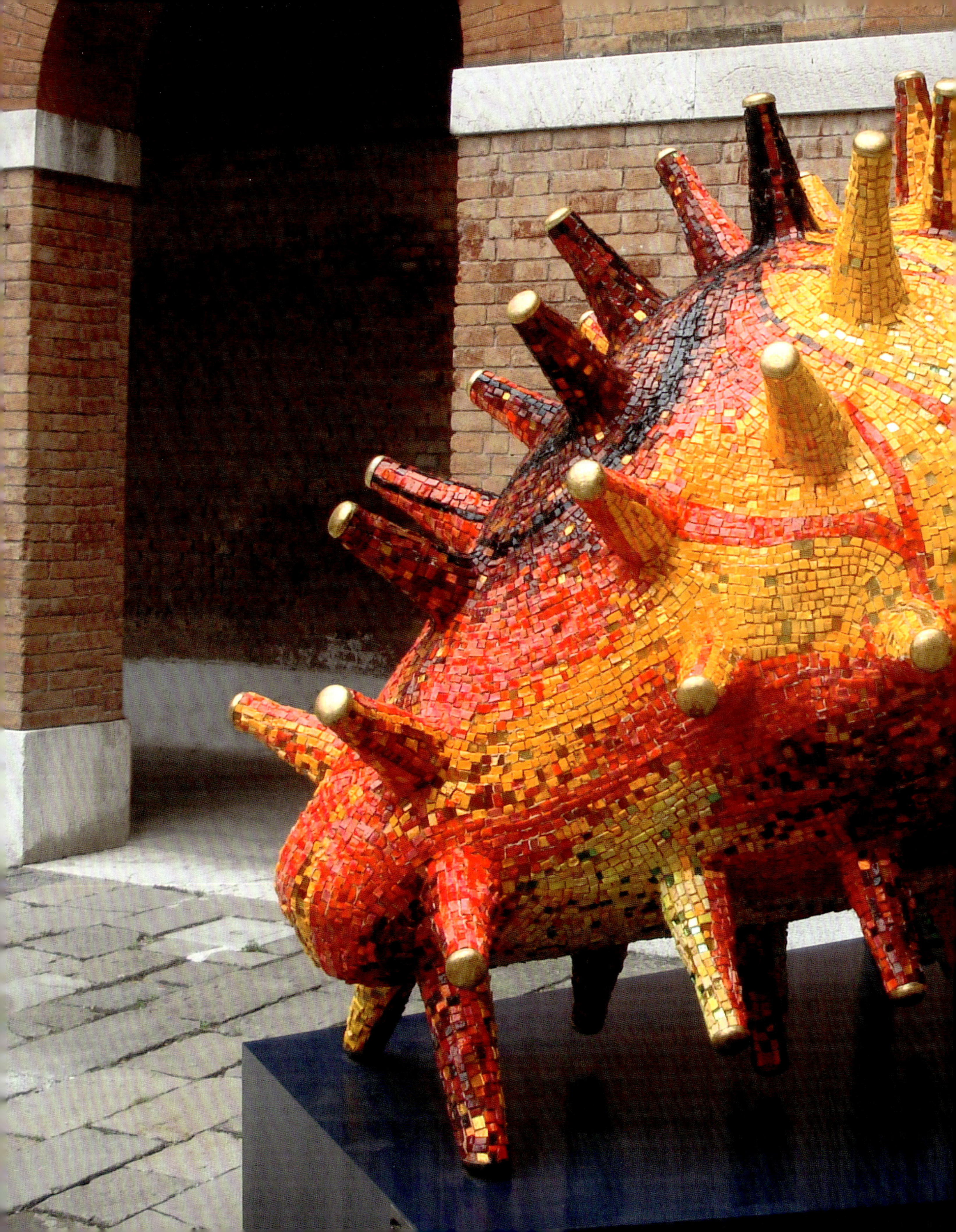

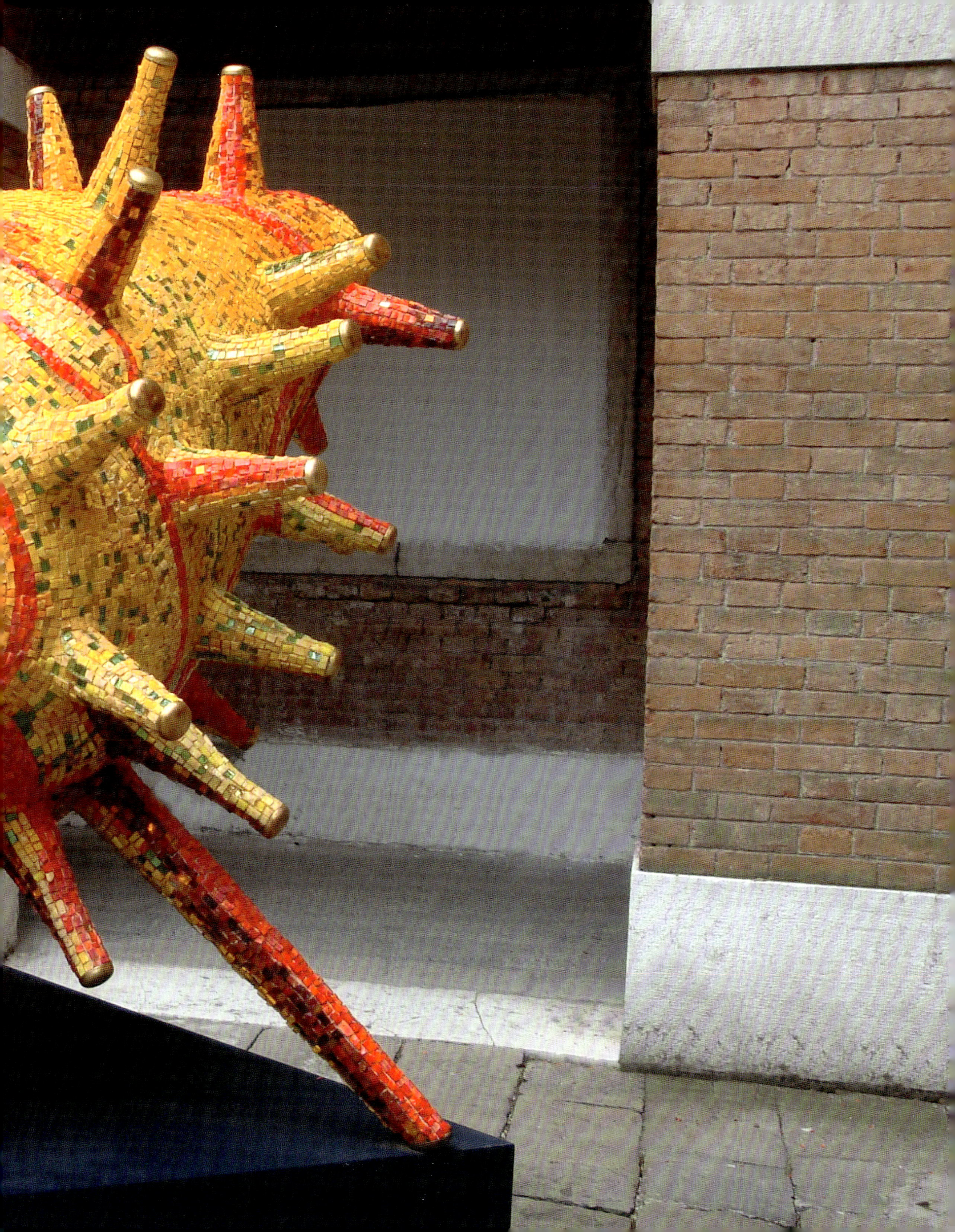

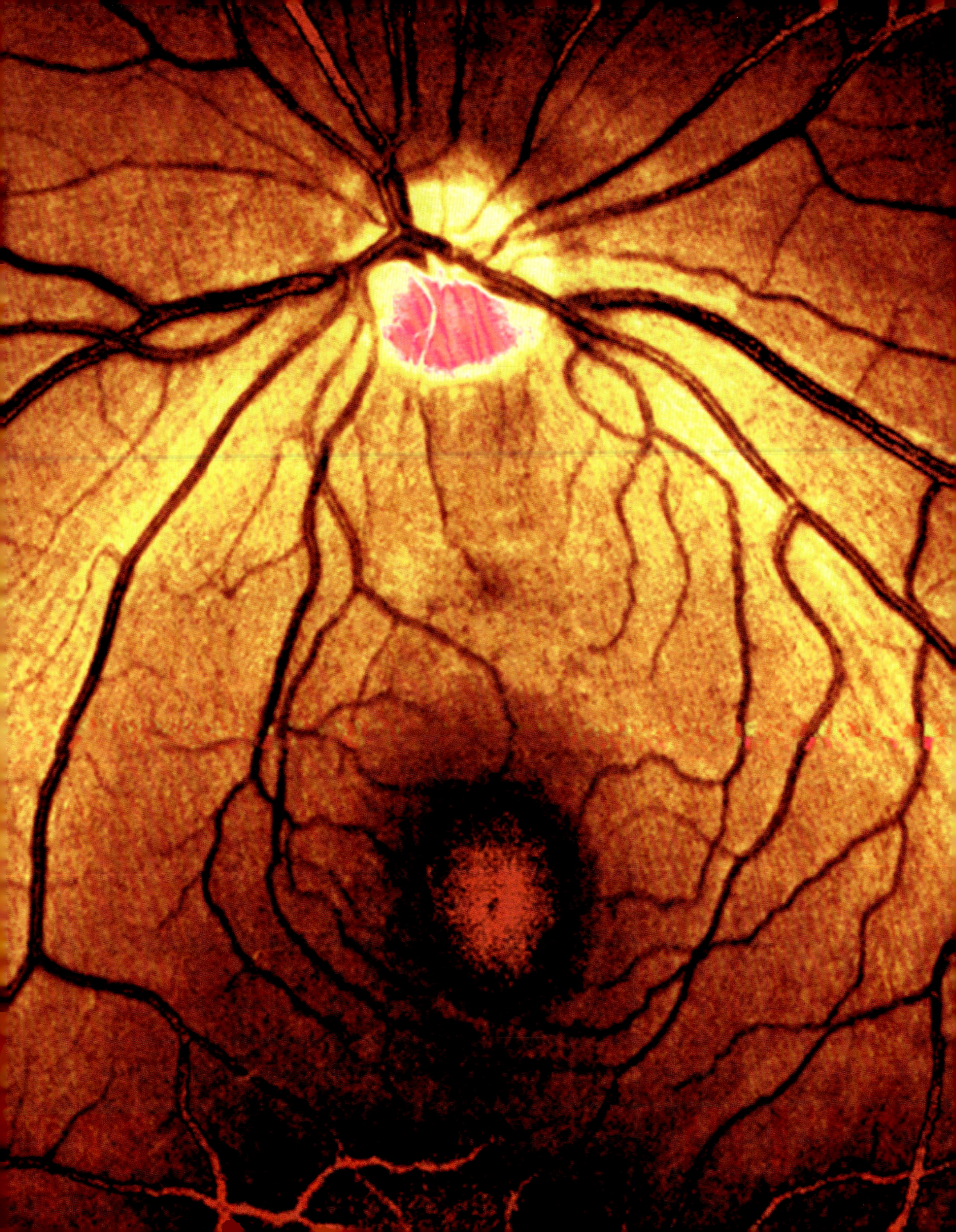

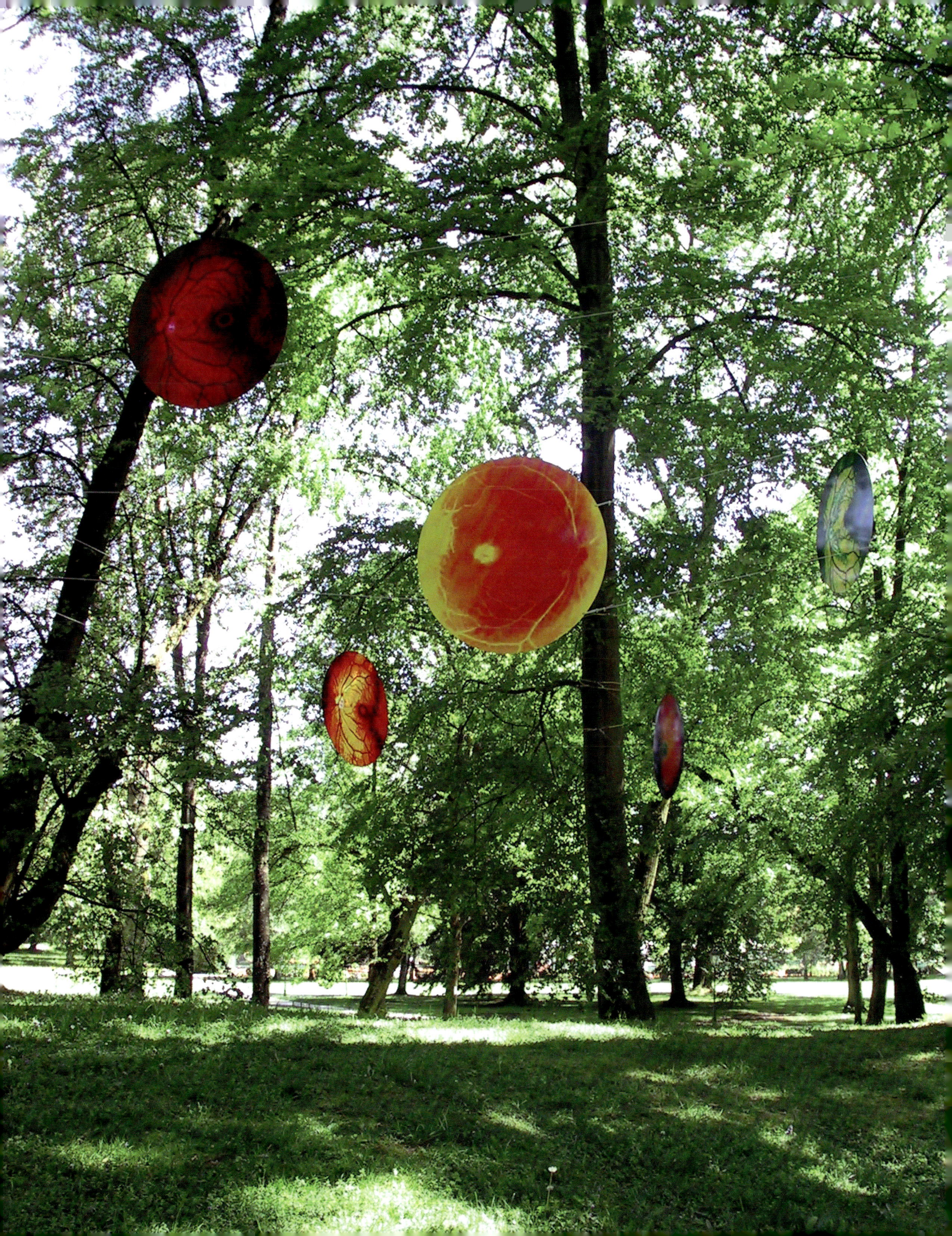

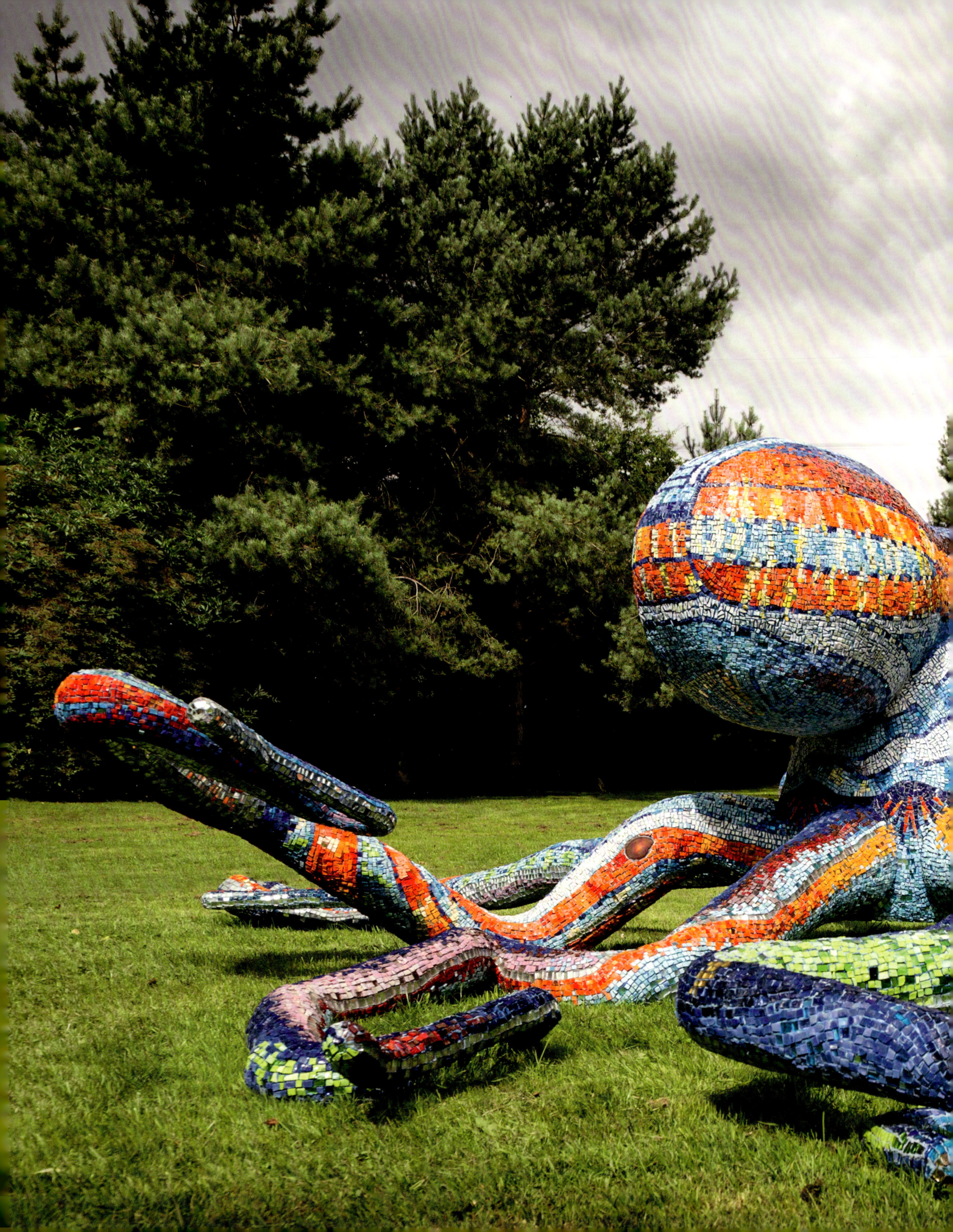

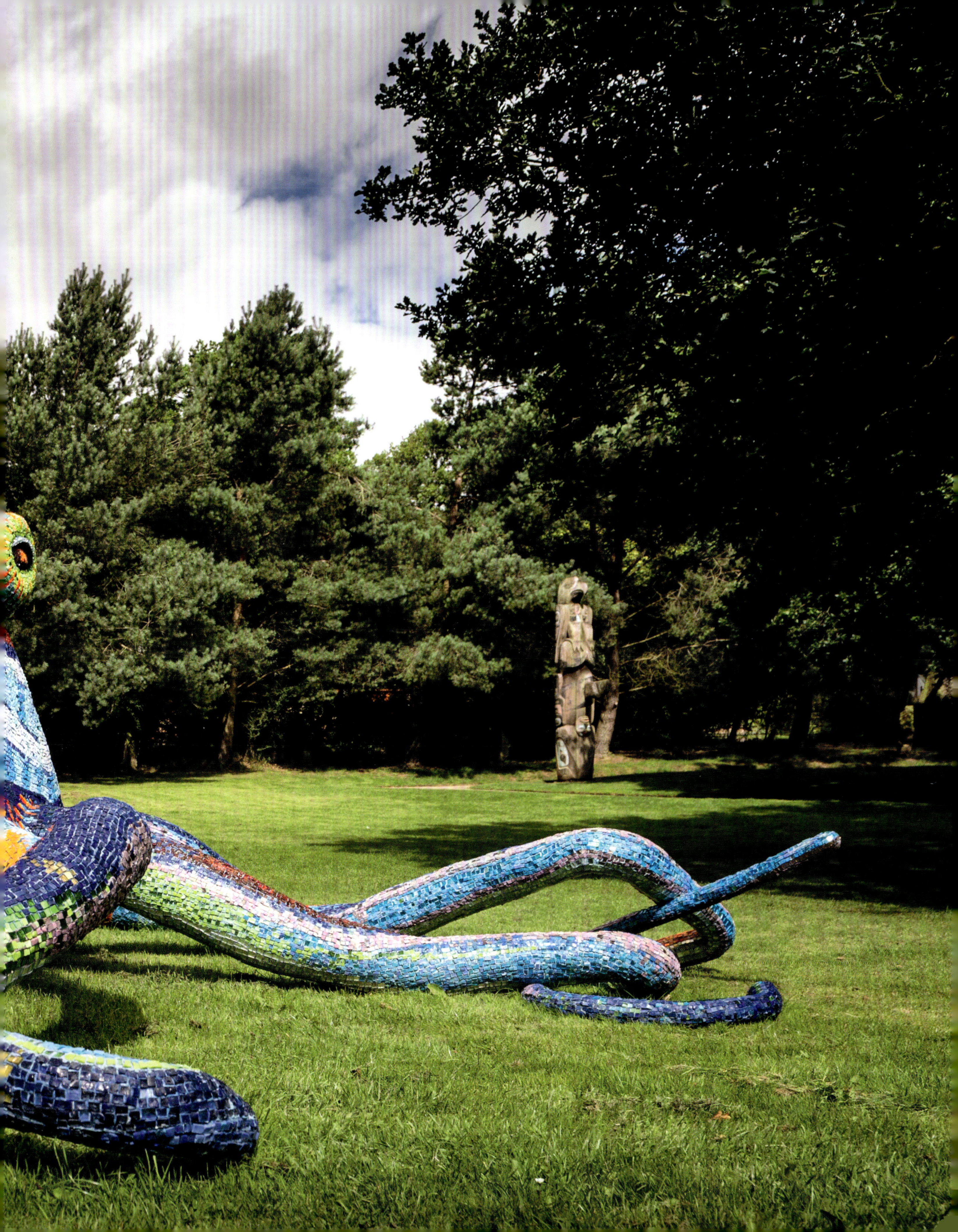

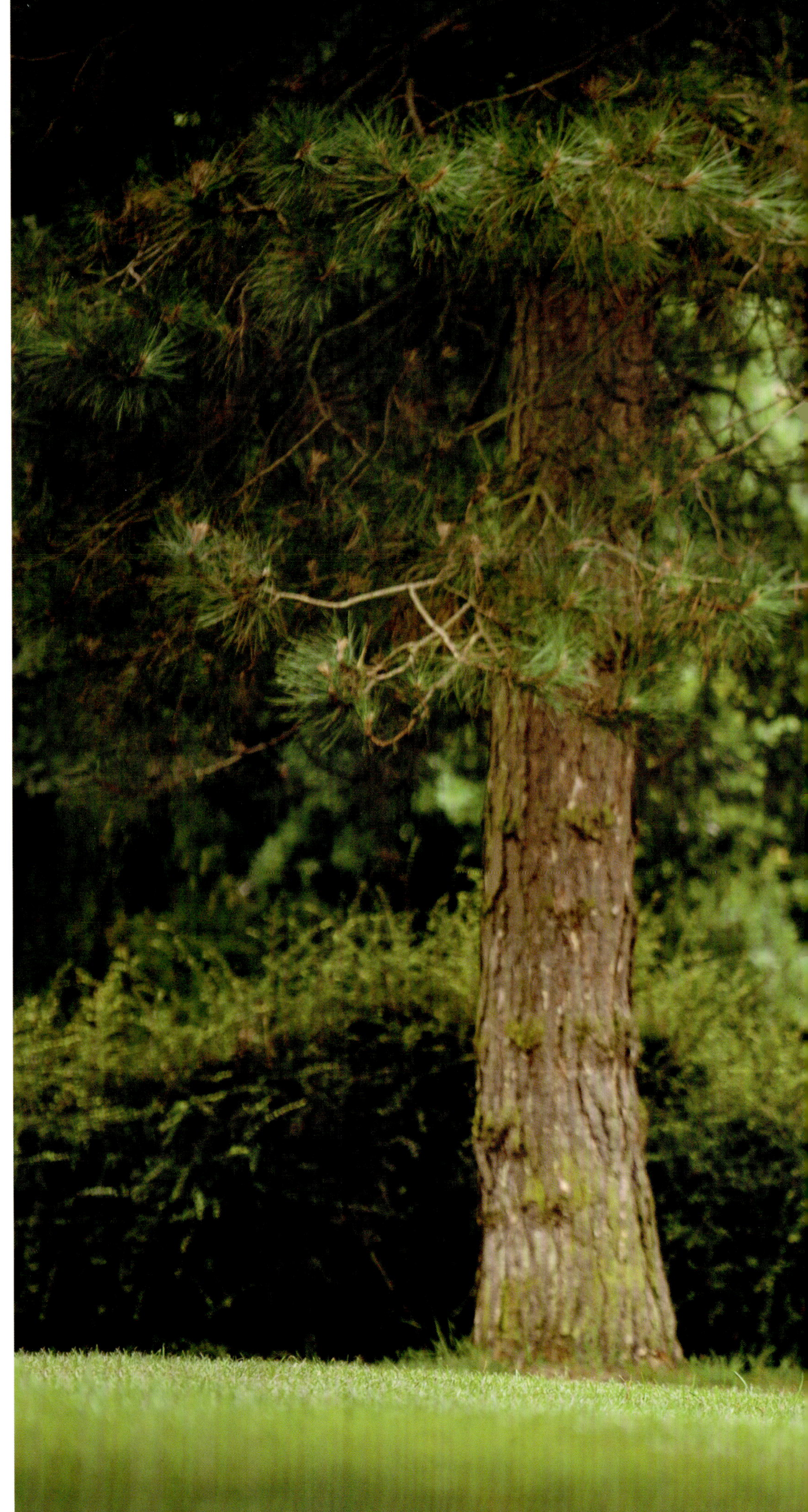

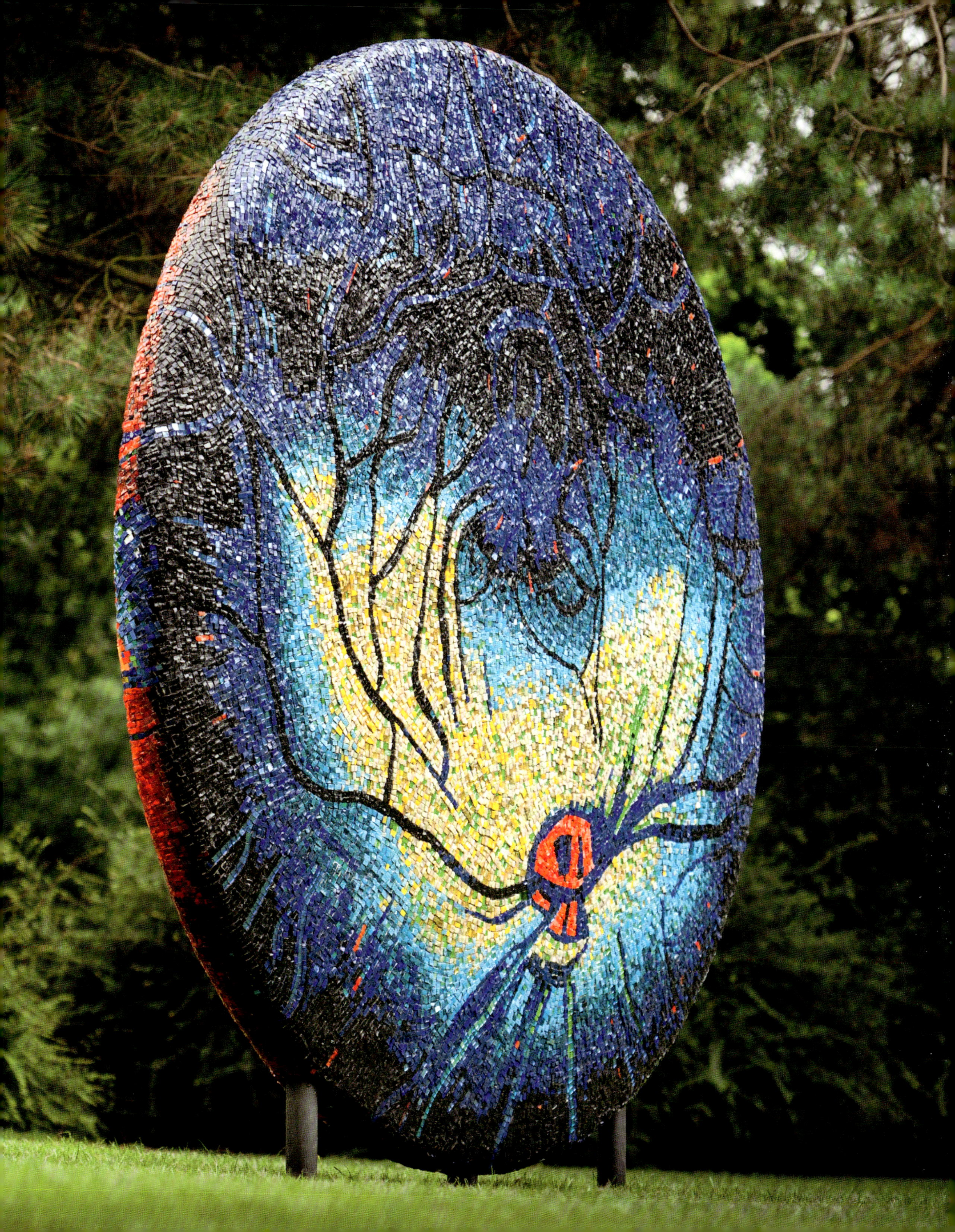

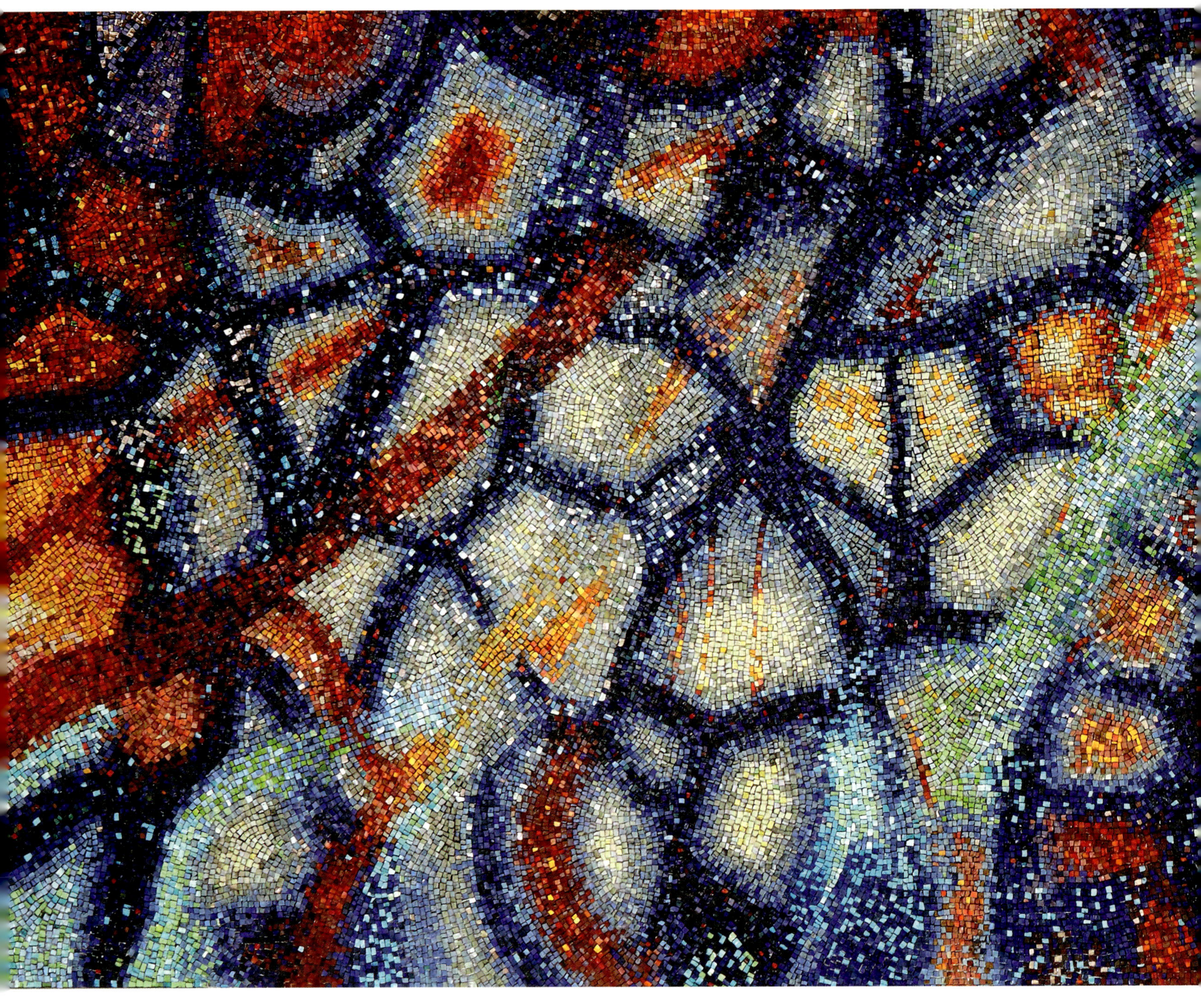

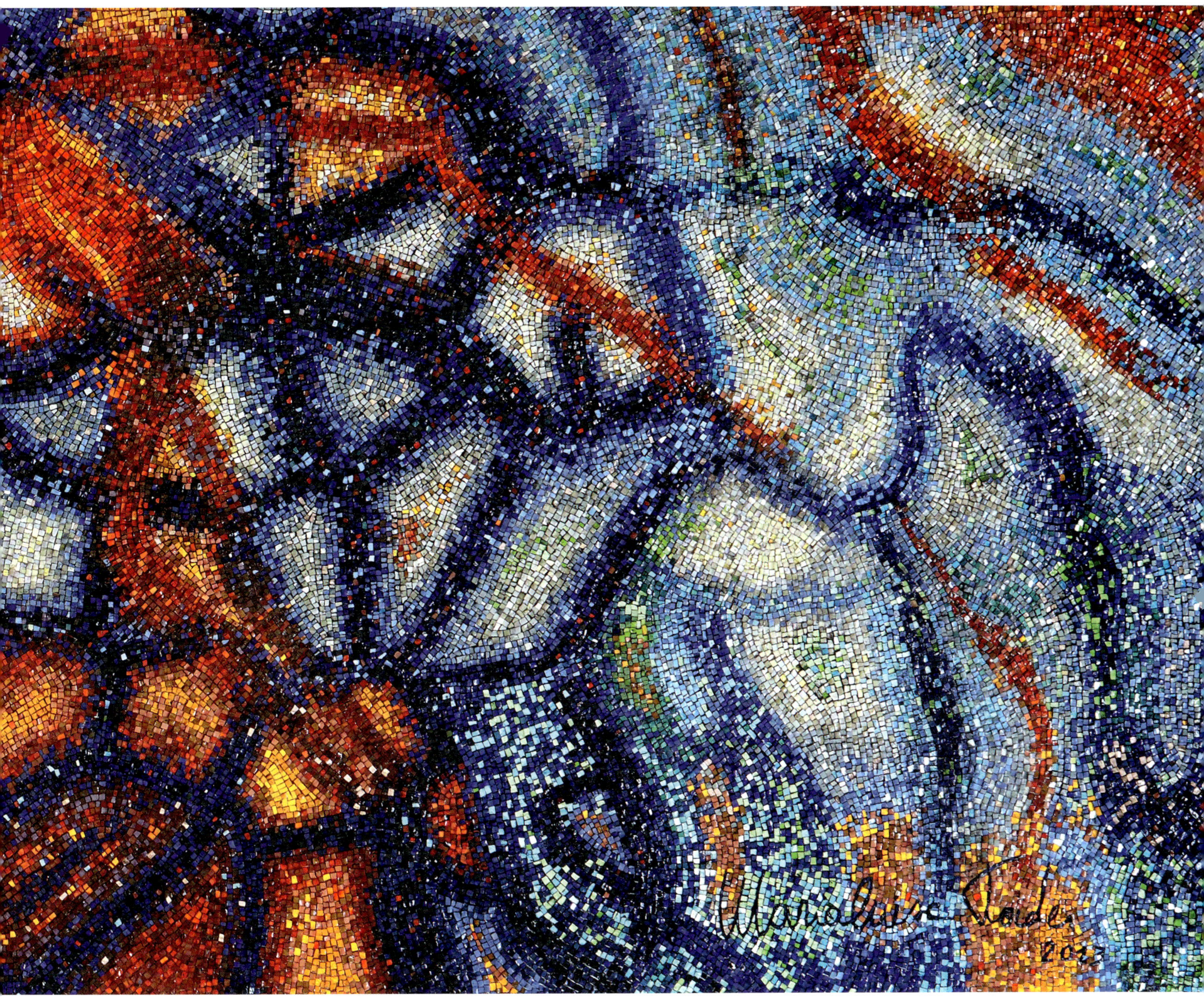

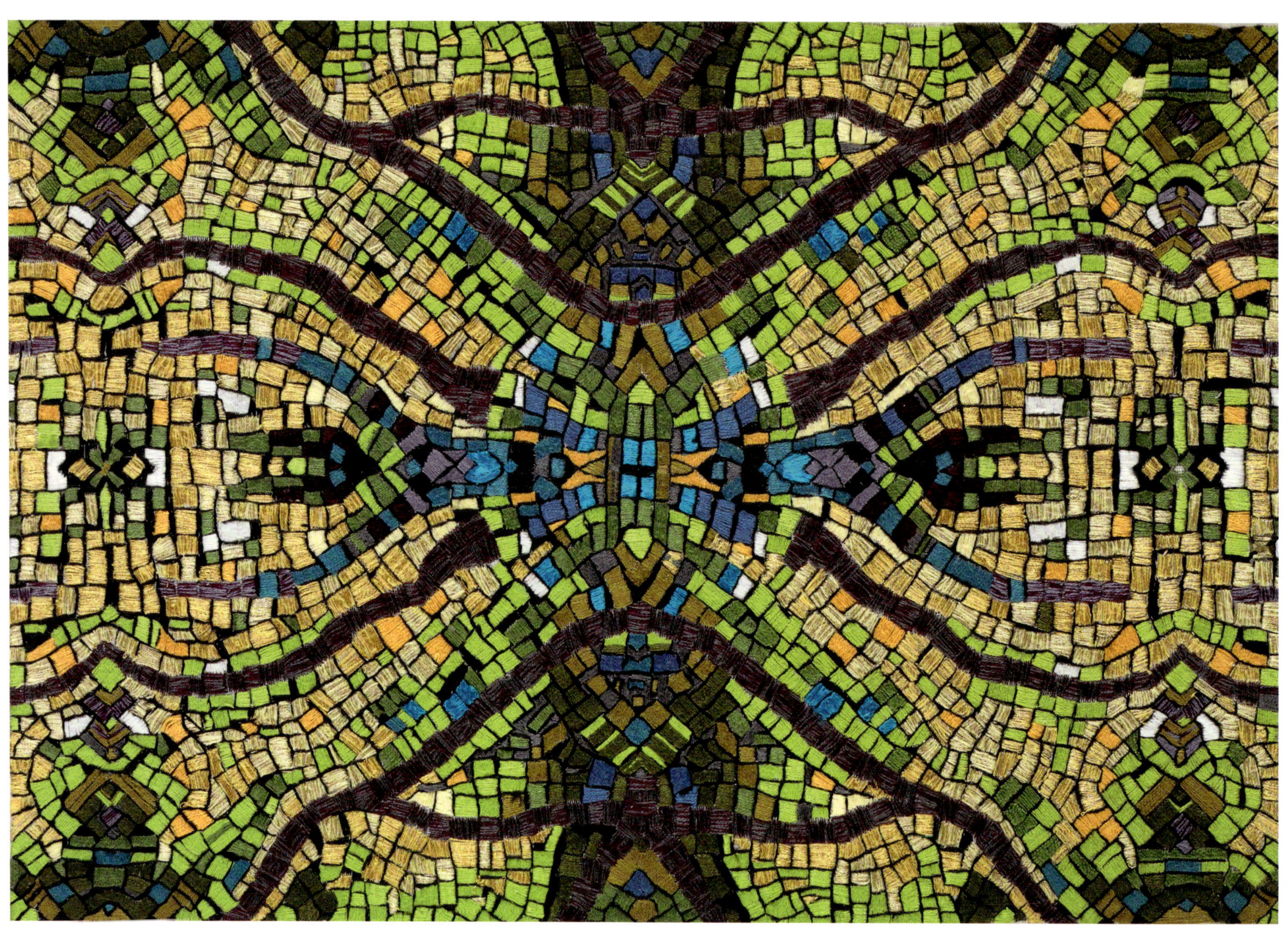

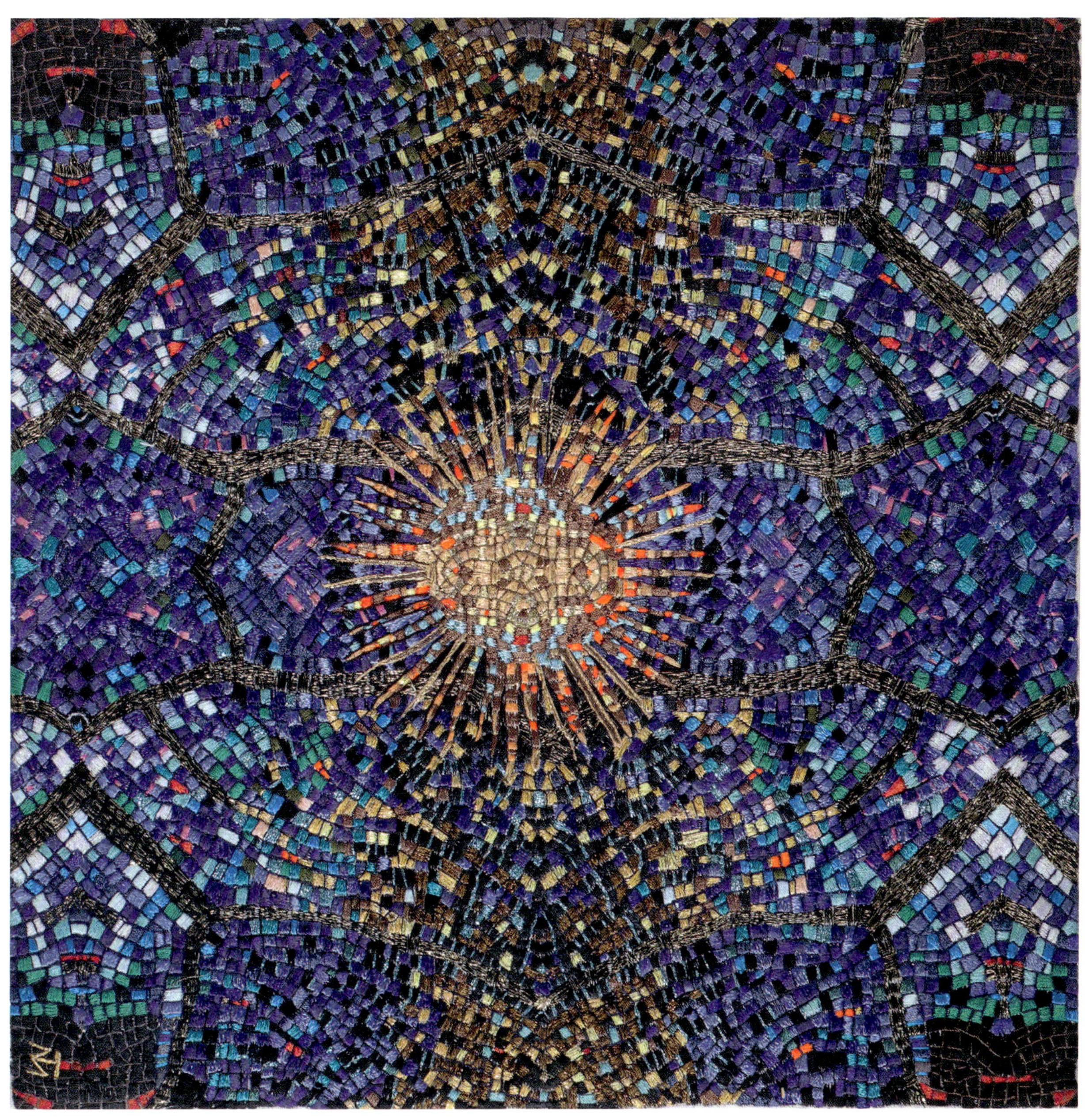

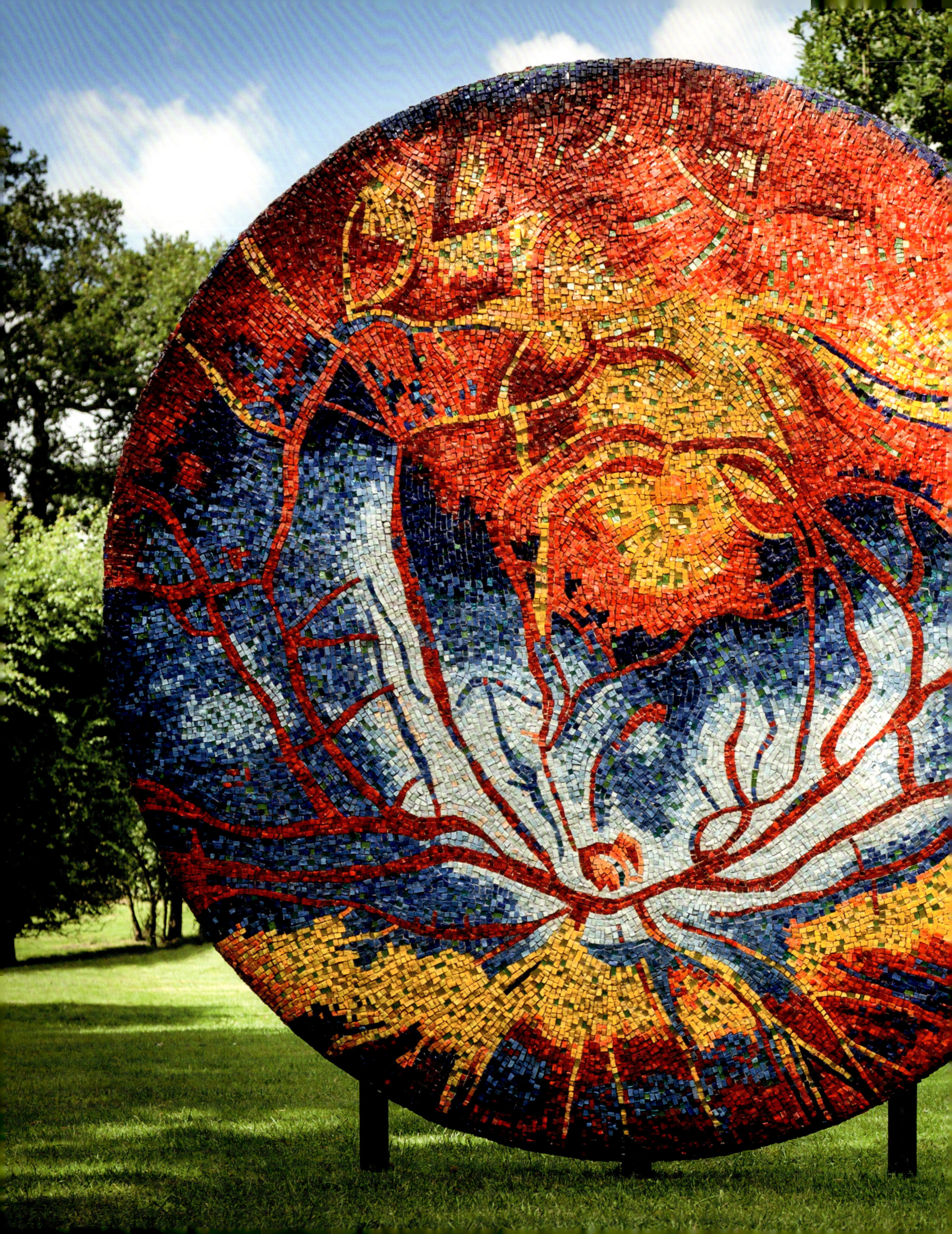

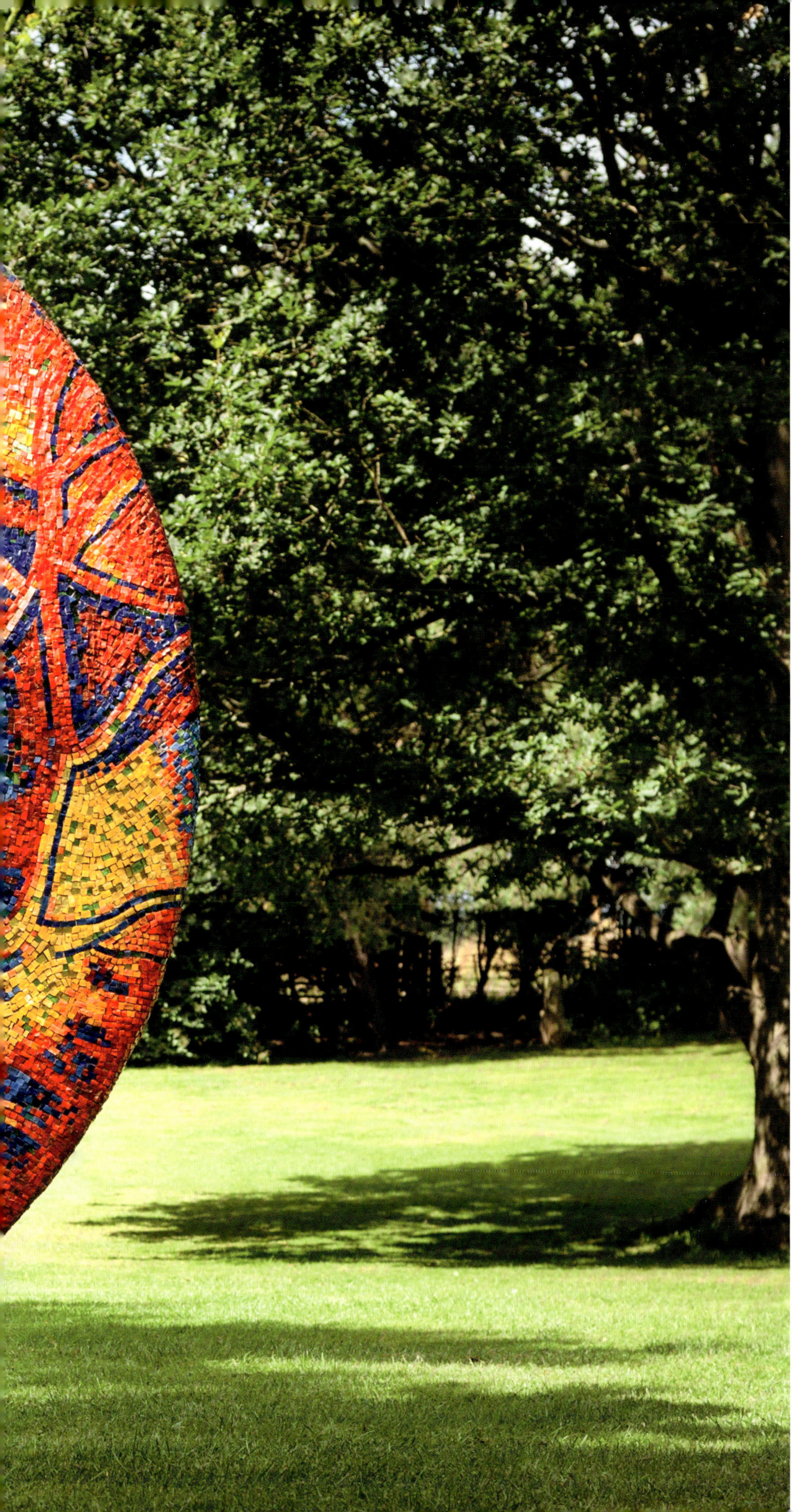

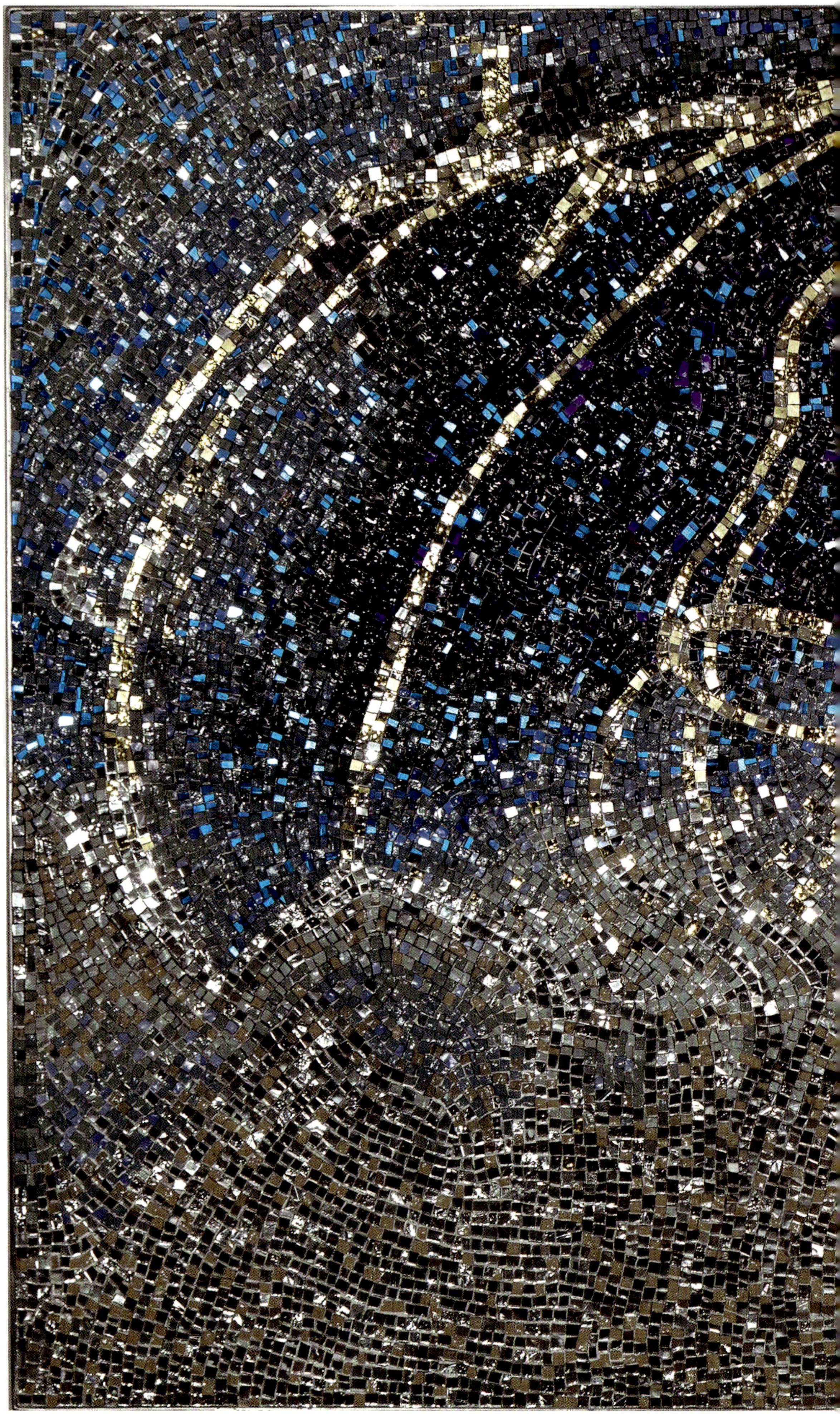

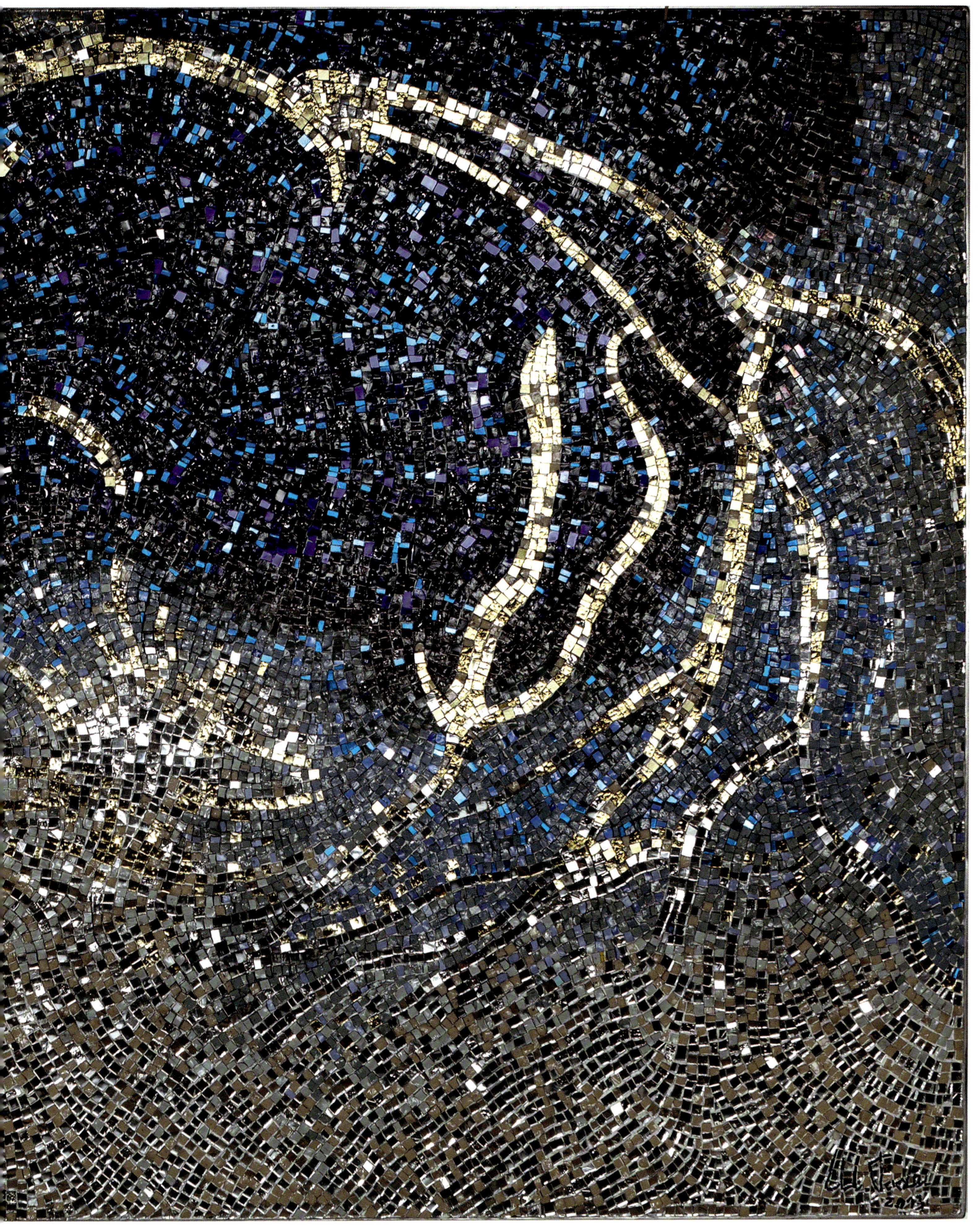

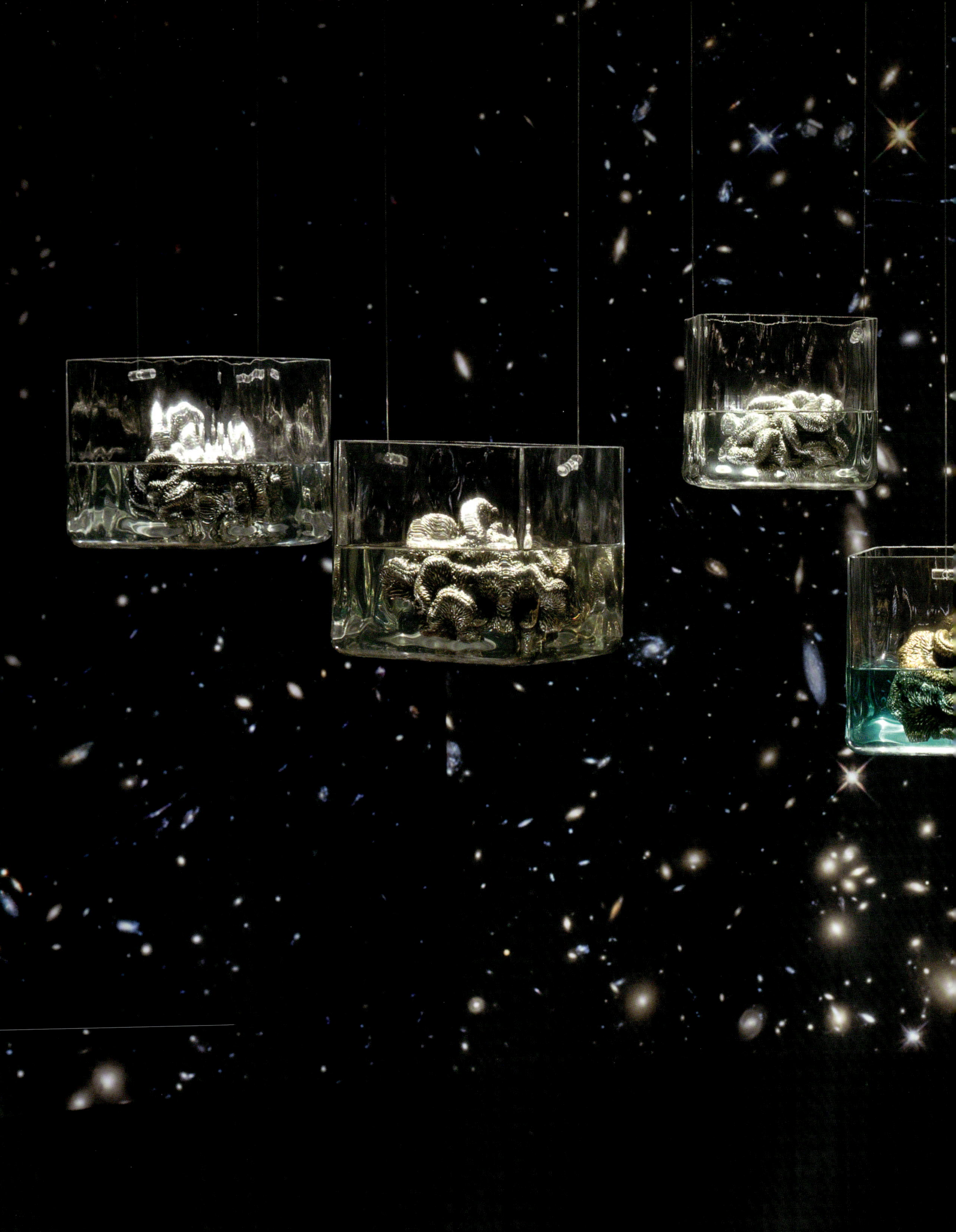

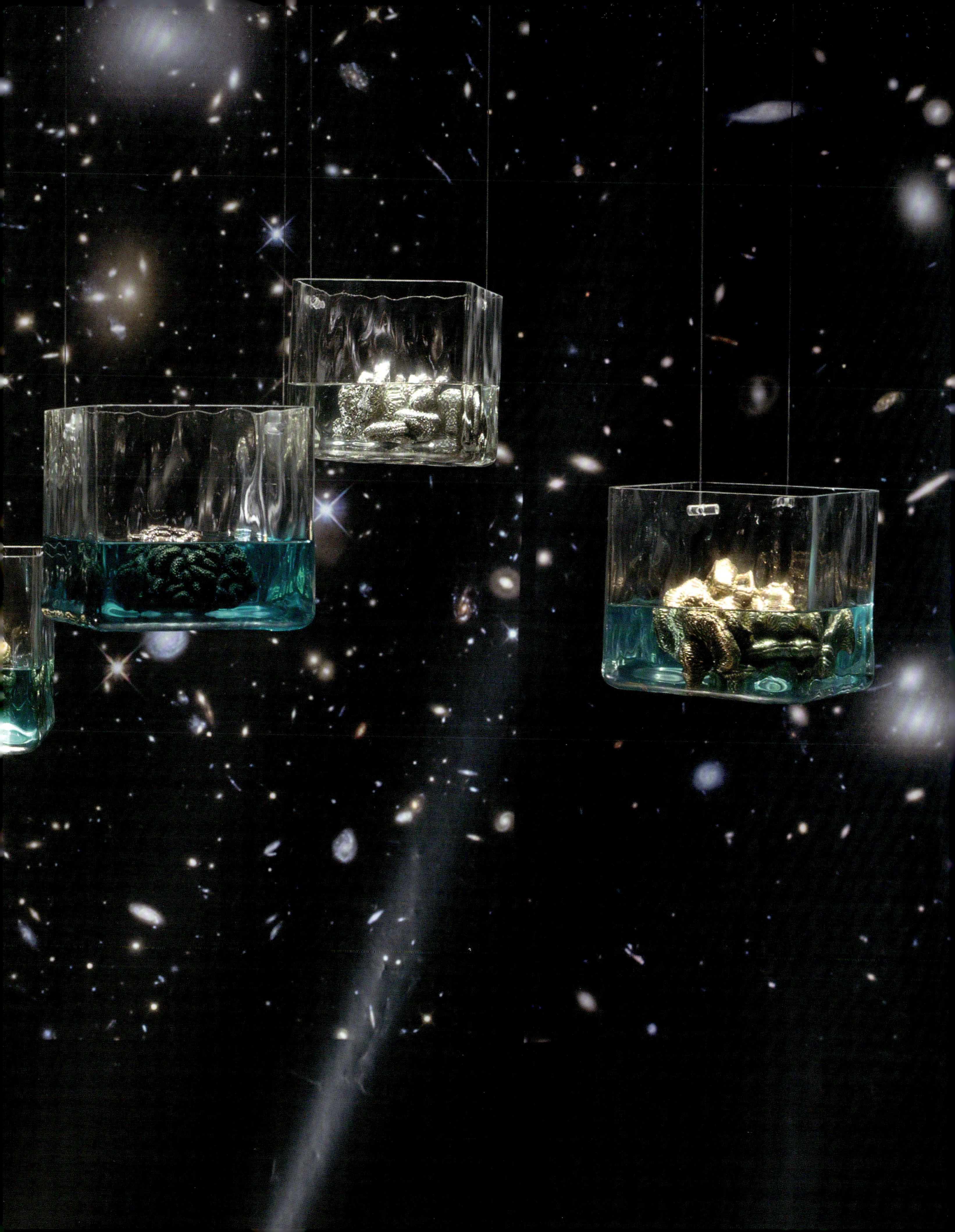

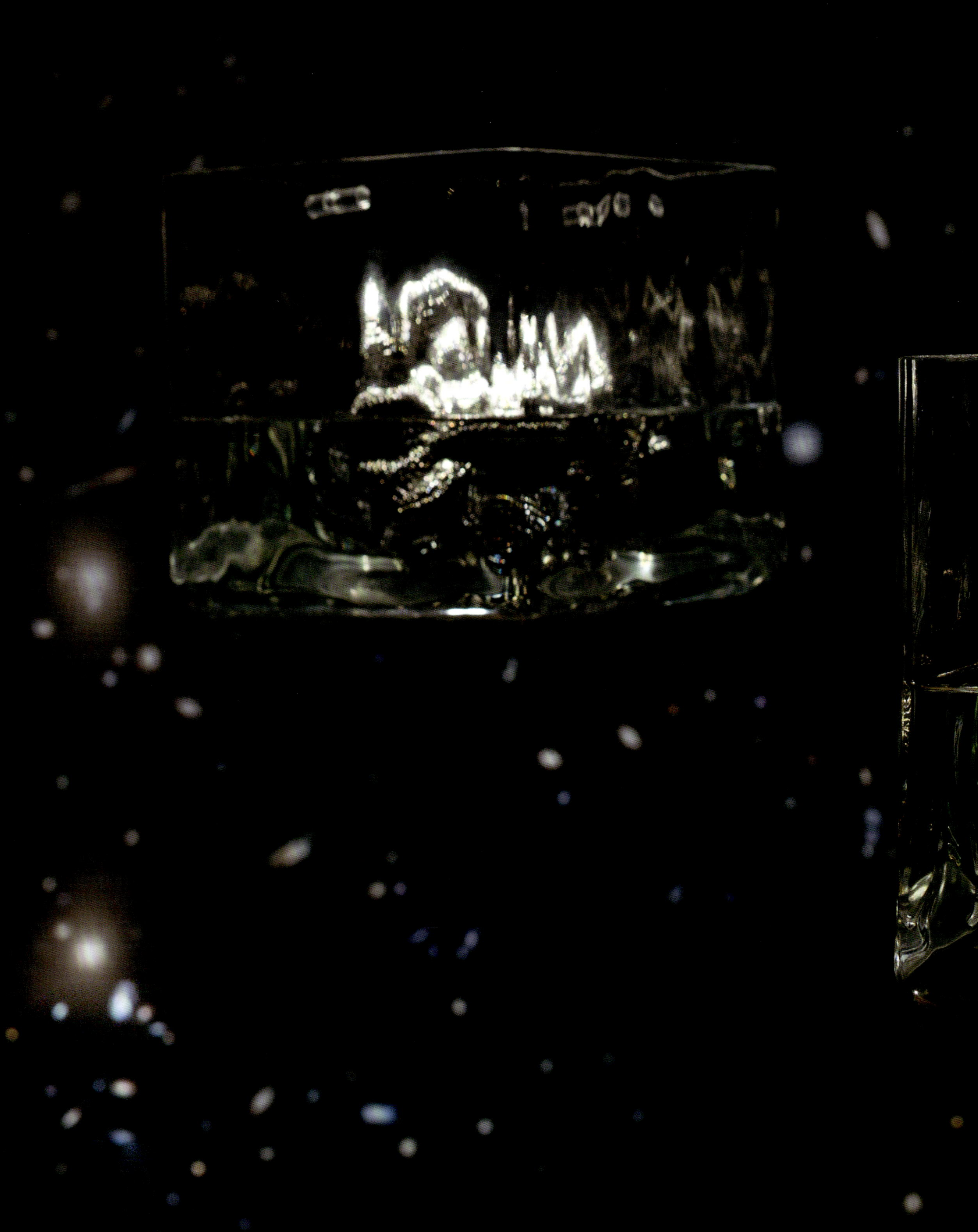

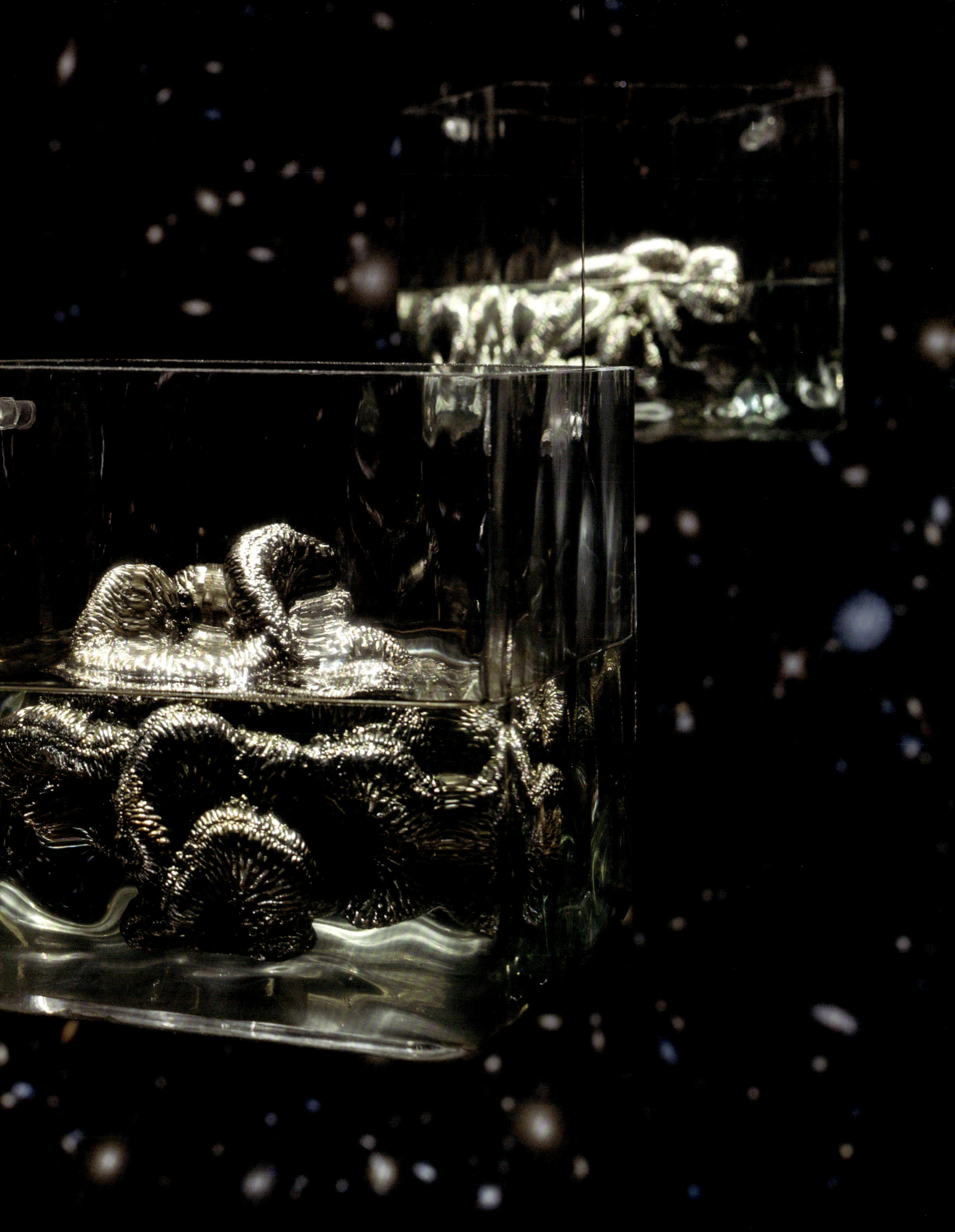

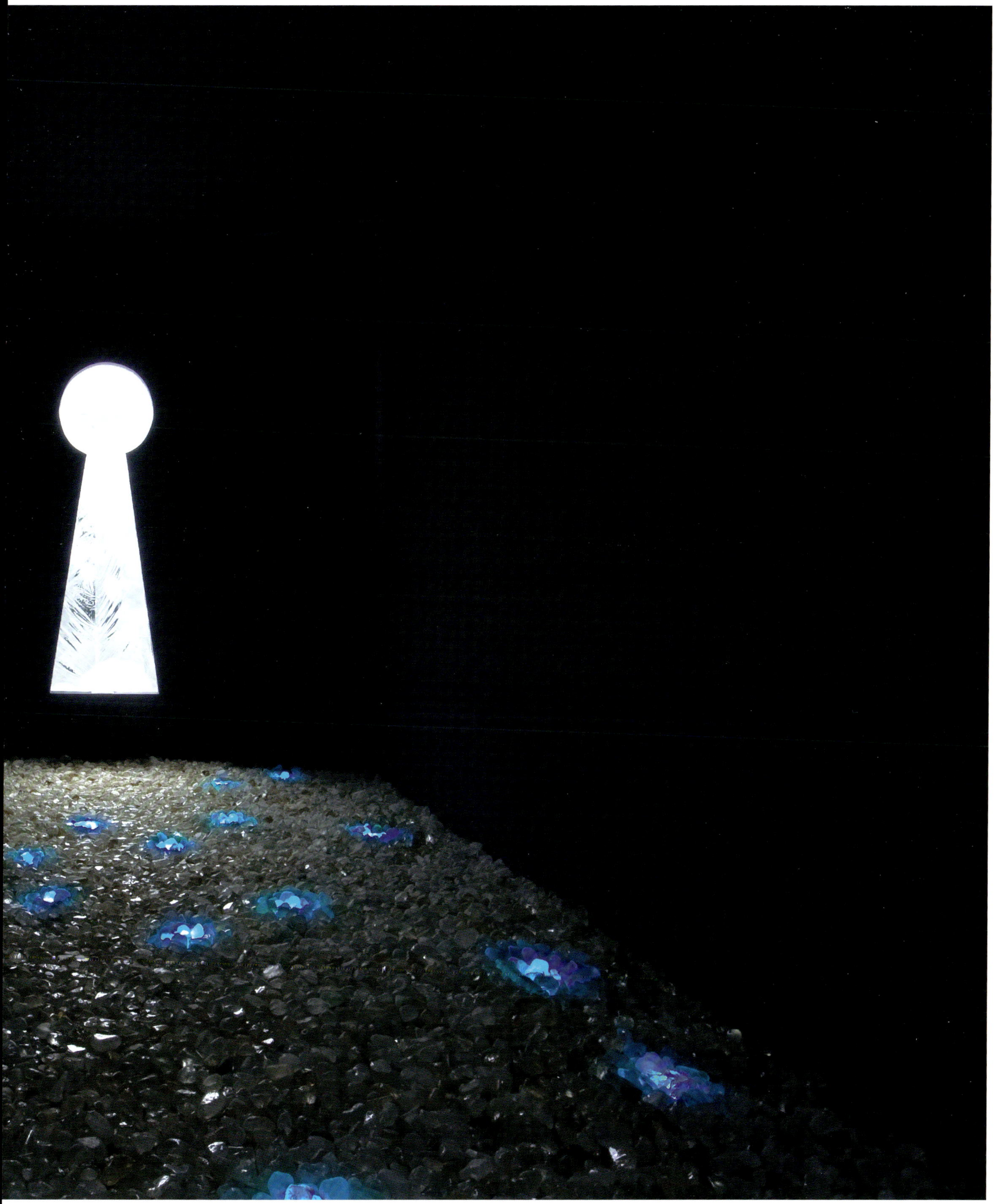

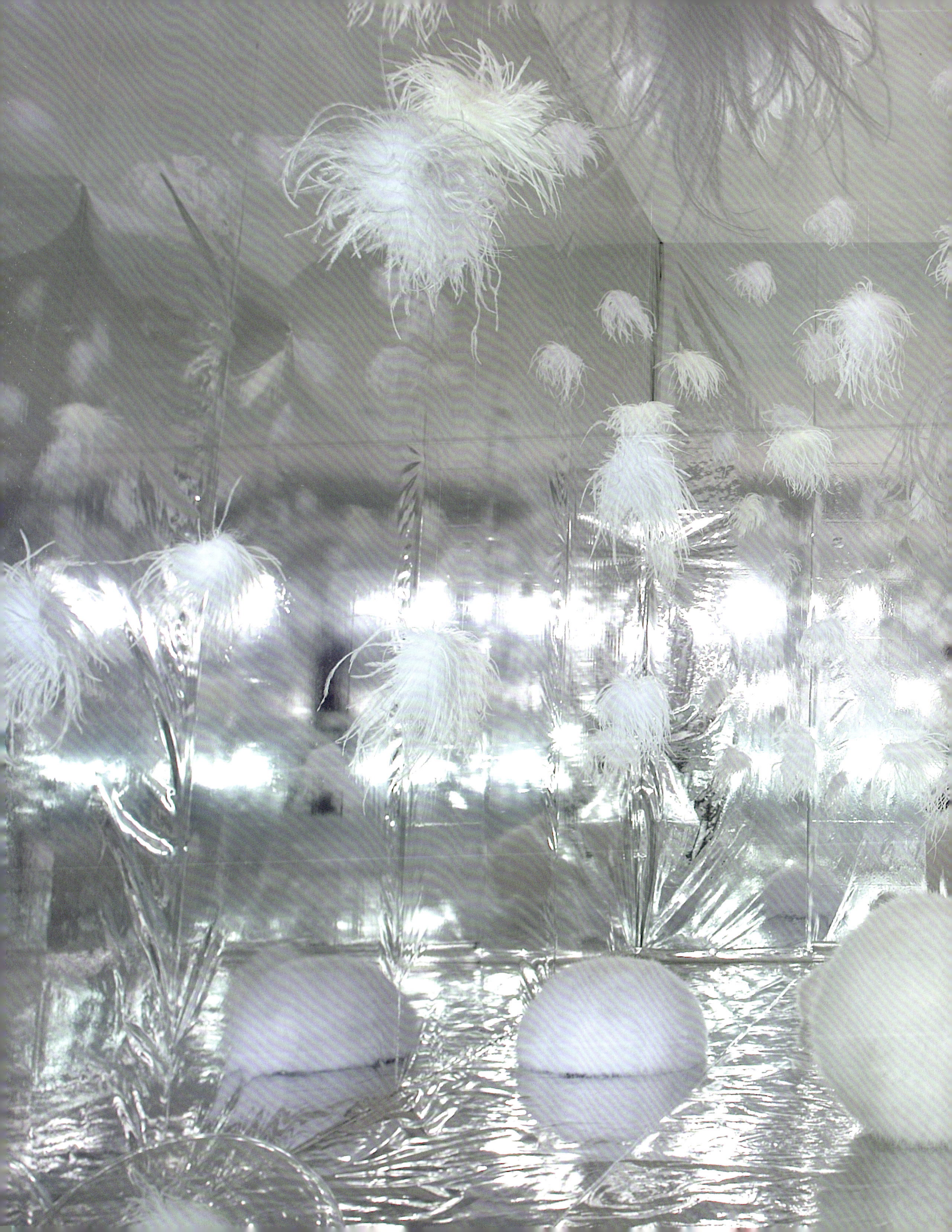

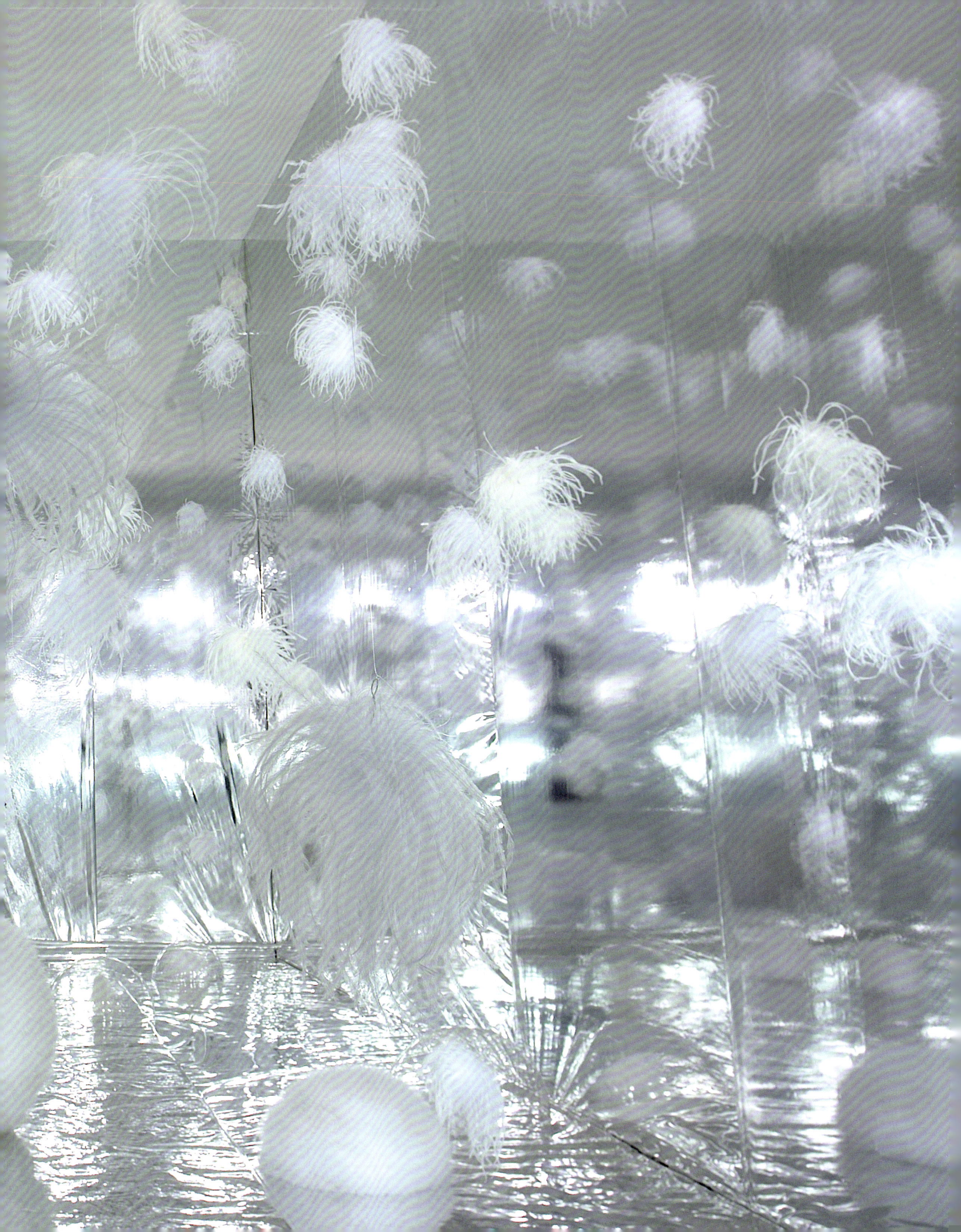

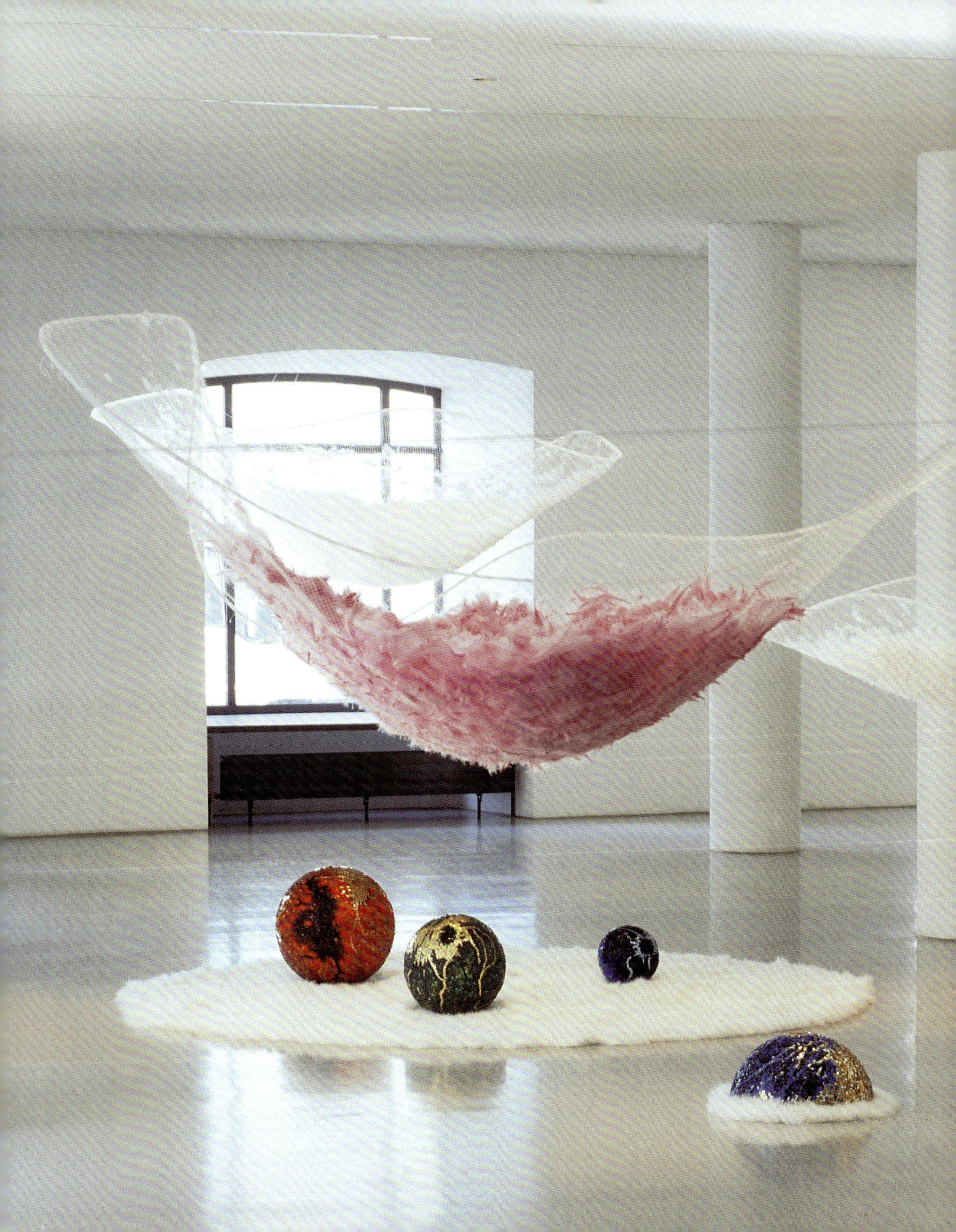

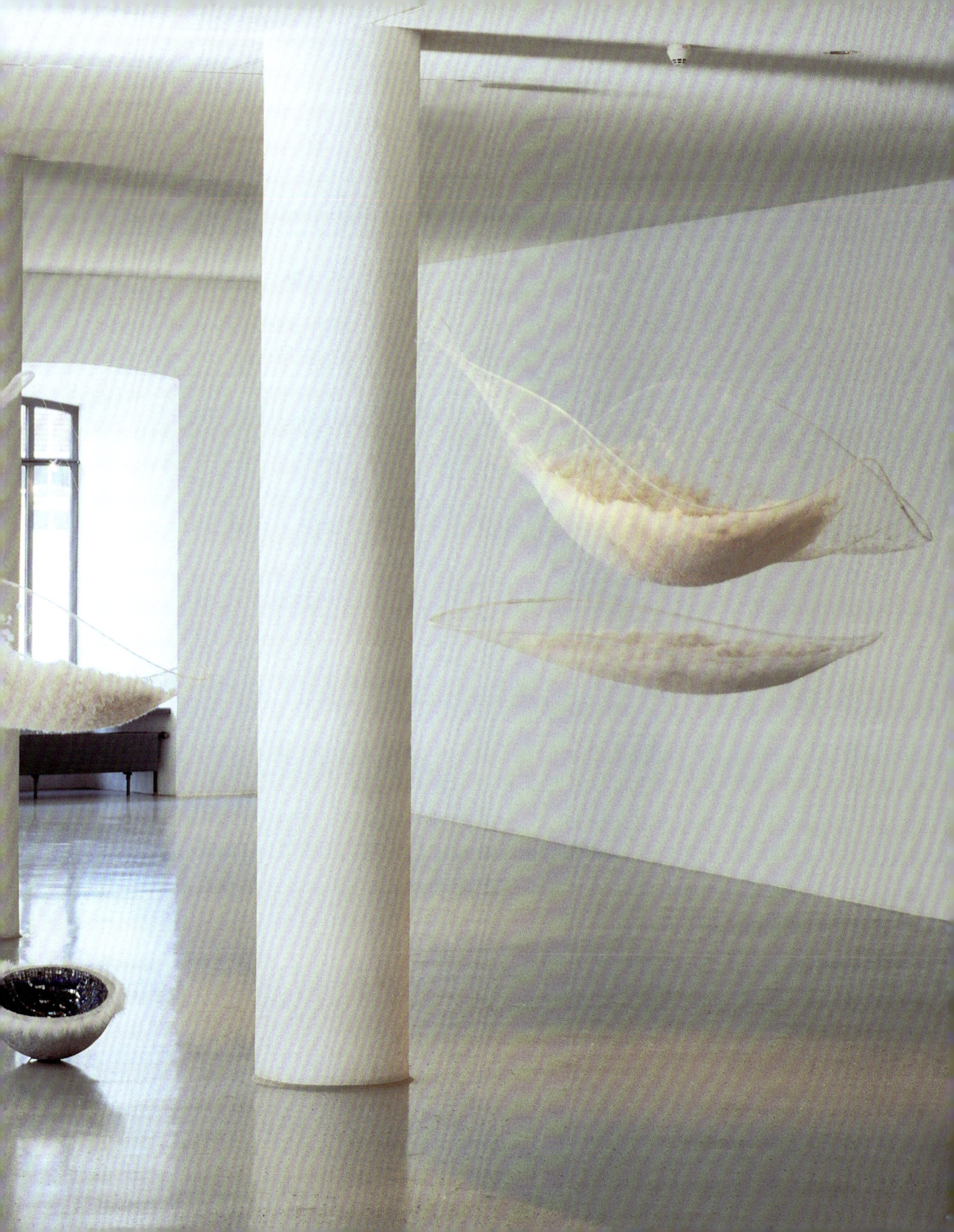

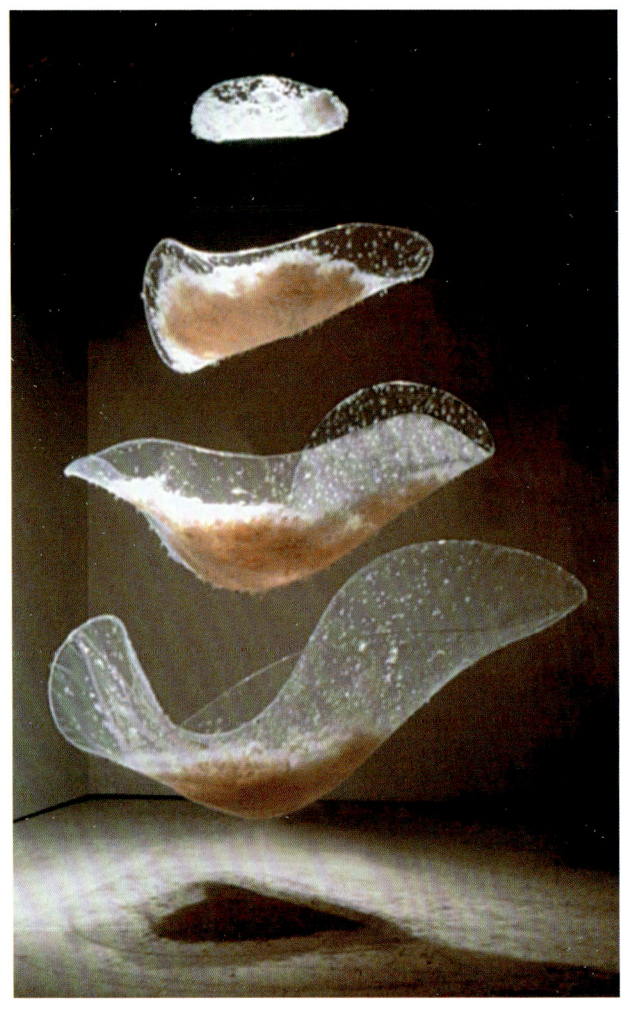

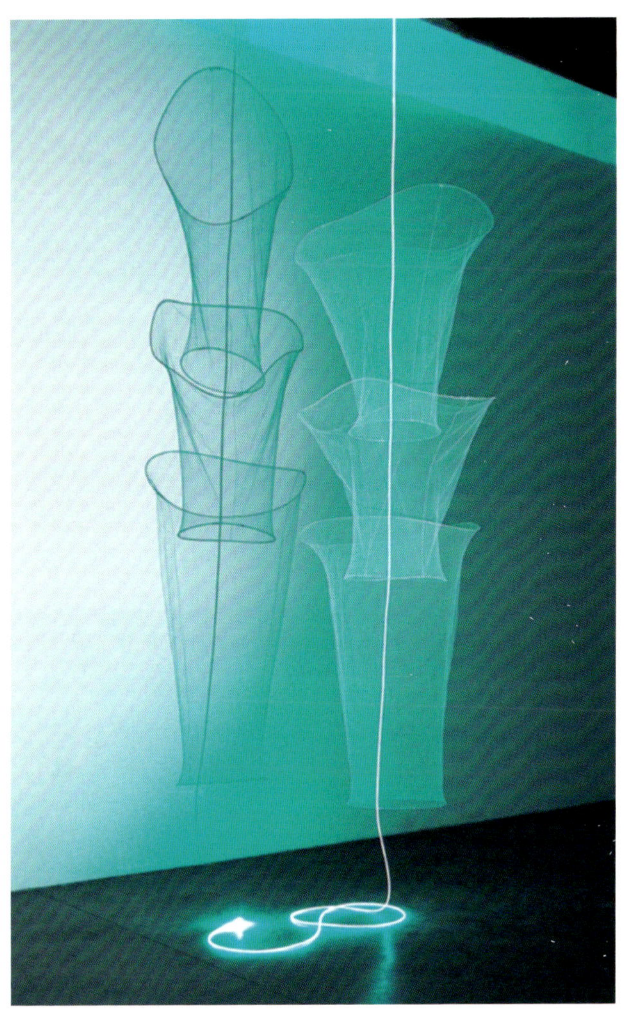

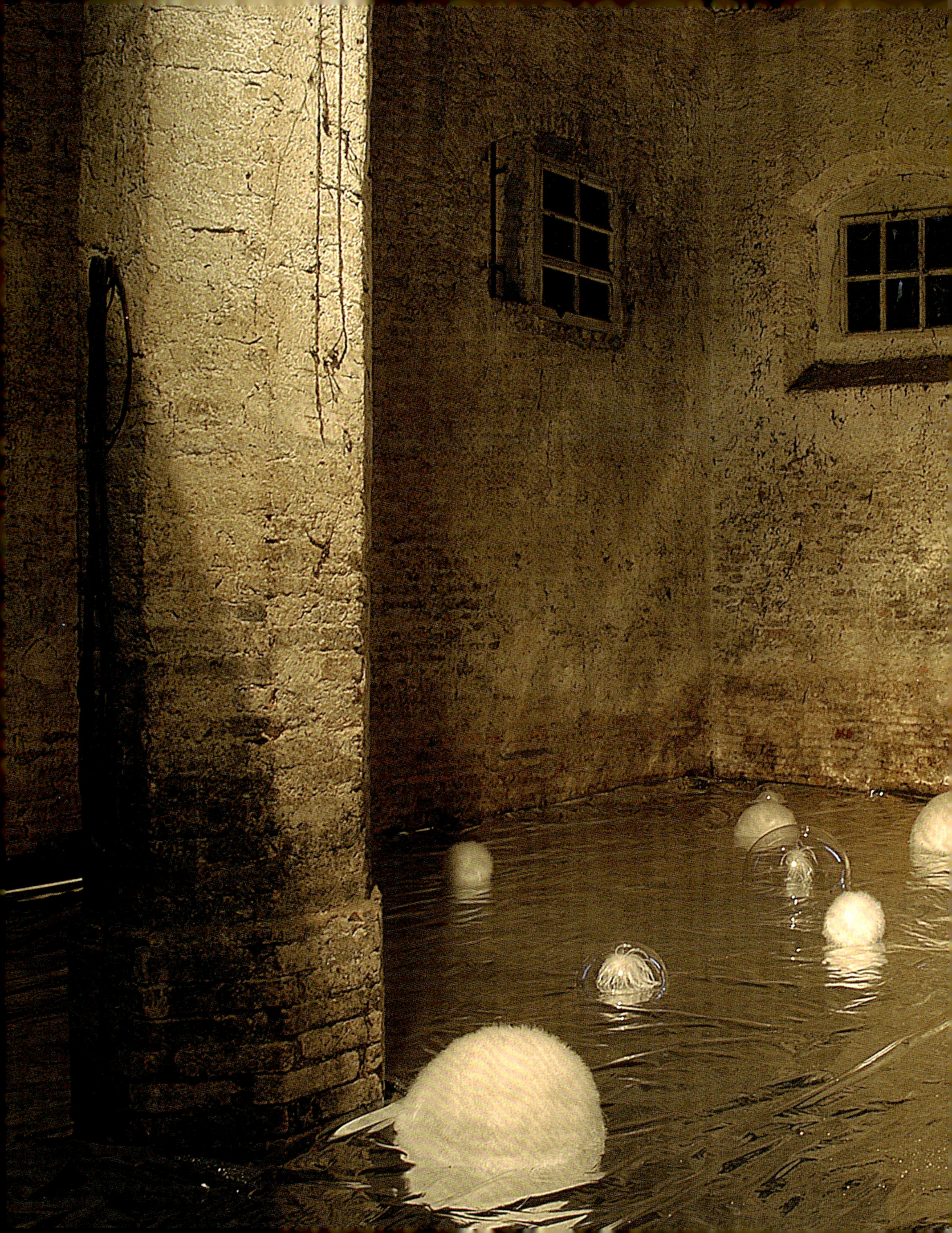

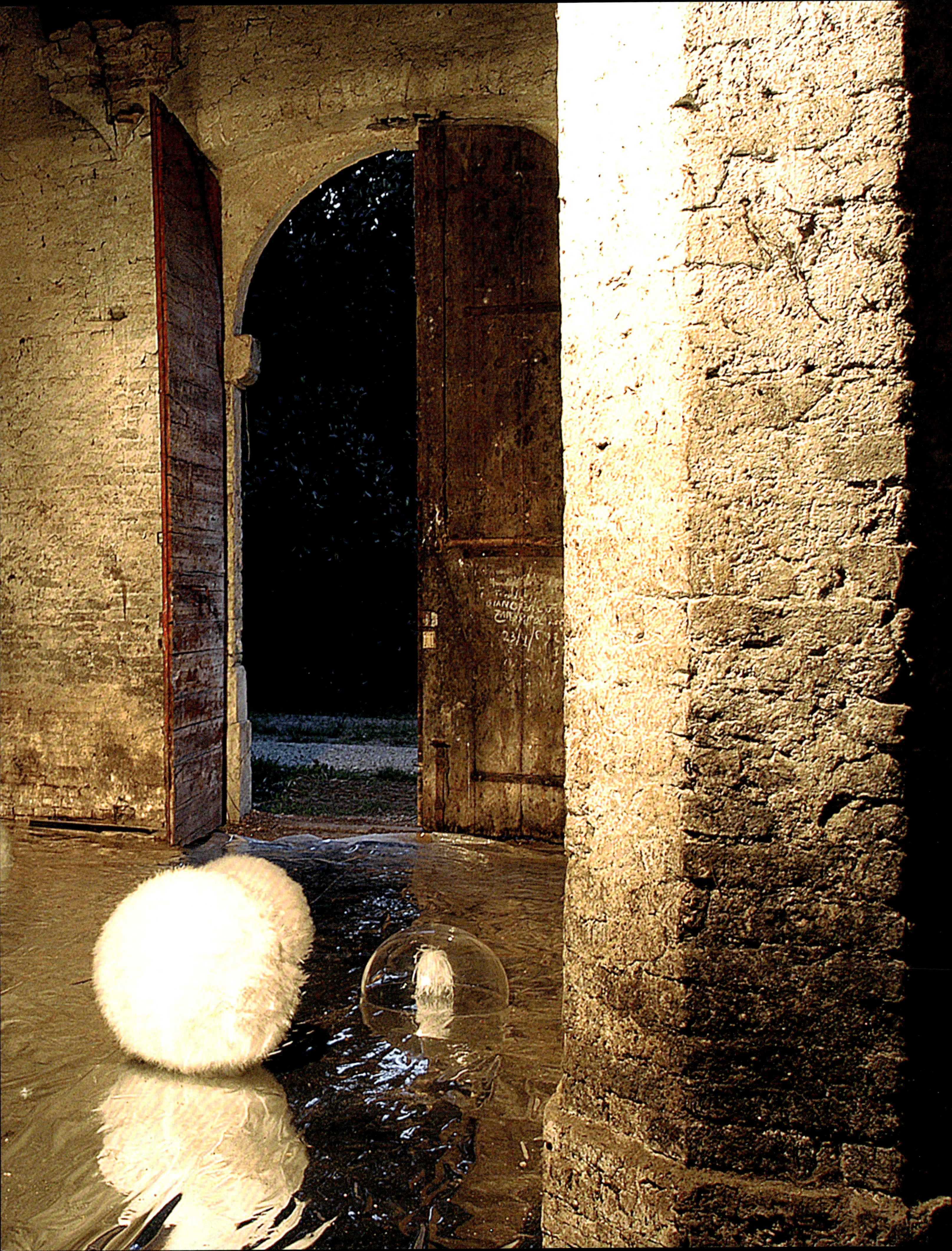

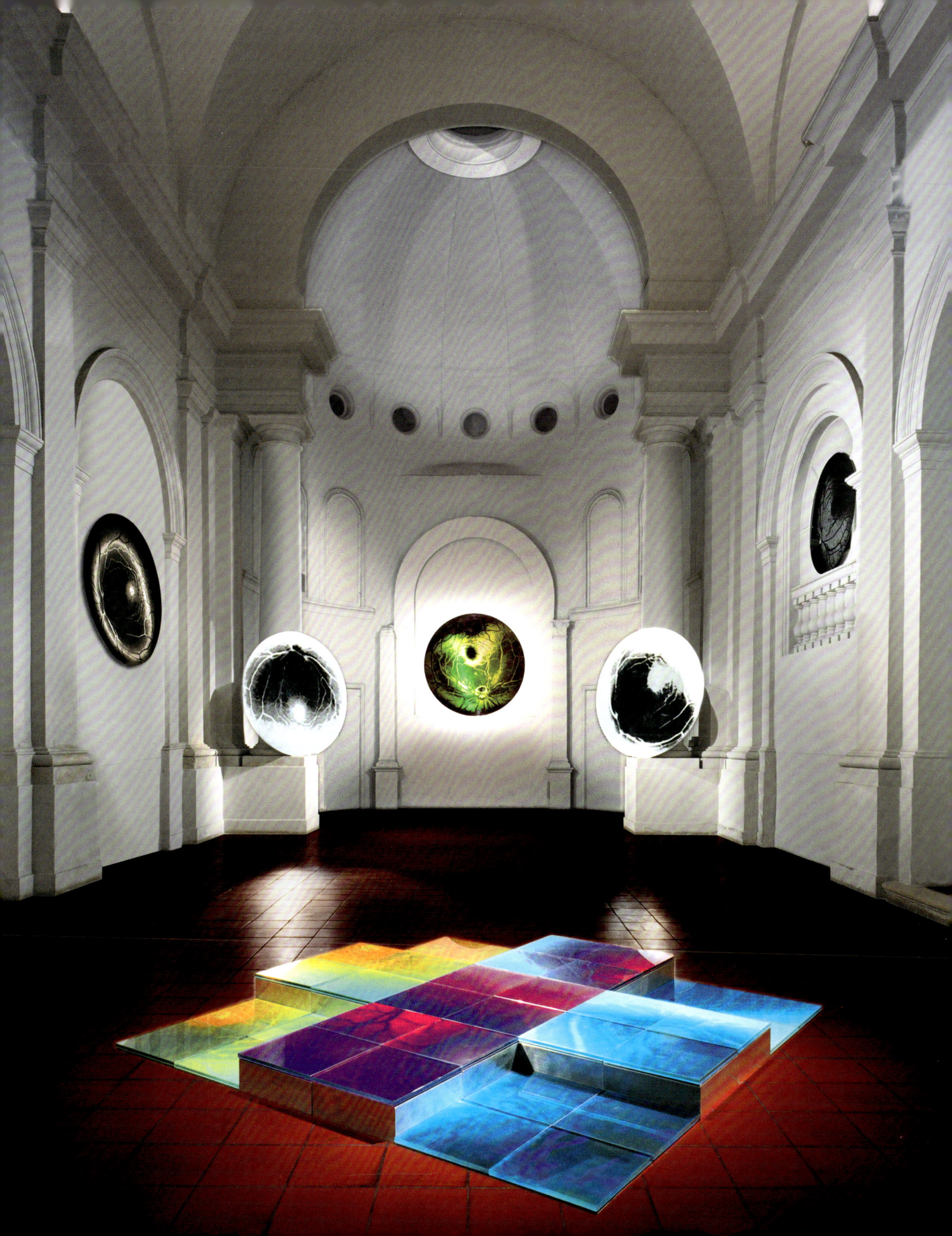

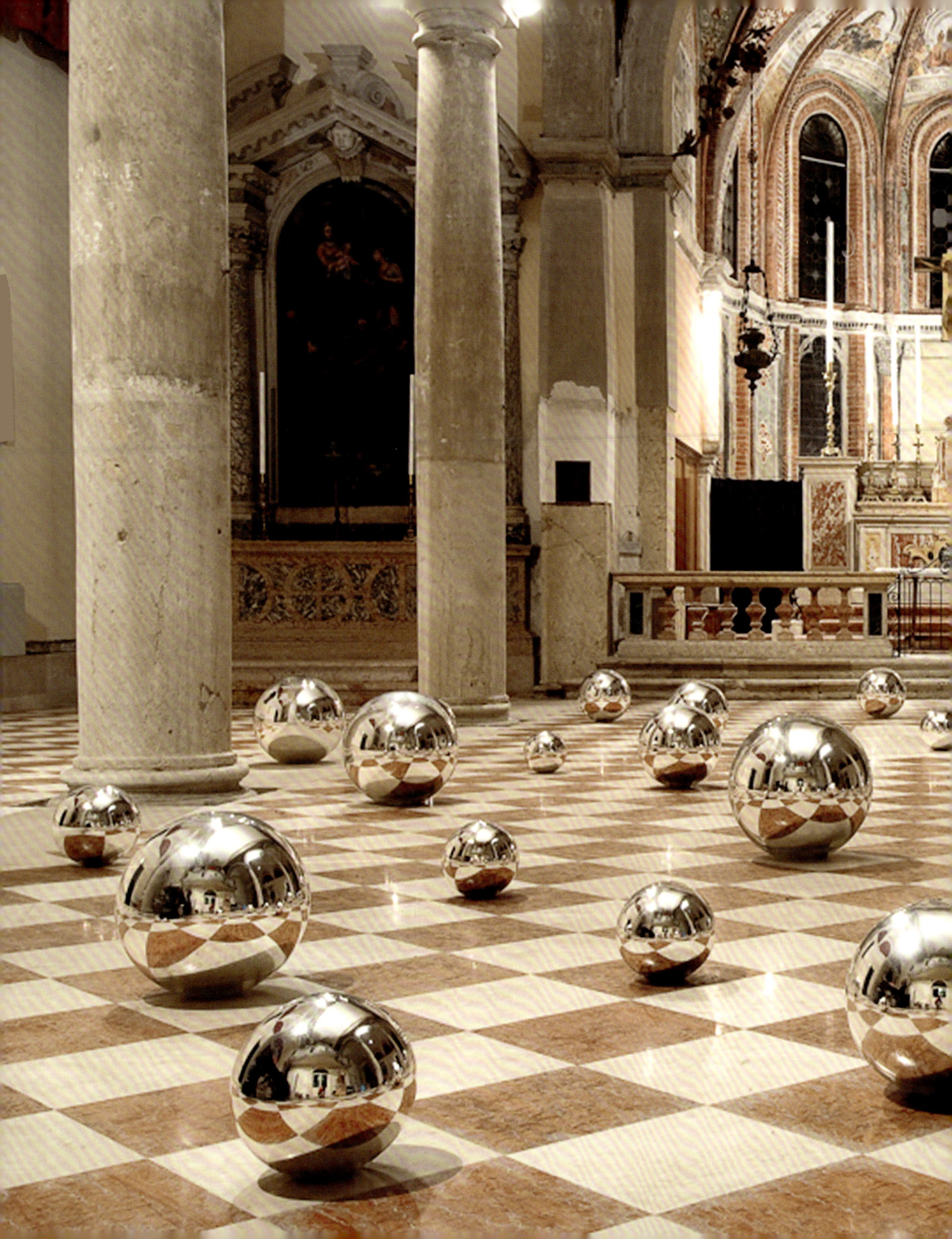

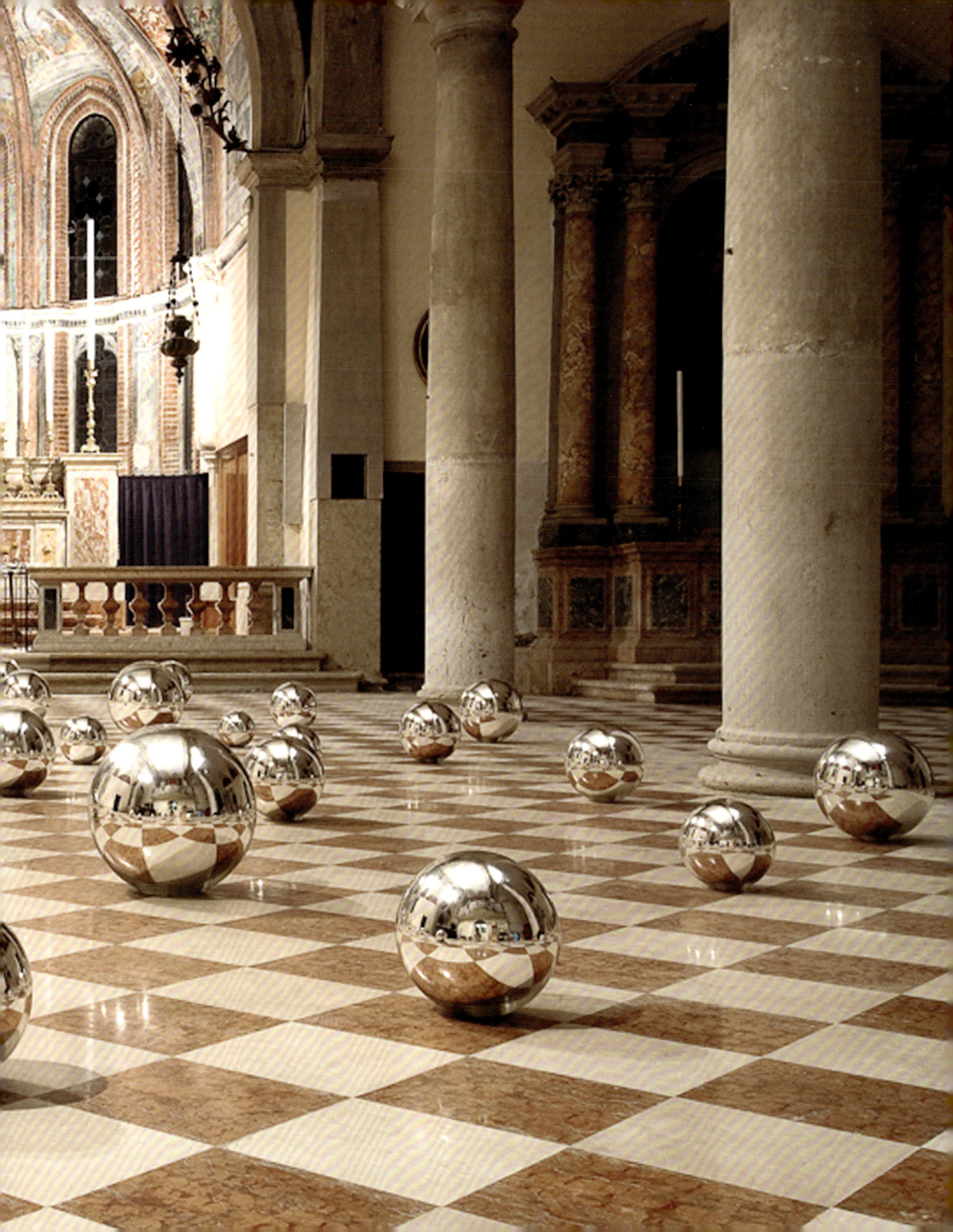

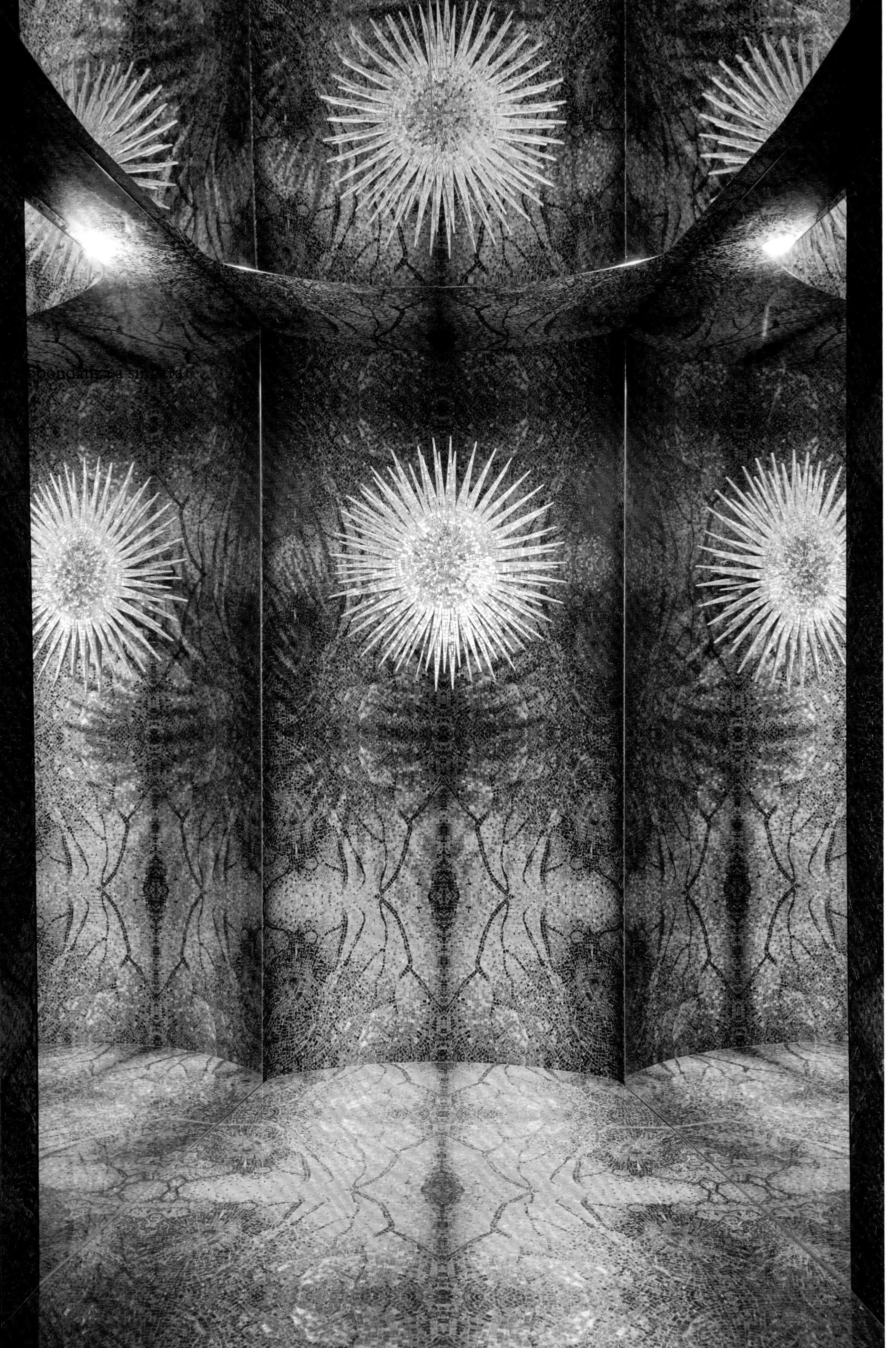

Sbondanza simmetrica

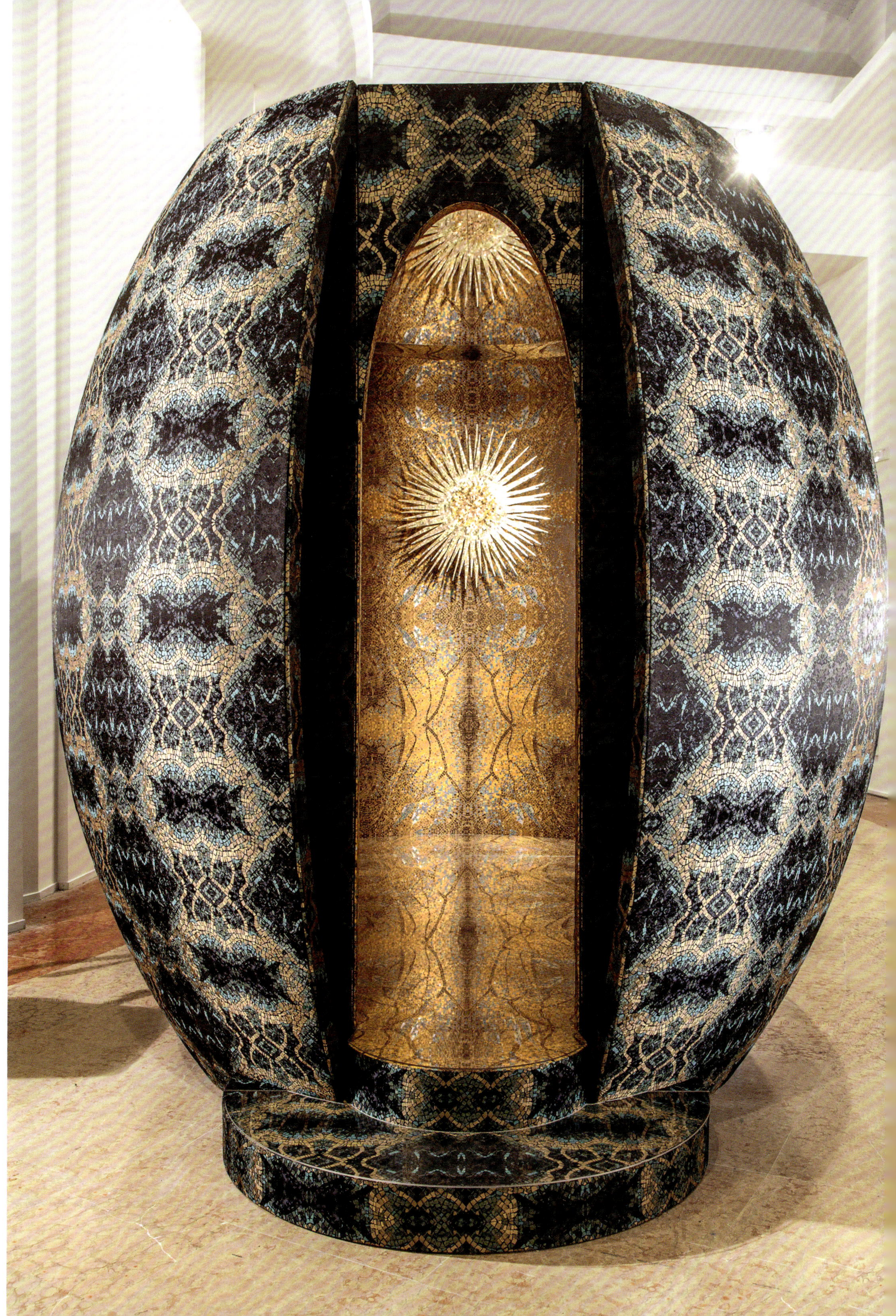

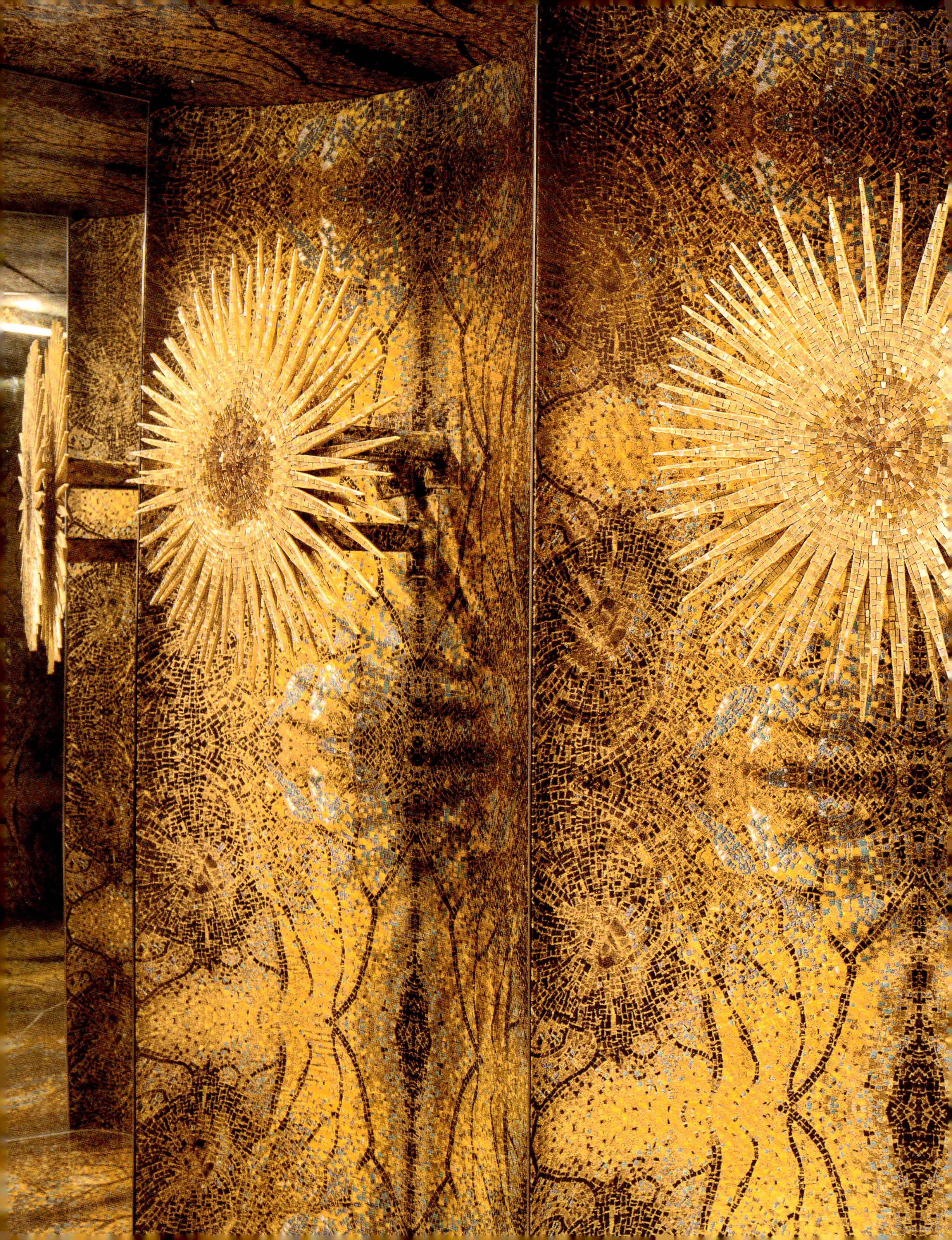

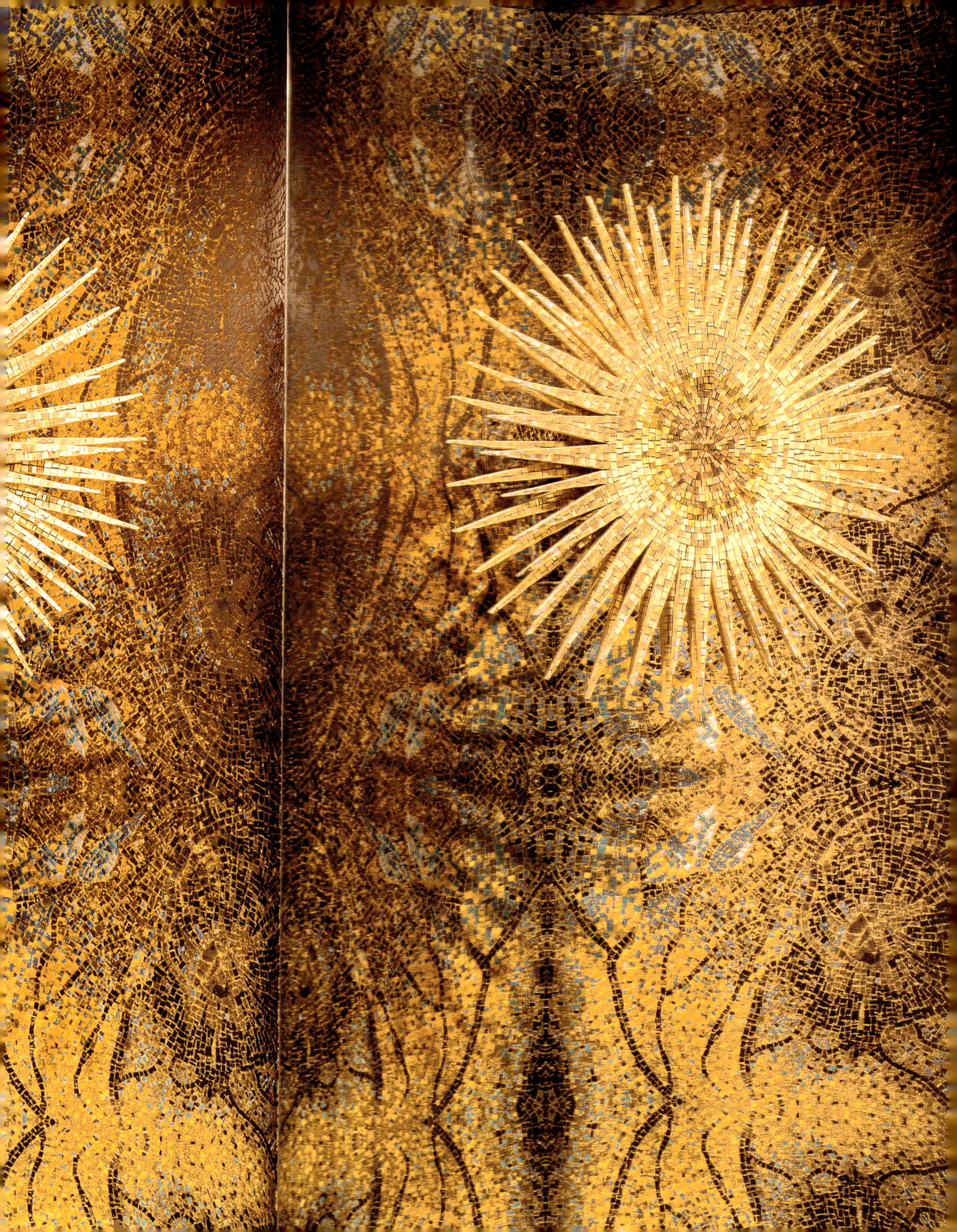

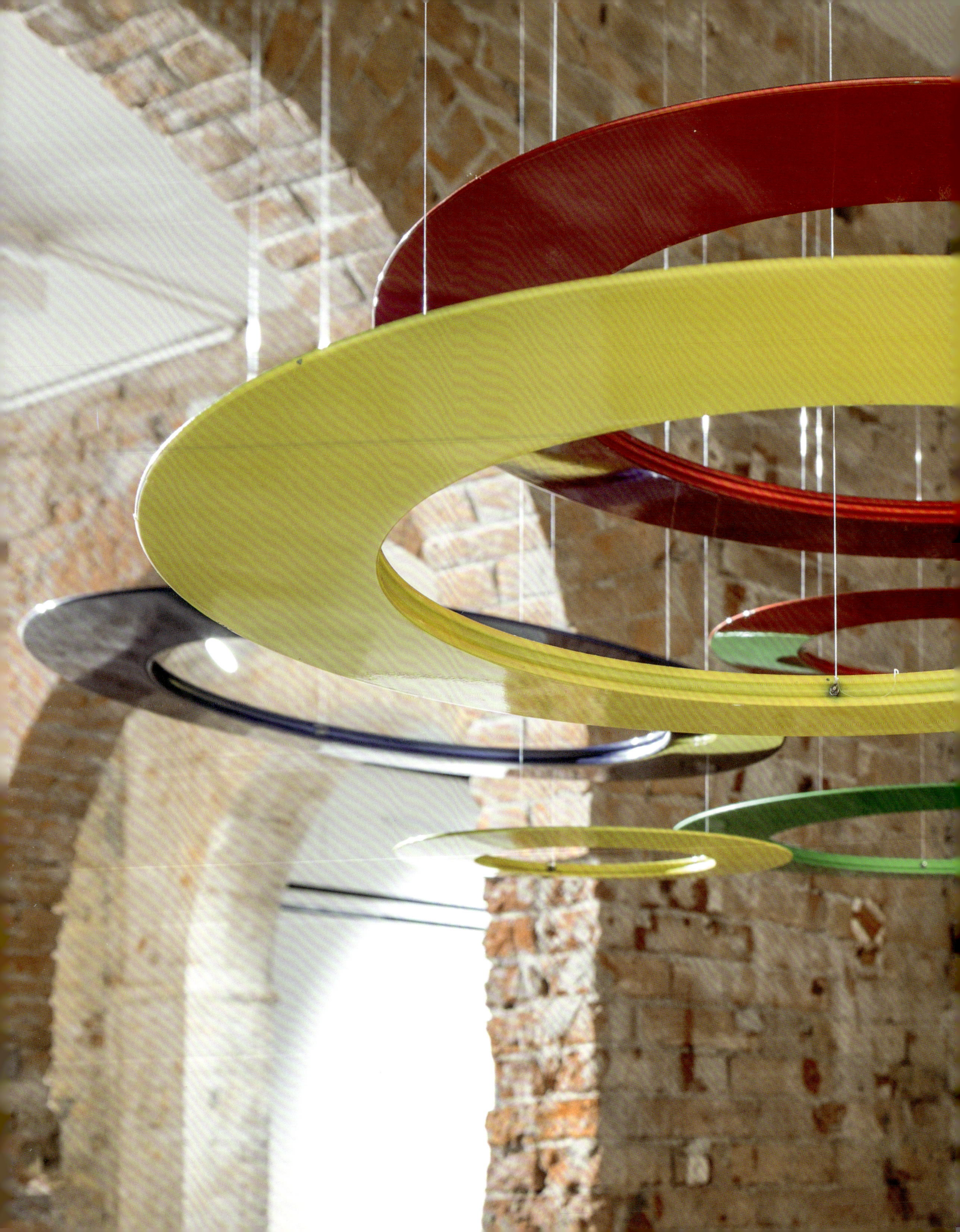

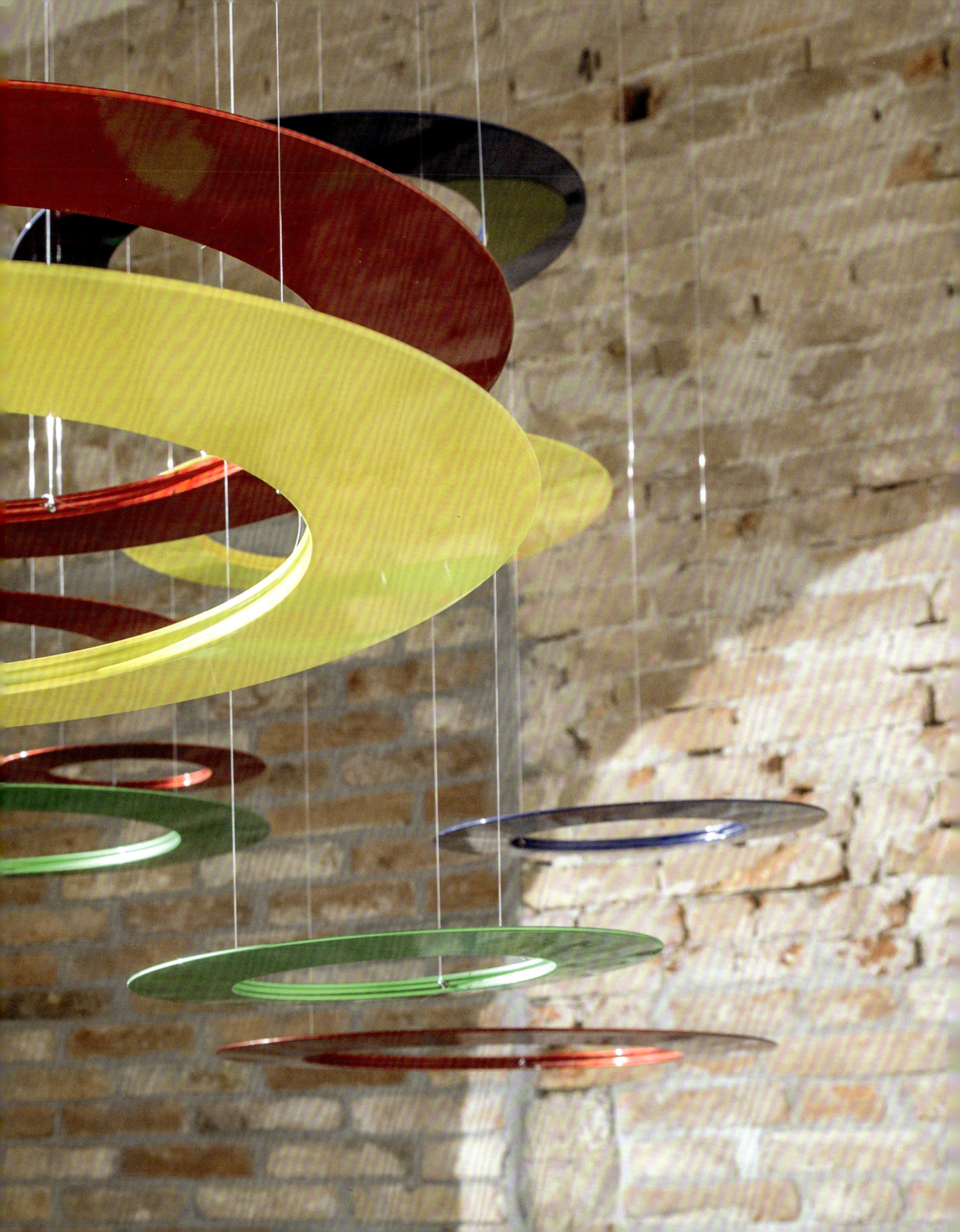

Marialuisa Tadei: Endlessly Yesterday Tadei Tomorrow

ALAN JONES

Per quasi la metà del secolo scorso, nell'evoluzione del discorso modernista – che oggi siamo obbligati a definire post-modernista –, la scultura, così come ci è nota dall'alba dell'umanità, ha subito un costante processo di smembramento, dal momento che il concetto cerebrale ha preso il posto che – tradizionalmente – è stato della pietra. La scultura nel nostro tempo è passata da terrena ad aerea. Per primo è stato eliminato il piedistallo che separava l'opera dal terreno, dopo di che, tutto il resto è stato alla mercé di chiunque.

Questo sconvolgimento estetico è qualcosa di paragonabile all'erosione delle barriere coralline, che molti vorrebbero attribuire al cambiamento climatico mondiale e che, come ci dicono gli esperti, è colpa del patriarcale capitalismo coloniale dell'Occidente, ma questa è un'altra storia rispetto a quella che affrontiamo qui. Qui parliamo invece della scomparsa e della inevitabile, fortuita rinascita della più antica forma d'arte del genere umano: la scultura.

Nell'arco di oltre due decenni, Marialuisa Tadei si è presentata progressivamente come una delle mani più solidamente scultoree della scena italiana odierna.

È riuscita a rendere visivamente manifesta la sua fede spirituale per la palpabile forma materiale nell'incorporeità senza peso, nell'elaborazione di corpo e anima. Qui c'è la padronanza dell'arte scultorea, ma anche un cogliere intuitivo del più recente vocabolario della prassi artistica contemporanea, sebbene la sua tematica principale non sia affatto conforme al dogma del "politicamente corretto" che si è imposto su tutti gli aspetti dell'atteggiamento umano, e in particolare nel mondo artistico.

L'artista ha basato tutta la sua impresa scultorea – si potrebbe dire fin dal principio – su una forte fede cristiana, che di rado si incontra nell'arena ideologica chiamata "arte contemporanea".

Di per sé, il termine "arte contemporanea" è un'etichetta ingannevole, che risale forse ai tardi anni cinquanta, quando nuovi artisti iniziarono ad apparire nel già affollato mondo del moderno. Pertanto, si diede vita a una nuova categoria, e con essa a nuove istituzioni, per dare spazio a questa speranzosa e ottimista generazione post-bellica di spiriti creativi; al contempo, si dichiarava inavvertitamente concluso il modernismo in quanto epoca storica, senza considerare le conseguenze nel creare una dinastia dell'immediato storico, l'*éternel contemporain*: un eterno *plateau* dinastico dei contemporanei. Con il modernismo, avevamo vissuto con l'illusione che la creatività di talenti fortemente personali ci avrebbe sorpreso anno dopo anno con meraviglie inattese sotto il diktat del contemporaneo, uno sconfinato *plateau* disteso sotto i nostri occhi con tutta l'immobilità delle dinastie dell'antico Egitto. Sebbene entrambi siano morti, Marcel Duchamp resta per sempre contemporaneo, George Braque no, purtroppo.

Con la pura fascinazione della bellezza e della prontezza della sua opera, Marialuisa Tadei è riuscita abilmente a schivare quelli che avrebbero potuto essere gravi pericoli di esclusione censoria, se le motivazioni centrali del suo lavoro fossero state comprese appieno dai radicalmente secolari elementi costituenti il regime di correttezza politica tipici del contemporaneismo più conformativo. Da sola, la sua straordinaria padronanza dell'idioma post-moderno e la sua profonda fede religiosa l'hanno protetta da una simile disgrazia, e l'impatto della sua opera ha probabilmente distratto quei materialisti empirici il cui dogma è essenzialmente anti-religioso.

La sua opera spazza semplicemente via tutte le reazioni tranne quelle pertinenti all'incontro stesso. L'arte dello scultore è sempre stata accompagnata da un tocco di prestidigitazione e di magia, come Gianfranco Baruchello – artista pioniere del suo tempo e scrittore – ha magistralmente spiegato nel suo saggio *Che cosa guardano le statue?*. Possiamo imbatterci in questo lacerante enigma metafisico a Tivoli, o quando entriamo nel Giardino di Boboli a Firenze, o quando passeggiamo negli ariosi spazi del Museo Archeologico Nazionale di Napoli, o quando esultiamo per la frizzante sorpresa che ci dà uscire improvvisamente alla luce del sole dopo aver percor-

Marialuisa Tadei: Endlessly Yesterday Tadei Tomorrow

ALAN JONES

For nearly half of the last century in the evolution of modernist – and today we are compelled to say, post-modernist – discourse, sculpture as it has been known since the dawn of mankind has been steadily undergoing a process of disembodiment, the ethereal replacing the concrete as cerebral concept takes the place of that traditionally been held by stone. Sculpture in our time has gone from landbased to airborne forms. The first fixture to be jetisoned was the pedestal, separating the work from the ground; after that, everything else was up for grabs.

This aesthetic upheaval is something comparable to the erosion of coastal coral reefs which many would wish to attribute to worldwide climate change: the fault of which is, experts tell us, all to be laid at the doorstep of the patriarchal colonial capitalist Occident – but that is a different story from the one we are addressing here. We are talking instead about the demise, and the fortuitously inevitable rebirth, of mankind's oldest art form, which is sculpture.

Marialuisa Tadei over a span of more than two decades has been progressively emerging as one of the steadiest sculptural hands at work in Italy today.

She has achieved making visually manifest in palpable material form, in weightless insubstantiality, in elaboration of body and soul, her spiritual beliefs. Mastery of the sculptor's craft is here, but also an intuitive grasp of the most recent vocabulary of contemporary art praxis, but it is her central theme that is not altogether in conformity with the dogma that ,'politically correct' conformity has imposed on all aspects of human comportment, and particularly on the world of art.

The artist has based her entire sculptural enterprise, it might just as well be said from the outset, upon a strong personal Christian faith rarely encountered in the worldwide ideological arena referred to as ,'contemporary art.'

The term, 'contemporary art' itself is a deceptive label dating perhaps from as early as the late Fifties when new artists began appearing into the already overcrowded world of the Modern; therefore a new category, and along with it new institutions, were brought into life to accommodate this hopeful brighteyed new post-war generation of creative spirits. Inadvertently the conclusion of modernism as an historical epoch was declared, without considering the consequences of establishing a dynasty of the historically instantaneous, *l'éternel contemporain*: an eternal dynastical plateau of the contemporary.

With modernism, we had lived under the illusion that the creativity of highly personal talents would be year after year surprising us with unexpected marvels; under the diktat of the Contemporary an endless *plateau* stretched out before our eyes with all the immobility of the dynasties of ancient Egypt. Although both are dead, Marcel Duchamp remains forever contemporary; Georges Braque regrettably is not.

Marialuisa Tadei has, by the sheer captivation of the beauty and the aptness of her work, adroitly sidestepped what could have been serious hazards of censorious exclusion if the central motivations driving her endeavour had been fully understood by the radically secular constituents of the politically correct regime of conformative Contemporarism. Her masterful command of the postmodern idiom alone and her profound religious faith shielded her from suffering such a mishap, and the impact of her accomplishment itself perhaps distracted those empirical materialists whose dogma is essentially anti-religious.

The work of Marialuisa Tadei simply sweeps away all other reactions than those pertaining to the encounter itself. There has always existed this aspect of legerdemain, magic, that acompanies the sculptor's craft, as the pioneer artist and writer Gianfranco Baruchello magisterially laid out in his essay *Cosa guardano le statue* – ,'What do statues look at?' We can encounter this tantalizing metaphysical enigma at Tivoli, or when we come into the Boboli Gardens, in Florence; or walking into the cool precincts of National Museum of Archaeology at Naples; and we rejoice in it out of the gleeful

so le strade ombrose che conducono a Piazza Navona, dove indugiamo nella gioiosa danza di acqua e marmi uscita dalle mani di Bernini, lo Shakespeare degli scultori.

È probabile che la stessa Tadei fosse già allora consapevole di ciò che stava facendo, ma anche in questo caso restiamo nel dubbio. Potrebbe altrettanto essere vero che la saldezza della fede le fosse sufficiente per portare avanti il suo programma scultoreo senza dubbi o ripensamenti. La sua è una beatitudine che si rinnova e si espande di continuo.

Prima di continuare, tuttavia, torniamo indietro di quattro decenni, alla fonte della smaterializzazione della scultura modernista, e tentiamo di sciogliere le influenze sociali e filosofiche che hanno condotto al dominio dell'immagine incorporea rispetto alla forma scultorea concreta. Alla fine degli anni sessanta, gli artisti – insieme alla maggioranza dei giovani – sono entrati in una sorta di sciopero generale diffuso contro la società borghese conventuale così come la si conosceva da sempre. Questa generazione, figli e figlie di quanti avevano sofferto durante la depressione economica e la Seconda guerra mondiale, adesso era obbligata a partecipare a un'altra festicciola organizzata per loro, la guerra del Vietnam, e questo proprio quando le cose si stavano facendo interessanti.

La ribellione giovanile del '68 fu in un certo senso un ritorno ciclico del libertinismo illuminista che aveva galvanizzato la tragedia della Rivoluzione francese, e dimostra ancora una volta che le rivoluzioni falliscono o riescono in base alle frustrazioni sessuali di una massa demografica disordinatamente ampia di giovani.

Gli scultori si convinsero che realizzare opere d'arte adatte ai salotti dei milionari non faceva più per loro, quindi si spinsero nel deserto, come i profeti biblici prima di loro e, allo stesso modo, assunsero il dominio della Parola, espandendo il loro raggio d'azione alla lingua stessa e rendendo scultorea la linguistica con un procedimento in cui l'affermazione divenne forma, le parole rappresentarono la forma concreta. Il lessico sostituì il cesello e il martello.

Fu sostanzialmente una rivoluzione marxista volta a sabotare il mercato consumista delle gallerie d'arte, colpevoli di "sfruttare" un proletariato di "operai dell'arte", e a liberare gli artisti dalle catene del capitalismo, per arrivare finalmente a produrre un'arte che sfidasse qualunque tentativo di considerare il lavoro degli artisti come un prodotto vendibile. John Gibson, un giovane mercante d'arte di New York appassionato di fotografia, insieme ad altri sparsi per il mondo, come Marian Goodman, Rene Block, Nicholas Logsdale, seguirono in modo zelante Marcel Duchamp e John Cage.

Secondo alcuni, fu Gibson ad aprire il vaso di Pandora che convertì la scultura nella forma fotografica. C'era lui dietro al progetto degli artisti concettualisti radicali europei e americani, ma poiché aveva comunque bisogno di qualcosa da vendere nella sua galleria newyorkese, li incoraggiò a produrre grandi fotografie che documentassero opere d'arte che, a dimensione reale, potevano occupare due chilometri quadrati.

Così, il bronzo, il marmo, il legno furono relegati alla storia e la documentazione fotografica concettuale iniziò a farla da padrone, relegando al contempo la fotografia moderna "convenzionale" nella spazzatura.

Gli sviluppi che colarono dalla *nouvelle cuisine* della filosofia francese nel *nouveau roman* della letteratura francese, insieme alla *nouvelle vague* del cinema francese, si occuparono del resto. Il razzo propulsore di questa navicella spaziale arrivò con i progressi nella tecnologia delle comunicazioni. Negli anni settanta, le videocamere erano macchine immense, grandi quanto la testa di un cucciolo di ippopotamo; le persone si mandavano lettere scritte a mano; non esistevano telefoni cellulari, fax, email. Una macchina fotografica Polaroid o una macchina da scrivere Selectric IBM erano status-symbol high-tech; l'idea di un computer domestico era solo una chimera.

È anche importante ricordare che l'Unione Sovietica era ancora in pieno vigore e tutto lasciava pensare che godesse di ottima salute. Fu solo nel 1989 con la caduta del Muro di Berlino che l'intera struttura di riferimento che aveva racchiuso il contesto culturale di qualunque opera d'arte cadde improvvisamente a pezzi sotto il proprio peso. Rimasta senza appigli ai quali attaccarsi, la crescente ondata cibernetica travolse il ciclo di vita della tecnologia informatica, dal momento che gli artisti avevano abbracciato il regno dell'arte foto-narrativa concettuale una generazione prima. *Aspettando Godot* di Samuel Beckett non sarebbe mai più stato visto sotto la stessa luce.

Dopo un lungo apprendistato, Marialuisa Tadei si affacciò al mondo dell'arte in un momento particolarmente ambiguo alla fine degli anni novanta, quando le spinte ideologiche stavano formando nuovi raggruppamenti dietro nuovi fronti, e le linee-guida socio-estetiche stavano ancora vacillando sotto la scossa geopolitica della perdita dell'ammiraglia comunista, l'URSS.

Si potrebbe dire che il principio-guida della sua fede cattolica sia stato fin dall'inizio il fattore primario che, in qualche modo, l'ha condotta per mano alla cieca, navigando in queste acque agitate con fiduciosa serenità, in un momento in cui il terreno del marxismo anti-occidentale era crollato sotto i

surprise of suddenly entering into the sunlight out of dark streets into the Piazza Navona and circling in our steps the great joyful dance of water and marble crafted by the hand of Bernini, that Shakespeare of all sculptors.

It may well be that Marialuisa Tadei herself was aware of what she was doing. But then again perhaps not. It could well be that the confidence in her faith itself was enough to propel her sculptural program forward without secondary doubts. Hers is an ever-renewing, ever-expanding beatitude.

Before continuing, however, let us go back four decades to the source of the dematerialization of modernist sculpture and attempt to disentangle the social and philosophical influences that led to the dominance of disembodied image over concrete sculptural form. In the late Sixties, artists, along with a large part of all young people, went on a sort of all-inclusive general strike against conventional bourgeois society as it had long been known. This generation, sons and daughters of those who had suffered through economic depression and World War II, now were being compelled to attend another little picnic planned all for them, the war in Vietnam: just when the music was starting to get really good.

The youth revolt of 1968 was in a sense a cyclical reoccurrence of the libertinism of the Illuminists which galvanized the tragedy of the French Revolution, and it demonstrates once again that revolutions fail or succeed based on the sexual frustrations of an inordinantly large demographic mass of young people.

Sculptors got it into their head that making art that could fit into millionaires' living-rooms was something they were not going to do anymore. They moved out into the desert, as the Biblical prophets before them, and likewise they took dominion over the Word, expanding their domain into language itself and sculpturalizing linguistics in a process, whereby a statement became a form. Words could represent concrete shape. The lexicon replaced the chisel and hammer.

It was essentially a Marxist revolution to sabotage the whole commodity market of art galleries who ,'exploited' a proletariat of ,'art workers', and to free themselves from the chains of capitalism and finally make valid art that defied any attempt to consider the labour of artists as a product that could be sold. John Gibson, a young art dealer in New York who had a great passion for photography, along with few others scattered around the world including Marian Goodman, René Block, Nicholas Logsdail, all those who zealously followed Marcel Duchamp and John Cage.

There are those who believe that it was Gibson who opened the Pandora's box that converted sculpture into photographic form. He was totally behind the project of the radical conceptualist artists in Europe and America but he nevertheless needed something to sell in his gallery back home in New York. So he encouraged them to provide large photographs documenting art works which may have, in their real size, encompassed two square kilometers.

Thus bronze, marble, wood, were relegated to history and conceptual photo documentation ruled the day, simultaneously relegating, 'conventional' modern photography to the dustbin.

Developments which seeped from the nouvelle cuisine of French philosophy into the nouveau roman of French literature, together with the nouvelle vague of French cinema, took care of the rest.

The booster rocket of this space ship came from advances in communications technology. In the Seventies, video cameras were huge machines the size of the head of a baby hippopotamus; people sent letters with postage stamps. No cellphones, no fax, no email. A Polaroid camera or a Selectric IBM typewriter were the hi-tech status symbols of the era; the idea of a home computer was only a dream of the future.

It's also important to recall that the Soviet Union was very much still up and running and by all appearances in excellent health. It was only in the year 1989 with the fall of the Soviet Union that the entire dome of reference that had encapsulated the cultural context of any work of art suddenly fell to pieces under its own weight. Without any other rope to hang onto, the rising cybernetic tide grabbed the lifeline of computer technology, as artists had embraced the realm of conceptual photonarrative art one generation before. *Waiting for Godot* by Samuel Beckett would never be seen in the same light ever again.

Marialuisa Tadei, after a long apprenticeship, entered into the world of art at a particularly ambiguous moment in the late Nineties, when ideological forces were regrouping behind new lines, and socio-aesthetic guidelines were still wobbling under the geo-political shock of the loss of the Communist flagship, the USSR.

It can be said that the guiding principle of her Catholic faith has been from the outset the primary factor that has somehow taken her blindly by the hand in order to navigate through these troubled waters with confident serenity, at a moment when the carpet of anti-Occident Marxism had been pulled out from under the feet of so many suddenly disoriented artistic practicioners who

piedi di artisti improvvisamente disorientati, che cercavano rifugio professionale nelle artificiose ideologie di ecologia, femminismo, anti-globalismo, genderismo e altre che non vale nemmeno la pena menzionare.

C'è persino una sorta di schietta innocenza, una fondamentale semplicità che sconfina con l'infantilismo, che le offre una serenità e una forza incontrate di rado. C'è persino – ci si potrebbe spingere a dire – una forza d'animo di stampo biblico, che si auto-alimenta, e sostiene e rinnova senza sforzo la sua opera artistica nel suo stato di divina leggerezza.

Si può dire che la spontanea capacità di continuo rinnovamento e arricchimento del motore propulsore della sua creatività si alimenti dalla fonte rinnovabile della fede. Ma se volessimo usare una parola cui spesso ricorrono gli artisti che si considerano in primo luogo post-moderni, la sua "strategia" è stata quella di appropriarsi costantemente delle tattiche della reificazione e del disincarnamento ideate dai rivoluzionari artisti dei tardi anni sessanta e, in un certo senso, quella di combattere il fuoco con il fuoco, battendoli sul loro stesso terreno, applicando i loro stessi metodi per arrivare a obiettivi diversi: prendendo il titolo della pionieristica esposizione di Harald Szeemann (1968), *When Attitudes become Form* e trasformandolo in *When Faith becomes Form*.

Da quando papa Paolo VI ritenne che fosse adeguato prendere la coraggiosa e visionaria decisione di inaugurare un museo di arte *moderna* per completare le venerabili collezioni del Vaticano, altri pontefici hanno ritenuto opportuno rinnovare questo sforzo, come ha dimostrato in maniera eclatante Ratzinger quando ha ricevuto in udienza sotto gli affreschi della Cappella Sistina gli artisti più attivi del momento. In quella occasione, Ratzinger ha esortato il gruppo di creativi – non esattamente la personificazione dei fedeli e assidui frequentatori della liturgia – a tornare alla Chiesa e riconsiderarla come luogo accogliente per la loro ricerca creativa. Questo impegno è stato più di recente sottolineato dalla scelta storica e sbalorditiva di aprire un padiglione ufficiale del Vaticano alla Biennale di Venezia.

Marialuisa Tadei si rivela come una delle artiste di maggior successo attive oggi a essersi avvicinata così tanto alla risoluzione del dilemma di manifestare una profonda fede cristiana con una piena padronanza dello stato dell'arte dei vocabolari contemporanei, proprio come fino a tempi recenti alla radio americana non è mai esistito sulla faccia della Terra un comico conservatore davvero divertente finché non è arrivato Rush Limbaugh.

La sfida delle religioni nel mondo è sempre stata, dopo tutto, offrire speranza, consolazione e risposte definitive alle più solenni domande che gli uomini e le donne mortali si pongono nella vita: tutte le forme di espressione artistica hanno sempre partecipato in maniera attiva e diretta – per quanto obliqua – a questo dialogo con il divino.

Eppure il modernismo ha cercato, per sua stessa natura, di esprimere il suo distacco con tutte le forme di credo tradizionale, forse con l'eccezione del materialismo di Epicuro e del suo seguace Lucrezio. Così, una delle debolezze intrinseche di tutti i tentativi modernisti è di formulare la fede ed esprimere la devozione attraverso il vocabolario del moderno. Pochi hanno avuto successo in termini artistici o devozionali. Forse si può dire che tutti gli artisti, inconsapevolmente o meno, stanno tentando di raggiungere questo obiettivo.

Marialuisa Tadei è riuscita a ricontestualizzare cent'anni di vocabolari moderni e postmoderni per metterli al servizio di 2000 anni di fede cristiana.

Come ha detto:

Cerco di coniugare le forme della natura e l'anatomia dell'essere umano affinché diventino mistici; di creare un'anatomia mistica, con riferimento sia alla natura umana sia alla natura stessa. Per "natura" intendo i fiori, le stelle, le galassie, le rocce. Perché, alla fine, il limite tra figurativo e astratto non è una linea di demarcazione chiara. Se si osservano il palmo di una mano o le venature di una foglia, somigliano a una composizione astratta: la nostra interpretazione dipende dal punto di vista che vogliamo assumere. Io desidero portare all'arte contemporanea e al suo pubblico la consapevolezza di un'altra dimensione, una dimensione che va oltre a quella materiale e mondana. Simone Weil ha detto, "la bellezza ha il compito di portarci oltre noi stessi". Pertanto, io cerco di condurre lo spettatore oltre sé stesso, di farlo entrare in un'altra dimensione. Entrando in un'altra dimensione, egli diventa consapevole della spiritualità, della sacralità a lui stesso connessa. Non è un discorso astratto, lontano dall'umanità. C'è una corrispondenza fra Dio e Uomo, un dialogo che può essere espresso attraverso le opere d'arte. Voglio che gli esseri umani facciano un salto che permetta loro di vedere la connessione tra l'assoluto e l'infinito.

L'equilibrio di pesi e misure del mondo materiale in termini metafisici è cruciale nella sua pratica scultorea e questa è una delle lezioni essenziali che ha portato con sé da Düsseldorf, dove ha avuto l'enorme fortuna di essere invitata da Jannis Kounellis per un periodo di otto-nove mesi, un'esperienza

scrambled to seek professional refuge in makeshift ideologies of ecology, feminism, no-globalism, genderism, and others unworthy of mention.

There is, indeed, it can be detected, even a sort of ingenuous innocence, a fundamental simplicity bordering on the childlike which offers her a rarely encountered serenity and strength. There is even, one may venture to say, a Biblical self-replenishing fortitude effortlessly sustaining and renewing her endeavour as an artist, in its state of divine weightlessness.

It can be said that it is this effortless ability of continual renewal which drives her creativity, deriving its fuel from the renewable energy source of her faith. But if one may wish to employ a word often used by artists who would consider themselves first and foremost postmodern, her, 'strategy' has been that of consistently appropriating the tactics of reification and disembodiment devised by the revolutionary artists of the late Sixties. In a sense, she is fighting fire with fire and beating them at their own game by applying their own methods toward different goals: taking the title of Harald Szeemann's trailblazing exhibition of 1969 *When Attitudes become Form* and turning it into *When Faith becomes Form*.

Since Pope Paul VI saw fit to take the boldly visionary step of inaugurating a museum of *modern* art to complement the venerable collections of the Vatican, other pontiffs have seen fit to renew this effort, most significantly in Benedict XVI's formal reception of artists active today beneath the frescoes of Michelangelo in the Sistine Chapel during which he exhorted this creative crowd, a tribe that is not the first community to spring to mind when the question of avid church attendance arises, to return to the Church and reconsider it once again as a welcoming arena for their creative quest. This committment has been more recently underscored by the breathtakingly bold step of implementing an official Vatican pavilion at the Venice Biennale.

Marialuisa Tadei reveals herself as being one of the most successful artists at work today to have come closest to resolving the dilemma of manifesting a profound Christian belief using art's contemporary vocabularies.

The challenge of religions across the world has always been, after all, offering hope, consolation, and definitive responses to the most solemn questions which mortal men and women face in life: all forms of artistic expression have always, however obliquely, been in active and direct participation in this dialogue with the divine.

Yet modernism at its very source sought to express its disenchantment with all forms of traditional belief, with the exception perhaps of the materialism of Epicurus and his follower Lucretius. Thus the inherent weaknesses in all modernist attempts to formulate faith and express devotion through the vocabulary of the Modern. Few have been successful in either devotional or artistic terms. Perhaps it can be said that all artists, whether they know it or not, are unconsciously striving to achieve this goal.

Marialuisa Tadei has succeeded in recontextualizing one hundred years of modern and postmodern vocabularies in order to place them at the service of 2000 years of Christian faith.

As she has said:

I seek to conjugate the forms of nature, and the anatomy of the human being in order that they become mystical. To create a mystical anatomy, with reference to both to human nature and to nature itself. By nature I refer to flowers, stars, galaxies, rocks. Because, in the end, the limitation between the figurative and the abstract is not a clear demarcation. If you look at the palm of the hand or at the veins in a leaf they resemble an abstract composition, our interpretation depends on the point of view we wish to assume. I wish to bring contemporary art and its public the awarness of another dimension beyond the material worldly one. Simone Weil said ,'beauty has the task to take us beyond ourselves.' Therefore I seek to take the spectator beyond himself so that he enters another dimension. And entering another dimension becomes aware of spirituality, sacrality, that is connected with himself. It is not an abstract thing far from mankind. There is a correspondence between God and Man, a dialogue that can be expressed through works of art. I want to make human beings achieve a leap so that they can see the connection between the absolute and the infinite.

The balancing of the weights and measures of the material world in metaphysical terms is central to the sculptural practice of Marialuisa Tadei, and this is one of the central lessons which she brought back with her from Düsseldorf, where she had the great good fortune to be invited by Jannis Kounellis for a period of eight or nine months, an experience from which she gained lessons which remain with her to this day. One theme which she recalls Kounellis emphasizing was poetry, and its juxtapositions of lightness and heaviness: something light and something heavy when placed together creative a poem, the buoyancy of composition.

As a very small child her ambition was to one day be able to construct a machine that could visualize during the daylight

dalla quale ha imparato cose che porta con sé ogni giorno. Un tema che, come lei stessa ricorda, stava a cuore a Kounellis era la poesia e la sua giustapposizione di leggerezza e pesantezza: qualcosa di leggero e qualcosa di pesante, quando messi assieme, creano la poesia e l'equilibrio della composizione.

Già da piccola, la sua ambizione era – un giorno – essere capace di costruire una macchina in grado di visualizzare alla luce del sole i sogni che aveva fatto di notte, dandole così la possibilità di cogliere le proprie visioni a suo piacimento. Il desiderio d'infanzia dell'artista di catturare i sogni in forma concreta oggi si è realizzato.

Quando ho visto per la prima volta l'opera di Marialuisa Tadei, il mio apprezzamento per il suo lavoro sfaccettato ha iniziato subito a trasformarsi in una sensazione di viscerale riconoscimento. Le variazioni di scala, materiale e tecnica erano enfatizzate dalla perizia dell'uso del colore, dalle forme cromatizzanti in maniera magnetica, come hanno fatto – tra gli esempi più illustri – scultori come Alexander Calder e Jeff Koons.

Marialuisa Tadei utilizza gli assi verticali della dimensione orizzontale con l'intenzione di creare le estensioni verticali che interagiscono con la Terra dalla quale sono magneticamente attratti e dalla quale lottano per liberarsi.

C'è qualcosa di gotico in questa polarità di tensioni, di pesi e leggerezza. Molte delle sue opere sembrano trasformare il frequente uso della tensione tra apertura e chiusura, creando un "oltre", una serie di presagi dell'infinito. Definiscono lo spazio cosmologico attorno a sé non come un vuoto, ma come un campo espansivo, quasi come Calder fece con i suoi "mobili" e "stabili".

Caricato di una sorta di energia magnetica gravitazionale nella sua relazione con il pavimento, c'è un carattere inconfondibilmente sacrale in questo fenomeno, un fenomeno che parla la lingua delle cattedrali e delle cappelle, una monumentale forza spaziale indipendentemente dalla dimensione, una forza che attiva l'aspirazione verso il volo e la levitazione.

Come le superfici levigate di alcune sculture prive di piedistallo di Lucio Fontana, e altrettanto sferiche nella forma, queste opere essudano un campo magnetico, in autonomia o in collusione. Qui, entrambi gli artisti stanno affrontando la periferia delle superfici e il dettaglio con pari interesse.

La scultura ha un carattere geologico, un carattere che ci si potrebbe persino spingere a definire "di geologia farmaceutica". Sin dai tempi antichi vediamo tracce di pietre trasportate per grandi distanze e ci imbattiamo in specifiche proprietà medicinali, o virtù, attribuite ad alcune pietre che sono ammantate della capacità di proteggere o curare, umili o nobili in una vera e propria gerarchia araldica, come il porfido. Alberto Magno non era solo un teologo e un grande Padre della Chiesa, ma un "geologo diagnostico", capace di prescrivere gli smeraldi come cura contro l'insonnia. Sembrerebbe che l'artista sia consapevole delle proprietà che irradiano dai materiali che usa.

È il momento che le opere d'arte, come credeva Joseph Beuys, vengano considerate come una necessità, essenziali per il benessere dell'umanità e non più un lusso, uno status symbol, un bene di consumo. Marialuisa Tadei ha avuto la buona ventura di mettere la sua laurea, una delle tante all'Accademia di Belle Arti, sotto la tutela di Giorgio Cortenova che in seguito ha dedicato un bellissimo saggio alla sua opera, in cui si legge:

Bellezza o eleganza? Entrambe. Entrambe capaci di rappresentare e trasmettere la virtù, la saggezza, l'humanitas e la ricchezza di sentimento. In altre parole, di dare un senso positivo e sociale al lusso, all'oro, al blu cobalto, alle grazie che erano tali per via dell'abilità di comunicare la virtù, il ritmo e la vitalità intrecciate in linee curve e ricamate, angolose e dardeggianti, come un volo che sfida impunemente il muro del suono.

Quando ci imbattiamo nel lavoro di un artista per la prima volta, dobbiamo prestare la massima attenzione, giacché procediamo nel creare, passo dopo passo, una piattaforma dalla quale prendono le mosse le nostre esplorazioni di terreni creativi sconosciuti, un punto di partenza dal quale avviare una nuova e ignota cronologia che ci serva da guida futura, e il tutto per assicurarci di non salpare nella direzione sbagliata, come fece Cristoforo Colombo quando scambiò l'America per l'India. Questo è particolarmente vero quando si tratta della miriade di funzioni espressive che utilizza nell'ampio spettro dei suoi dispositivi linguistici.

Dal momento che le grandi stampe fotografiche in cybachrome – prodotte in edizioni di 15 pezzi montate dietro plexiglass – derivano da acquerelli, iniziamo da questi: in una mostra a Palazzo Franchetti (Venezia), Marialuisa Tadei, insieme ad altri nove artisti italiani contemporanei, ha reso omaggio alle scoperte del telescopio spaziale Hubble, lanciato nello spazio nel 1990, con il titolo *Our place in space*.

I suoi acquerelli e le successive stampe fotografiche presentano un'incredibile somiglianza con gli strumenti fotografici a bordo della navetta che Hubble ha rispedito agli scienziati a terra.

Una cyberchrome del 2011 dal titolo *Abissi Rosso* (diasec 180 x

the dreams she had had during her hours of sleep, thus being able to capture her visions at will. Marialuisa Tadei's childhood desire to capture dreams in concrete form has today been fulfilled.

When I first saw the work of Marialuisa Tadei my appreciation of her multifaceted work began immediately in a transformational sensation of visceral recognition. The variations in scale, material and technique, were augmented by the bravura in her use of color, magnetically chromatizing forms, as color has been used by sculptors such as Alexander Calder and Jeff Koons.

The artist employs vertical axes and horizontal spans which create extensions from the earth to which they are magnetically held yet away from which they struggle to free themselves.

There is something Gothic is this polarity of tensions, and of weights and lightness. Many of her works seem to transform the frequent use of tension between openness and enclosure, creating a ,'beyond,' in intimations of the infinite; they define the cosmological space around them not as void, but as an expansive field, much as Calder did both in his ,'Mobiles' and 'Stables.'

Marialuisa Tadei, between 2006 and 2009, executed a sculpture in stainless steel and polychrome acrylic paint which demonstrates the unity yet wide range of her work. In its naturally spiraling and undulating form it brings to mind the *Laocoon* of Greek mythology as well as the Tree of Knowledge in the Book of Genesis, both allegories that picture serpents in the motivating role. This work is entitled *Creative Wisdom* and, although ground-based, evokes flotation.

Ten years earlier, in 1996, the artist, having absorbed the lesson of her teacher Jannis Kounellis regarding *lightness* and *heaviness* as sculptural states, executed a group of untitled freestanding works in which tent-like cones
supported each in its interior a large nest-like vessel of white feathers in evocation of body and soul.

Charged by some magnetic gravitational energy, in its relationship with the floor, there is an unmistakeably sacral character in this phenomenon, that speaks the language of cathedrals and chapels, a monumental spatial force regardless of scale, a force activating the aspiration toward flight, toward levitation.

Like polished surfaces of certain freestanding sculptures of Lucio Fontana, likewise spherical in form, these works exude a magnetic field, autonomously or in collusion. Here both artists are addressing the periphery of surfaces and detail with equal interest.

There exists a geological, one could even go so far as to say pharmaceutical Geology, nature to sculpture. Since ancient times we see evidence of stone being transported over great distances, and we encounter specific medicinal properties, or *virtù*, attributed to certain stones, endowing them with protective or curative powers, with baseness or nobility in a heraldic hierarchy: porphyry, for example. Albertus Magnus was not only a theologian and great father of the Church, but a 'diagnostical geologist' at the same time, who could give a prescription of emeralds as a cure for insomnia. One feels that Marialuisa Tadei is aware of the properties which radiate from the materials she handles.

It is time that works of art, as Joseph Beuys believed, should be thought of as a necessity, essential to the well-being of mankind, and no longer be regarded as luxuries, status symbols, commodities. She had the good fortune to take her degree, one of many, at the Academia di Belle Arti under the tutelage of Giorgio Cortenova who later dedicated a beautiful essay to her work, in which he wrote:

Beauty or elegance? Both together, both capable of representing and transmittting virtue, wisdom, humanitas and richness of sentiment; in other words, of giving a positive and social sense to the luxury, to the gold, silver and cobalt blue, to the graces that were such because of their ability to communicate the virtue, rhythm and vitality interwoven in lines that were curved and embroidered or angular and darting, like flight that impudently defies the wall of wind.'

When encountering the work of any artist for the first time we must take the utmost care as we proceed step by step to establish a platform from which to begin our explorations of unknown creative terrains, a starting point from which to initiate a new and unfamiliar chronology for future guidelines, all in order to ensure that we do not set out wide of the mark from the outset, as Christopher Columbus did when he mistook America for India. This is particularly true when it comes to the myriad of expressive functions which Marialuisa Tadei employs in the wide spectrum of her vocabulary devices.

Since the large-scale cyberchrome photographic prints, issued in editions of 15 mounted behind plexiglass, derive from watercolors, let us begin with these: in a recent exhibition

134 cm) esemplifica perfettamente queste opere. Le stravaganze astrologiche somigliano, a prima vista, a disegni a pastello floreali semi-astratti di Odilon Redon e, dopo una seconda occhiata, ricordano un simmetrico test di Rorschach. *Abissi Rosso*, come altre opere della serie intitolate *Farfalla*, *Lampo*, *Viola* possiede un etereo fascino oltremondano.
"Tutte le mie forme sono ispirate dalla natura, infatti uso la linea circolare, simbolo dell'infinito, quando creo le mie opere". È ragionevole pertanto concludere che – nella sua apparentemente effimera gamma di tonalità – l'acquerello rappresenti un inevitabile mezzo espressivo per le indagini grafiche. Inoltre, le nozze tra scultura e fotografia sono un abbinamento perfetto che, in passato, parliamo di un secolo fa, è stato usato come strumento di lavoro da scultori come Auguste Rodin, Edgar Degas e Constantin Brancusi. Sempre rispetto all'acquerello, Marialuisa Tadei si trova ancora una volta in compagnia di Rodin, consumato acquerellista, come testimoniano i suoi ritratti di nudo di Isadora Duncan.
In questi eterei acquerelli, Rodin esalta la leggerezza del mezzo espressivo e, come accade nelle opere di Marialuisa Tadei, mette in relazione il tema della leggerezza e della pesantezza, così come rimarcato da Janis Kounellis. A tal proposito va menzionata anche la concreta chiaroveggenza di Joseph Beuys nel suo approccio sia all'acquerello sia alla fotografia, che usa in modo interscambiabile come un unico mezzo artistico. Come Joseph Beuys, Marialuisa Tadei sembra usare l'acquerello come strumento per la libera associazione intuitiva, sebbene con uno spettro di colore più brillante, che tuttavia non indurrebbe nessun osservatore a scambiarla per un espressionista tedesco.
Se arriviamo alla sua opera scultorea dagli acquerelli e dalle fotografie in cybachrome, reagiamo immediatamente alla sua propensione per un giusto equilibrio e la sua esemplare inclinazione a una disposizione delle masse al fine di creare un tutto, un aspetto che di rado gli studenti contemporanei cercano, che gli artisti trascurano e il pubblico sembra ignorare completamente. Questa propensione è una conseguenza diretta dello studio della natura, che l'artista stessa ha indicato come suo primario manuale o guida. In queste opere scultoree, la forma sembra seguire l'ombra ed emulare il contenuto alla stregua di un guanto che avvolge la mano e diventa una cosa sola con lei.
Nella sua esuberante opera intitolata *Meeting*, 2015, una scultura priva di piedistallo e realizzata in vetro soffiato e formato in fornace, l'artista – come in *Creative Wisdom* – ci mette di nuovo in contatto con la serpentina nel regno di Laocoonte e richiama alla mente di coloro che hanno potuto osservare questo fenomeno la fine del letargo, in primavera, di un nido di serpenti, o le esoteriche cerimonie pasquali con i serpenti celebrate nelle chiese calabresi. Tutte le recenti opere scultoree di Marialuisa Tadei sono policrome in maniera esuberante, come *Together*, *Sospiro*, *Life*, *Meteroite*, *Fluid*, tutte del 2017, e – a differenza dei colori "trovati" nella scultura metallica di John Chamberlain – fanno uso del levigato spettro cromatico pop di viola, blu, verde, arancio e giallo iridescenti che ci si aspetta di vedere nel maestro americano Jeff Koons o nelle meno note opere scultoree del pittore Roy Lichtenstein.
Scultrice e cocciuta profetessa, Marialuisa Tadei crea opere che irradiano energia che non proviene da nessuna fonte apparente, una qualità che condivide con un pittore contemporaneo di Roma, Alberto Di Fabio, i cui dipinti non hanno bisogno di batterie.
Una volta, Pablo Picasso disse che *l'arte scuote dall'anima la polvere accumulata nella vita di tutti i giorni*. Questa è la massima che Marialuisa Tadei ha messo in pratica.
Realizzata in un equilibrio di alabastro, acciaio, alluminio, onice, bronzo, schemi di mosaico e piume, la "macchina delle visioni" che Marialuisa Tadei aveva sognato di inventare da bambina, quella che avrebbe registrato i sogni reali, è perfettamente funzionante.

Venezia 2017

at the Palazzo Franchetti in Venice, Marialuisa Tadei along with nine other contemporary Italian artists, paid homage in a show entitled, *Our place in space* to the visual revelations of the Hubble Space Telescope, which was launched into outer space in 1990.

The artist's watercolors and subsequent cyberchrome prints bear a striking resemblance to those which the photographic instruments on board the Hubble spacecraft beam back to scientists on the ground.

A cyberchrome dating from 2011 entitled *Abissi Rosso* (diasec 180 x 134 centimeters) is exemplary of these works. Astrological extravagances which on first encounter resemble the semi-abstract floral pastel drawings of Odilon Redon and on second examination would seem to be a symetrical Rorschach test. *Abissi Rosso*, like other works in this series bearing titles such as *Farfalla, Lampo, Viola* possess an ethereal otherworldly charm.

'All of my forms are inspired from the forms of nature, and in fact I use the circular line, symbol of the infinite, when creating my works.' It is reasonable therefore to conclude that watercolor in its seemingly ephemeral range of tonalities provides an inevitable medium for Marialuisa Tadei's graphic investigations. Furthermore the wedding of sculpture and photography is a perfect match and has in the past been used as a working tool by sculptors a century ago such as Auguste Rodin, Edgar Degas and Constantin Brancusi, and furthermore with regard to watercolor Marialuisa Tadei finds herself in the company of Rodin, a consummate watercolorist as seen in his nude portraits of Isadora Duncan.

In these ethereal watercolors Rodin demonstrates the weightlessness of watercolor and, as again with Marialuisa Tadei, draws into relation the theme of lightness and heaviness which Janis Kounellis underlined. We must also mention here the concrete clairvoyance of Joseph Beuys in his approach to both watercolor and photography, using both interchangeably as one single medium. Like Joseph Beuys, Marialuisa Tadei seems to use watercolor as a medium of intuitive free association, allthough with a brighter spectrum of color, however, no spectator is likely to mistake her for a German expressionist.

If we arrive at the sculptural work of Marialuisa Tadei from the watercolors and cyberchrome photographs we immediately react to her propensity for apt equilibrium, and her exemplary knack for the disposition of masses to make up a whole, something which is an aspect in the present day that students rarely look for, artists neglect, and the public seems to ignore altogether. This propensity is a direct outgrowth of the study of nature which the artist herself has pointed to as her primary manual or guidebook. In these sculptural works, form would seem to follow shadow and emulate content as the glove embodies the hand and become one single thing.

In her exuberant work entitled *Meeting*, 2015, a freestanding sculpture in hot glass blown and shaped in the furnace, she, as in the work *Creative Wisdom*, brings us again into contact with the serpentine in the realm of the Laocoon, and calls to mind to those who have ever witnessed it the end of hybernation in springtime of a nest of snakes, or the esoteric Easter Sunday snake-handling ceremonies enacted in remote Catholic Churches in Calabria. All of her recent sculptural works are exuberantly polychromatic, such as *Together, Sospiro, Life, Meteroite, Fluid*, all from 2017, and unlike the ,'found' colors in the metal sculpture of John Chamberlain, instead make use of the polished pop spectrum of purples, irridescent blue, green, orange and yellow which one expects to see in the work of the American maestro Jeff Koons or in the lesser known sculptural works of the painter Roy Lichtenstein.

Sculptress and stubborn phrophetess, Marialuisa Tadei creates works that radiate energy from no apparent source, a quality she shares with a contemporary painter in Rome, Alberto Di Fabio, whose paintings require no batteries.

Pablo Picasso once said that *Art washes the dust of everyday life from the soul.* This is the dictum that Marialuisa Tadei has put into practice. Fashioned in an equilibrium of alabaster, steel, aluminium, onyx, bronze, mosaic matrixes and feathers, the 'visionary machine' of which Marialuisa Tadei had yearned to invent as a child, one that would record real dreams, is in full working order.

Venice 2017

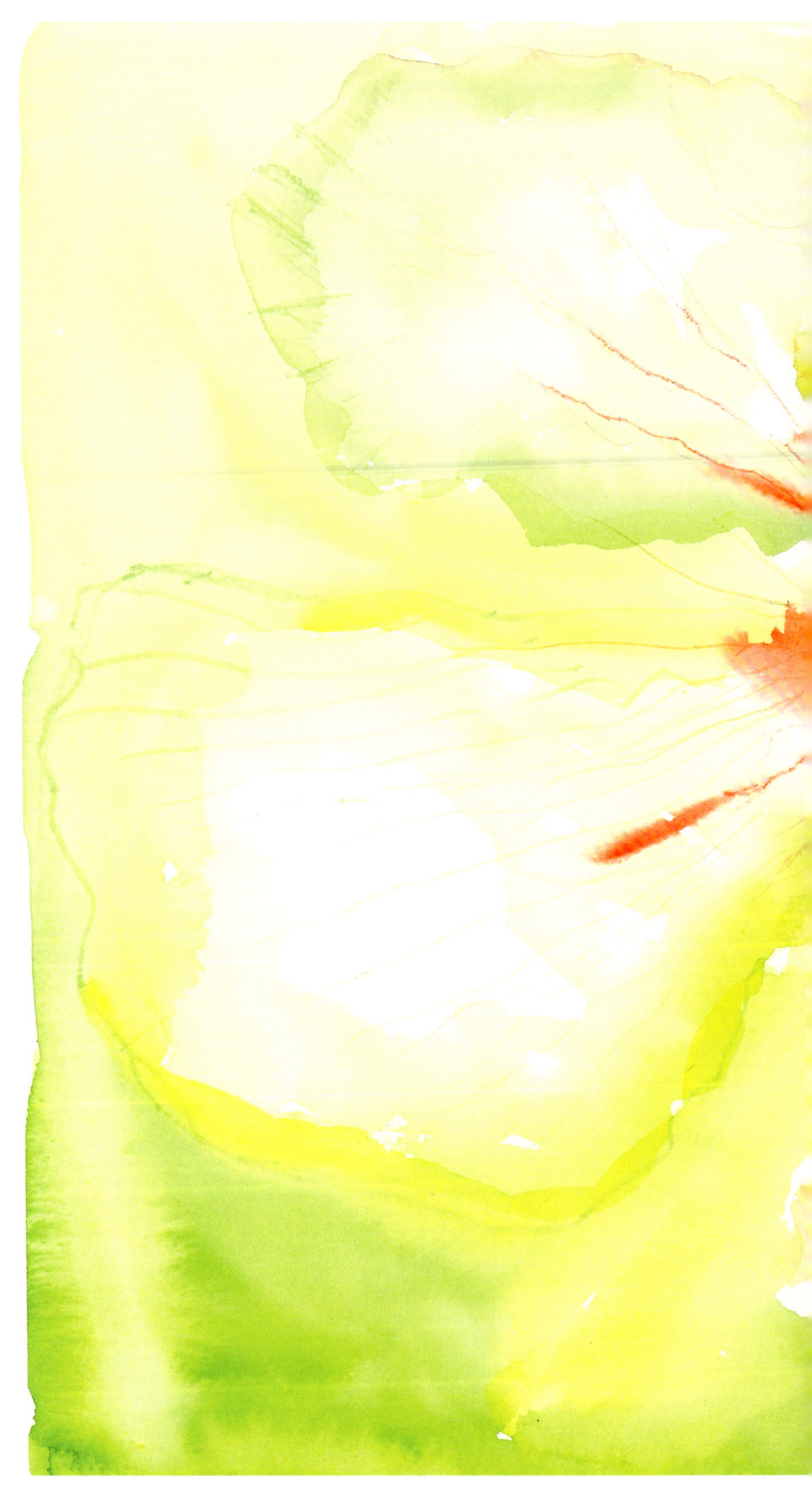

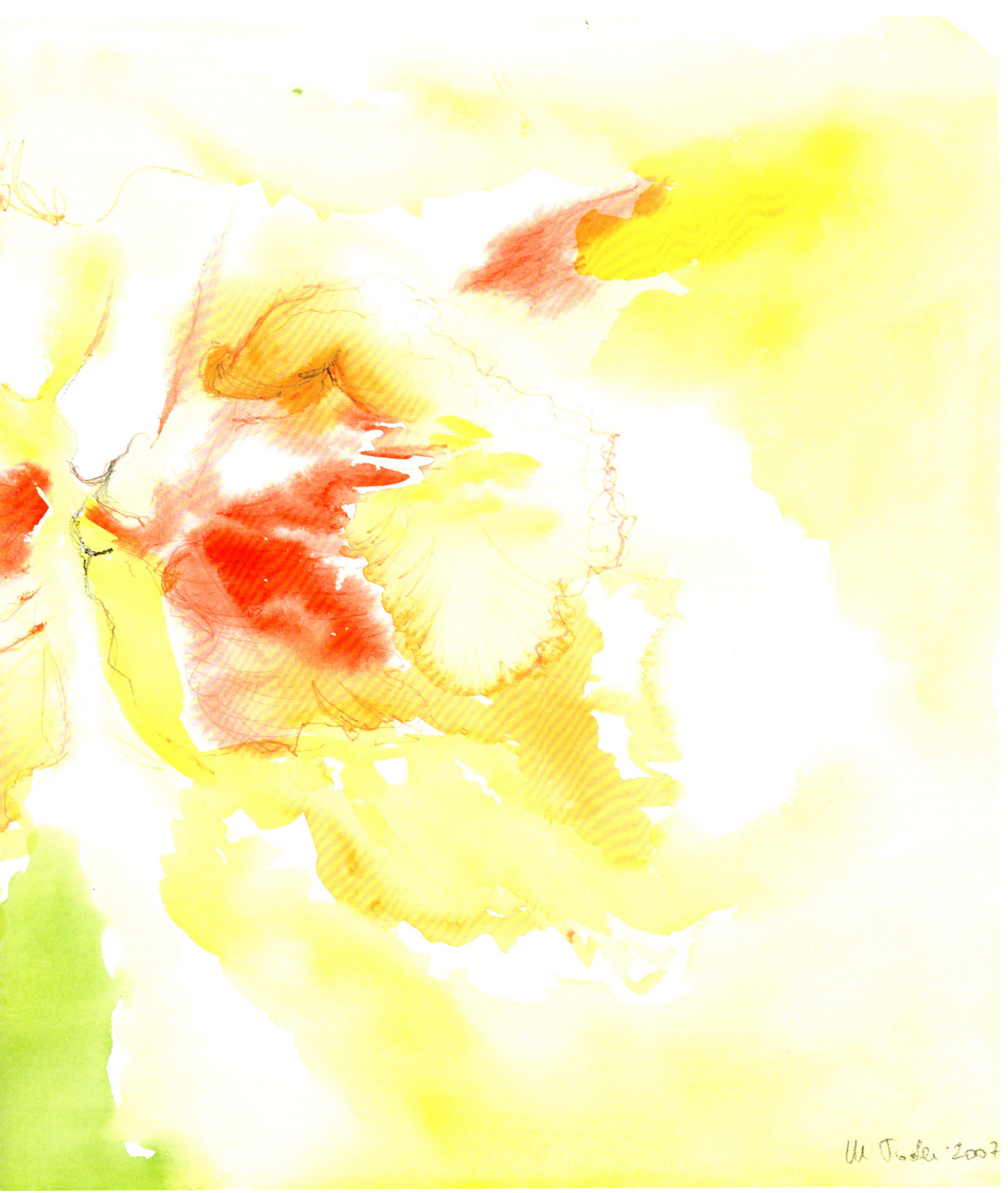

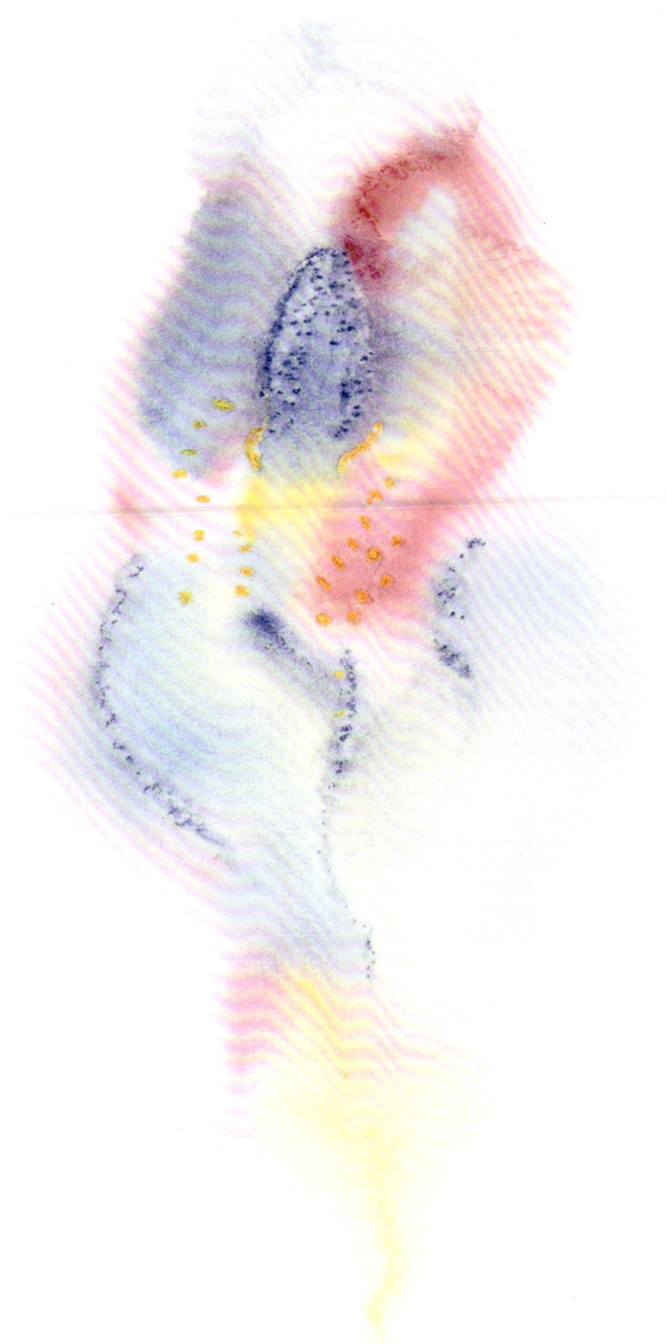

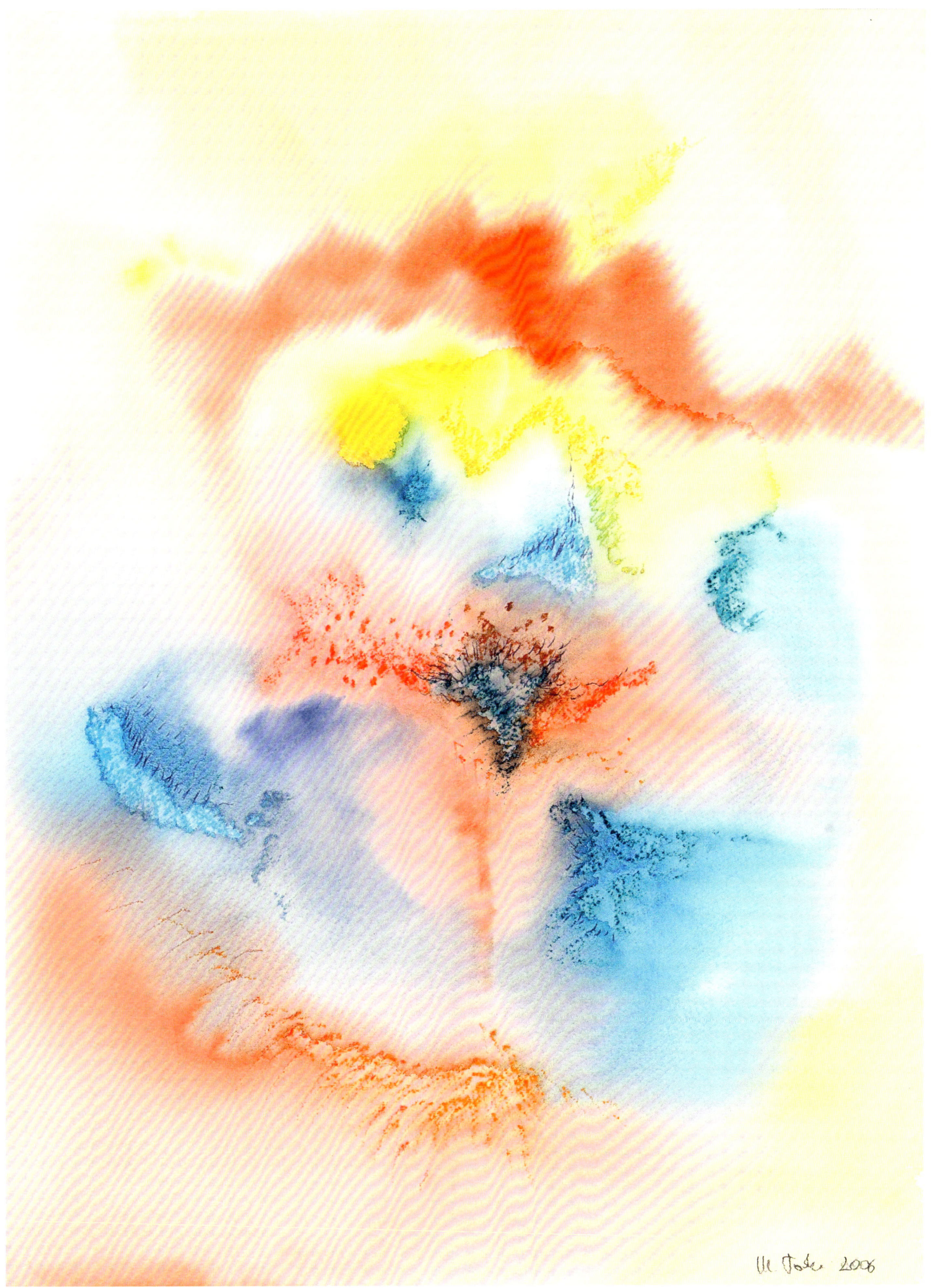

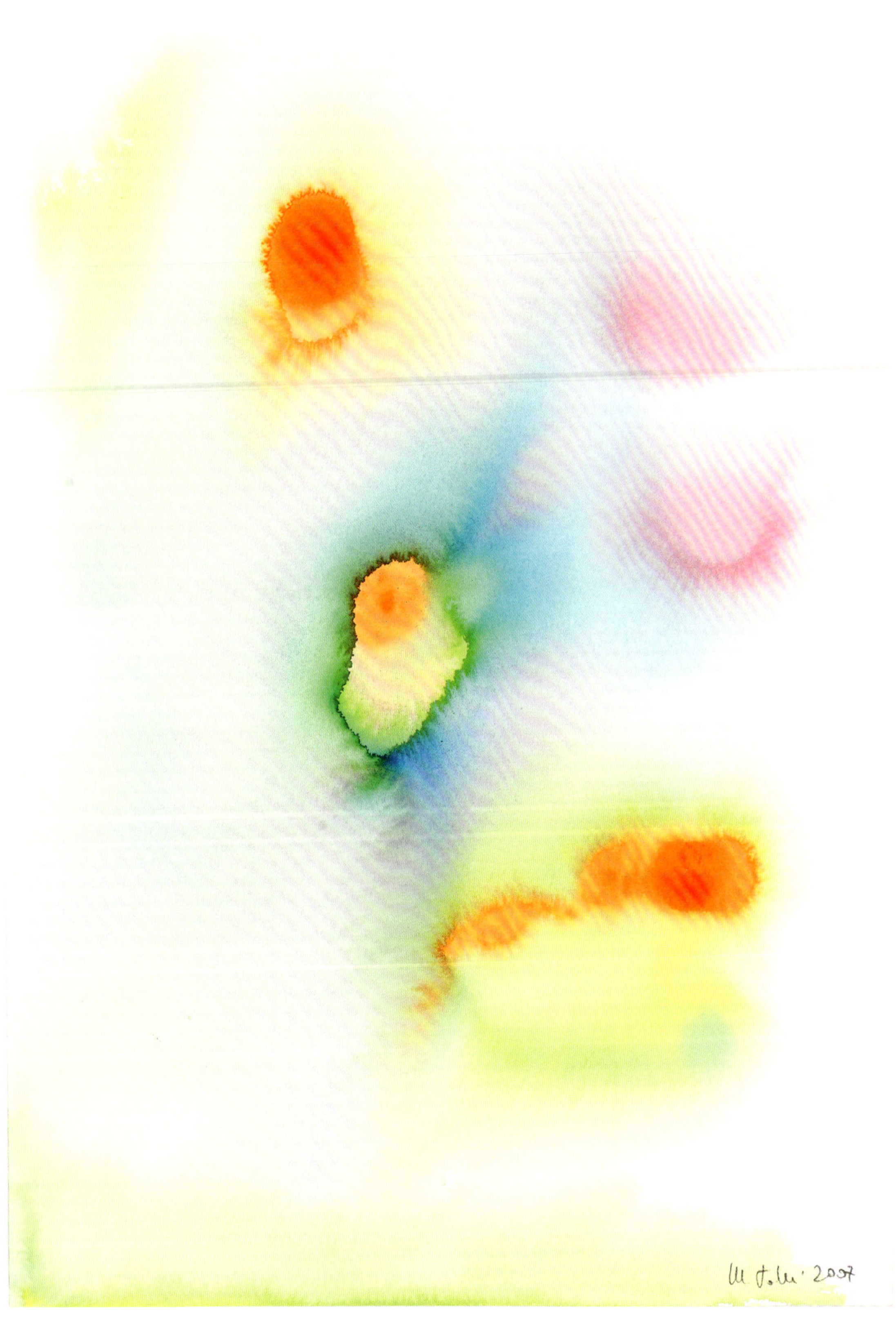

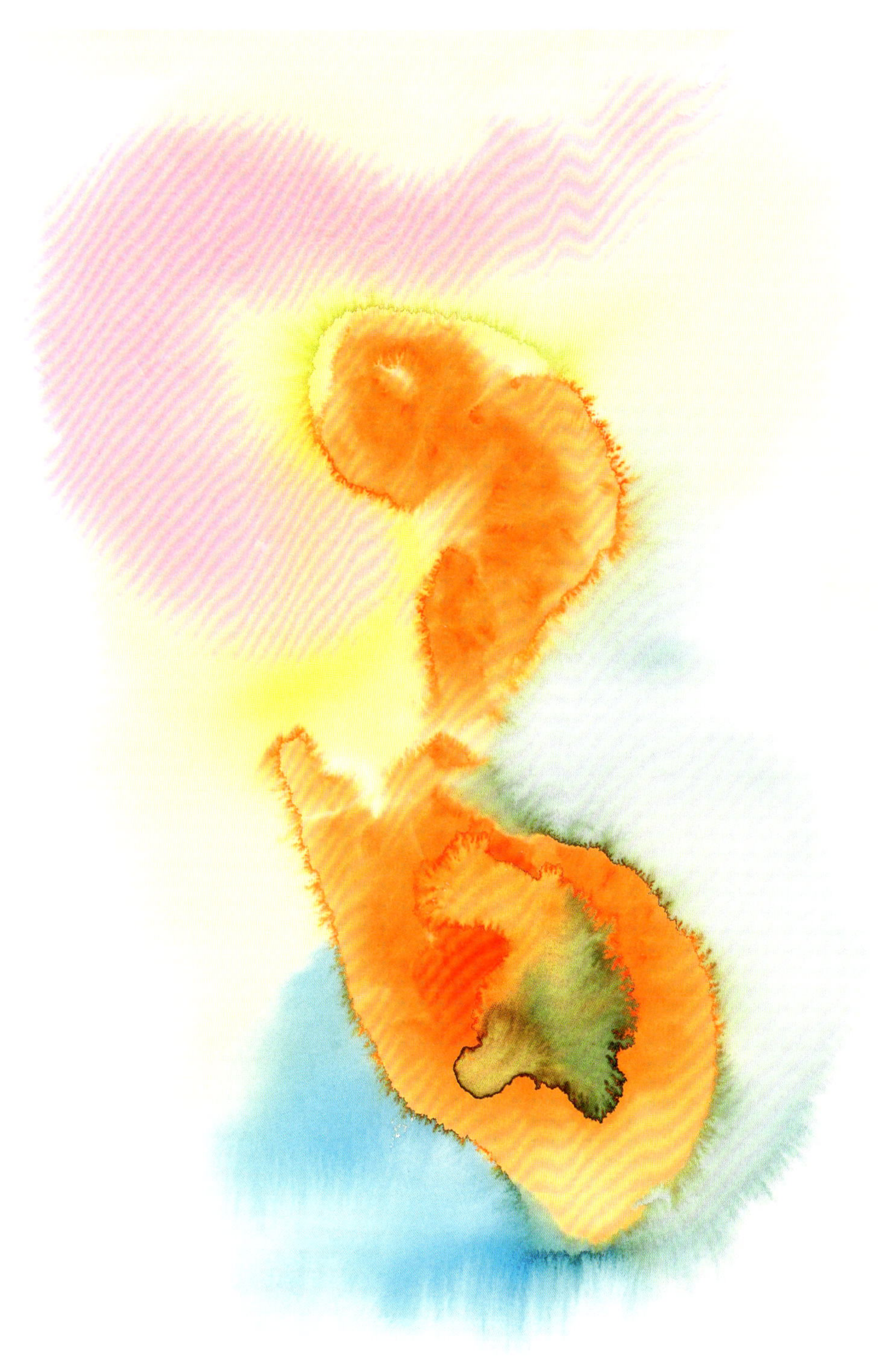

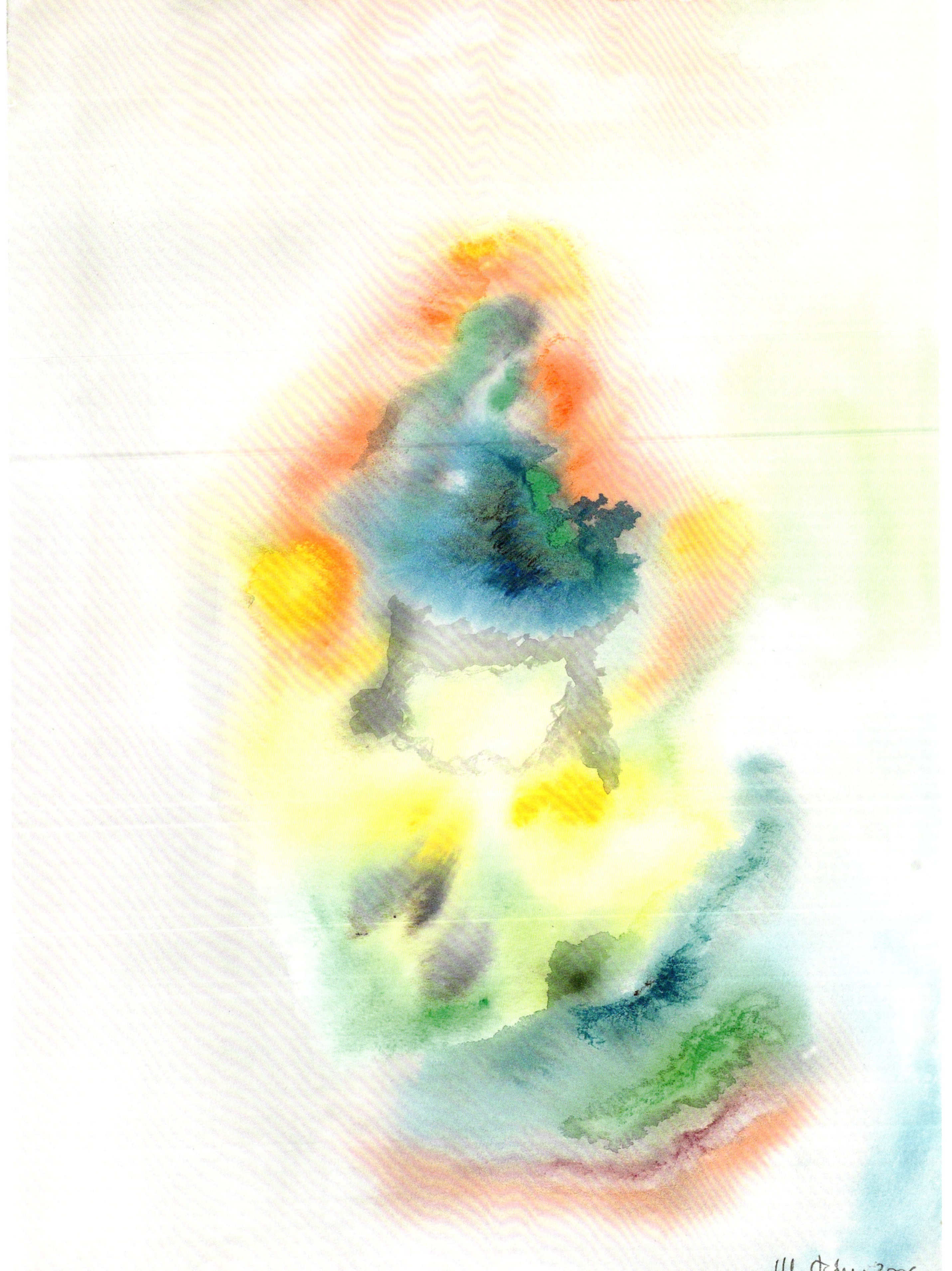

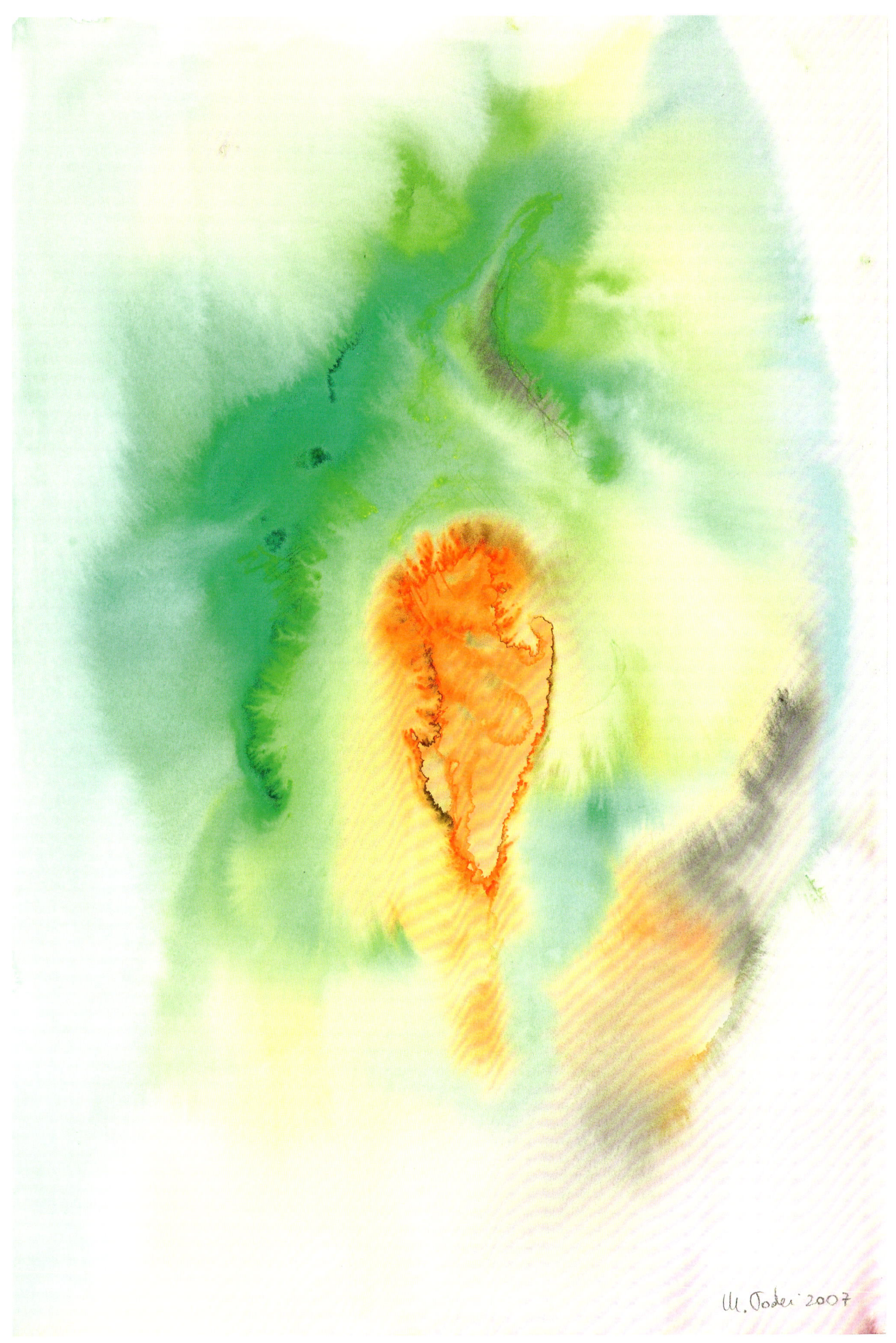

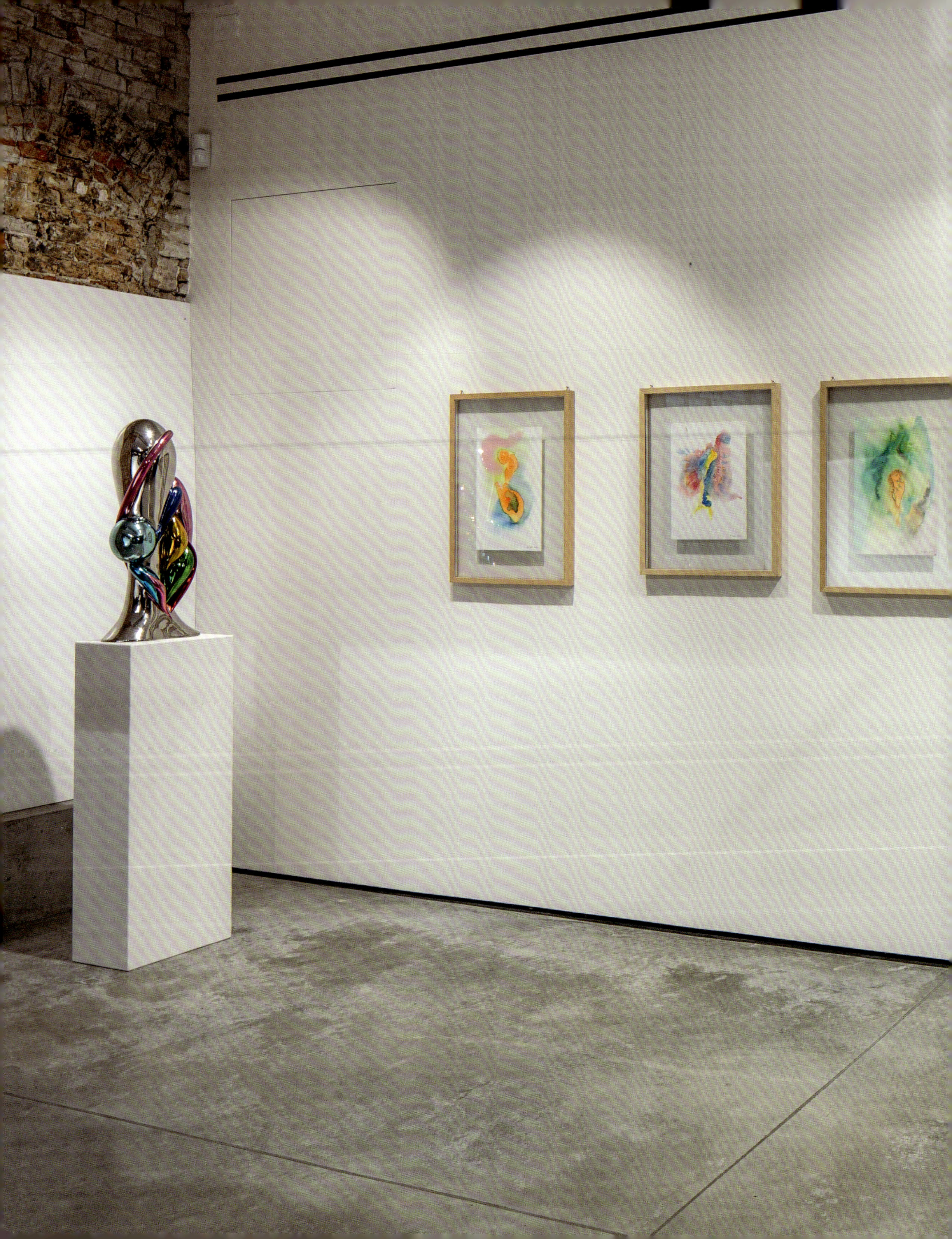

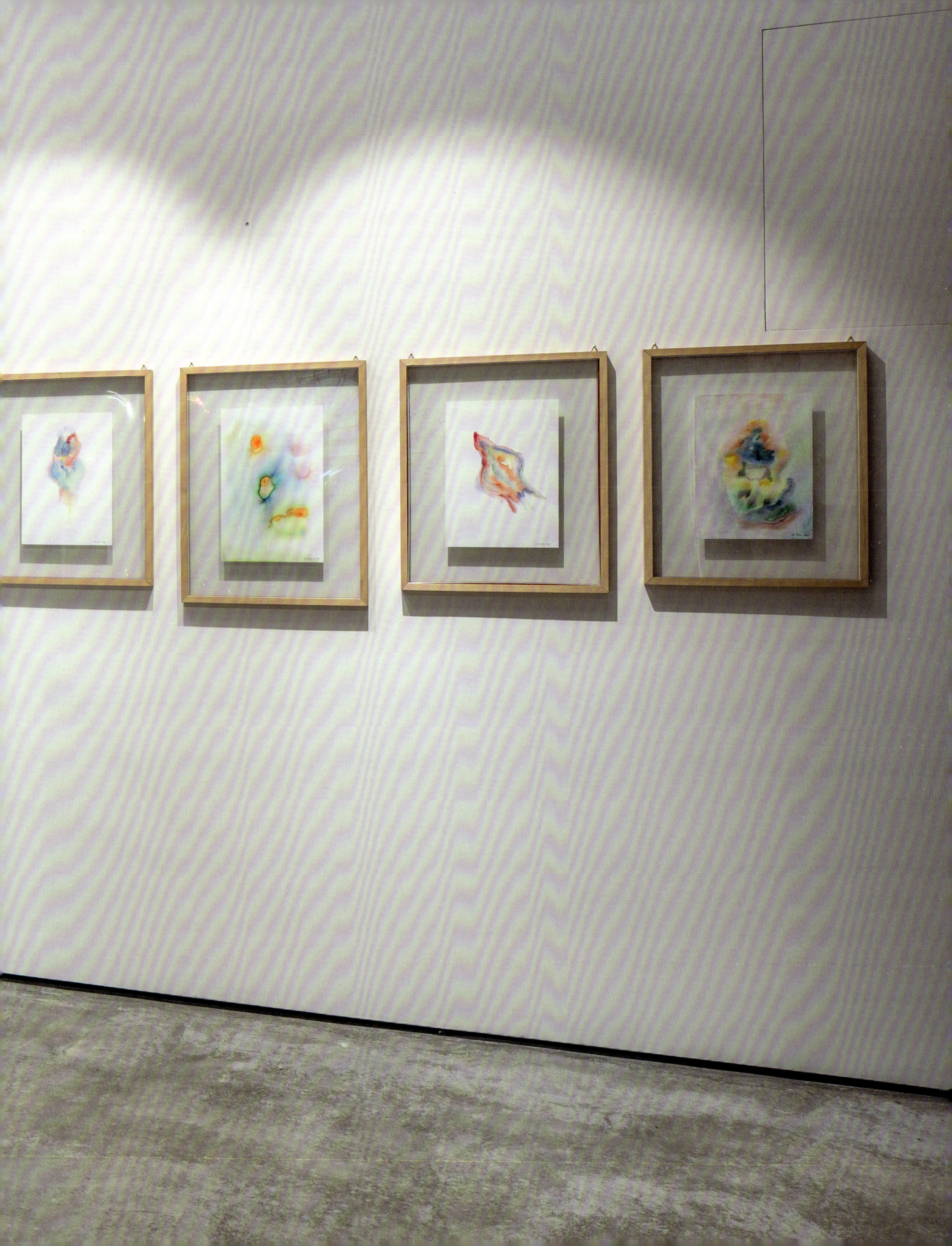

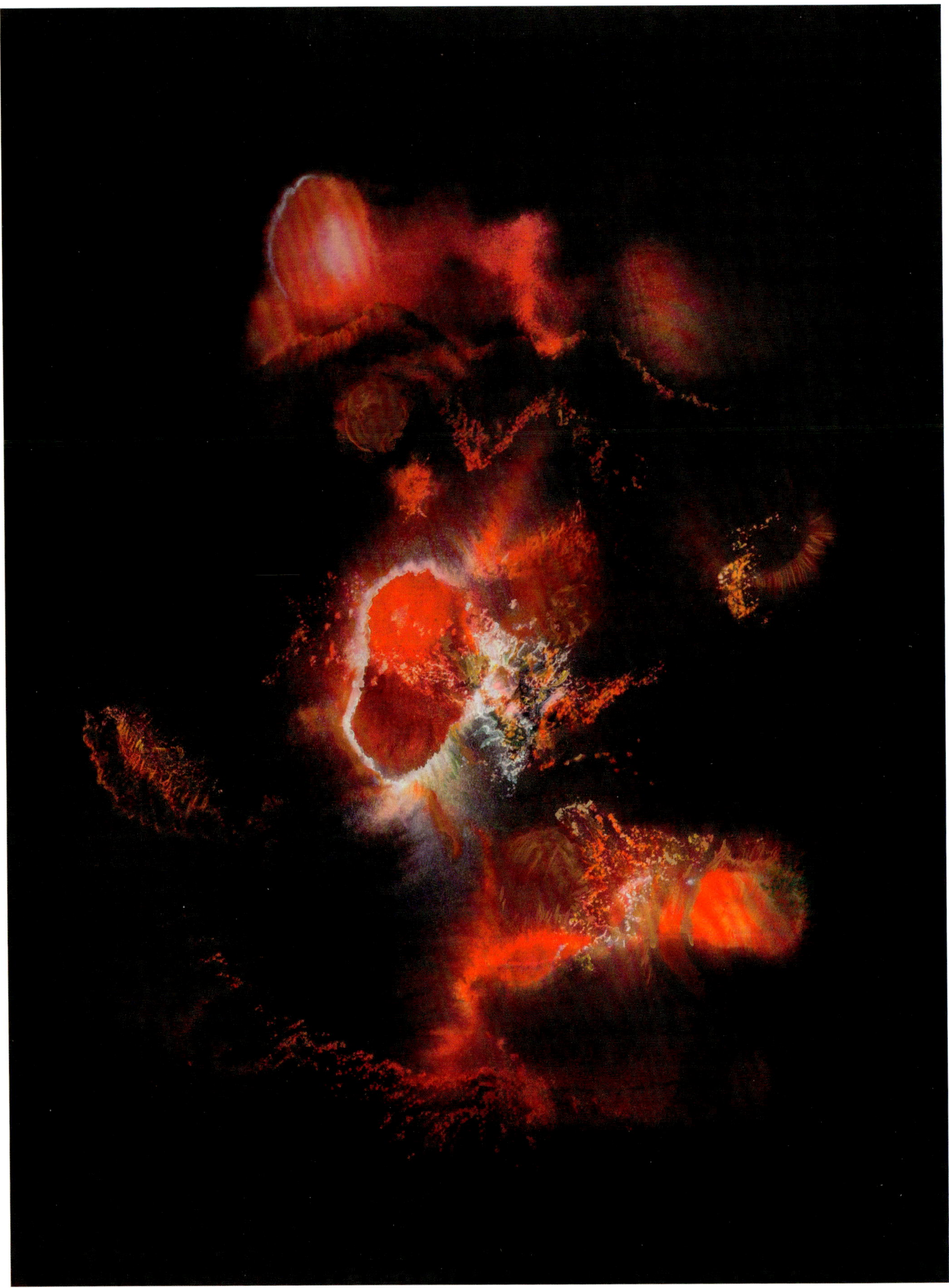

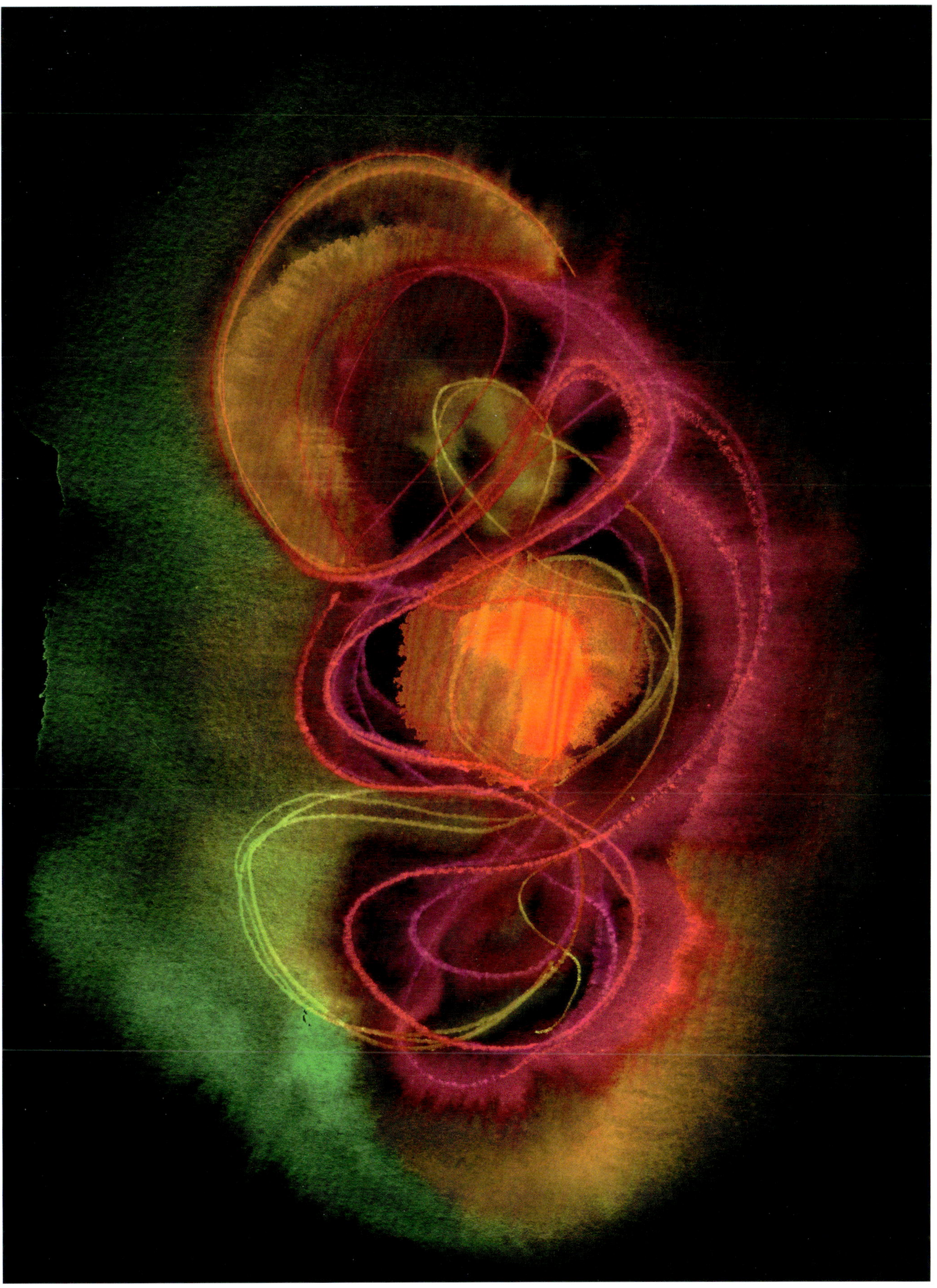

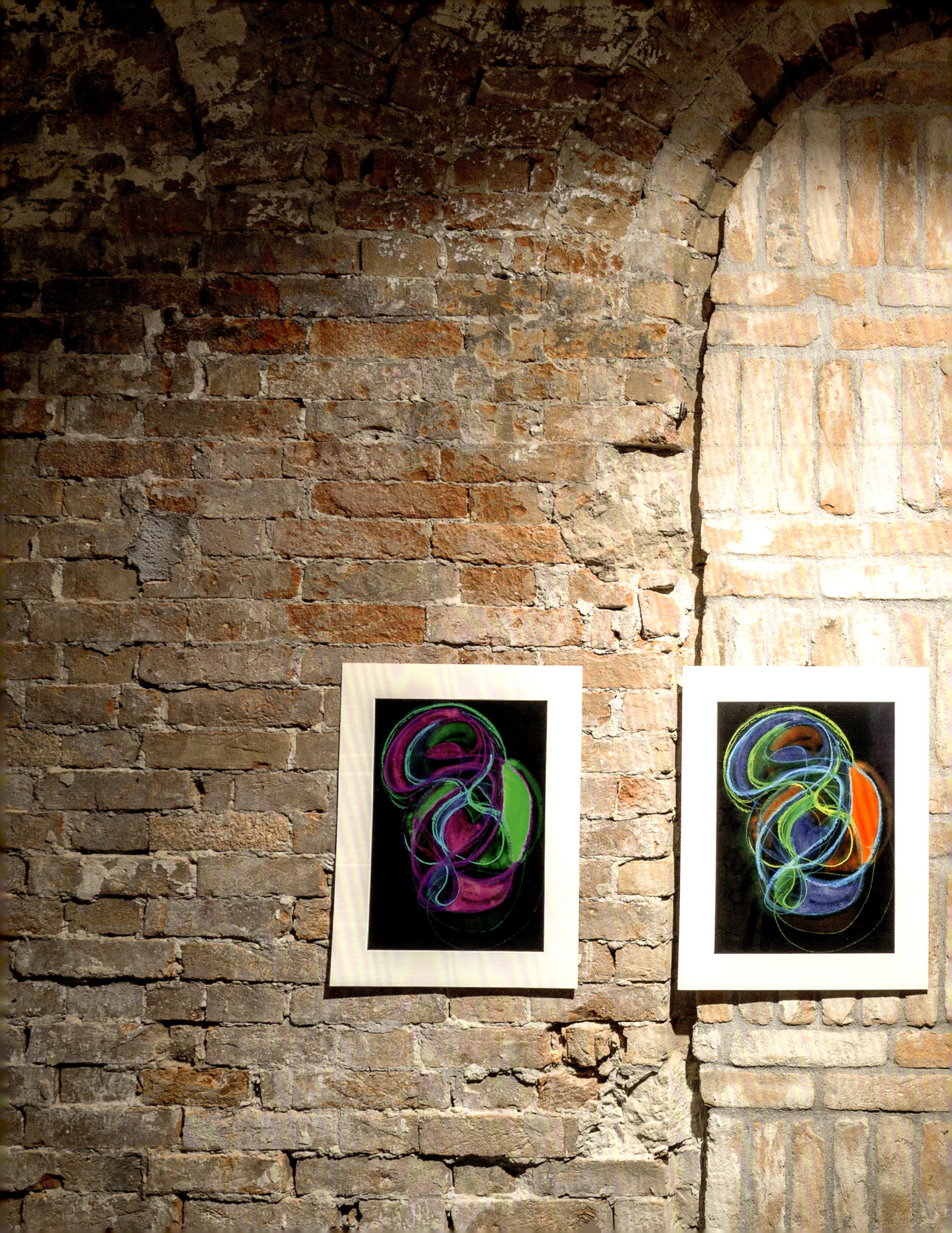

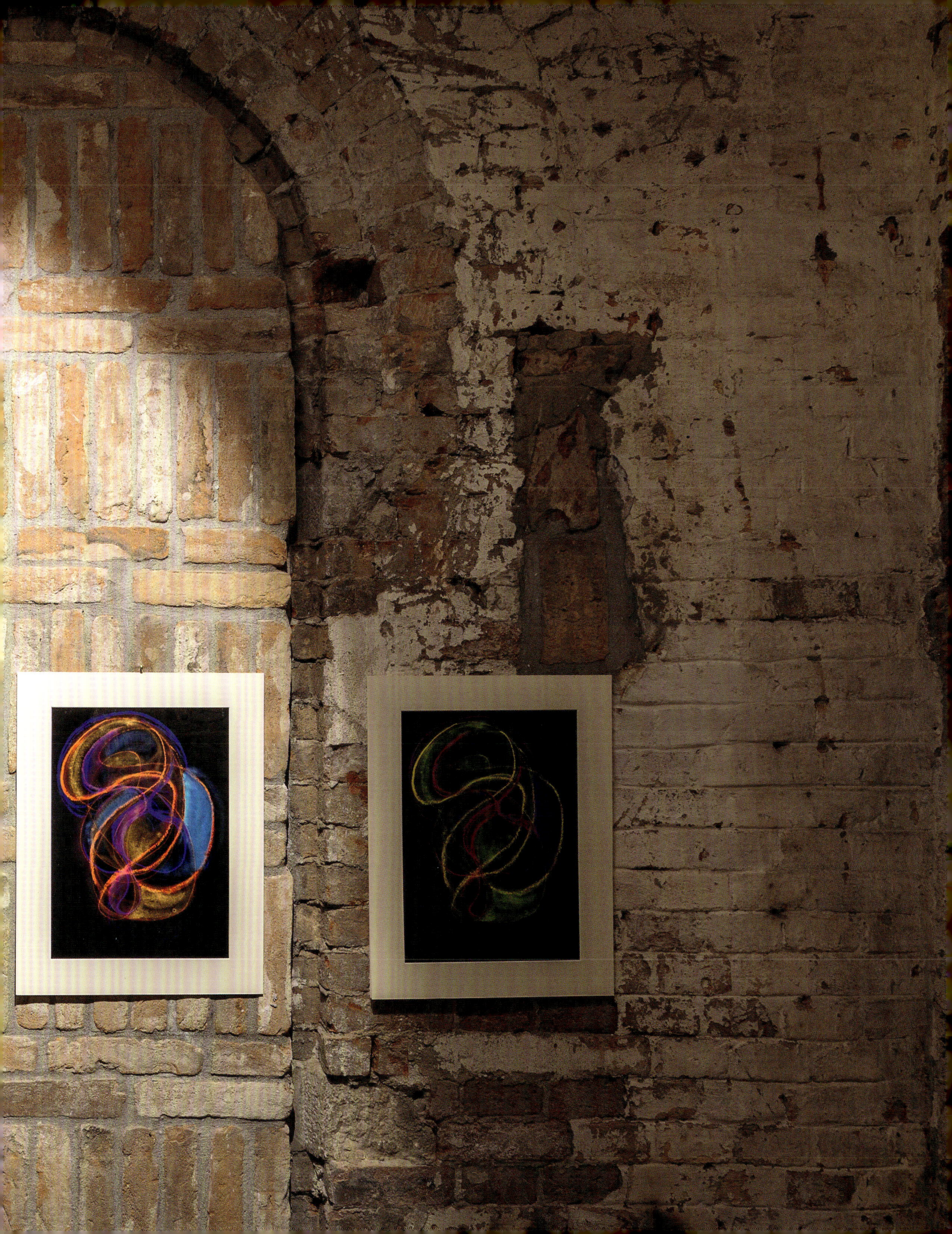

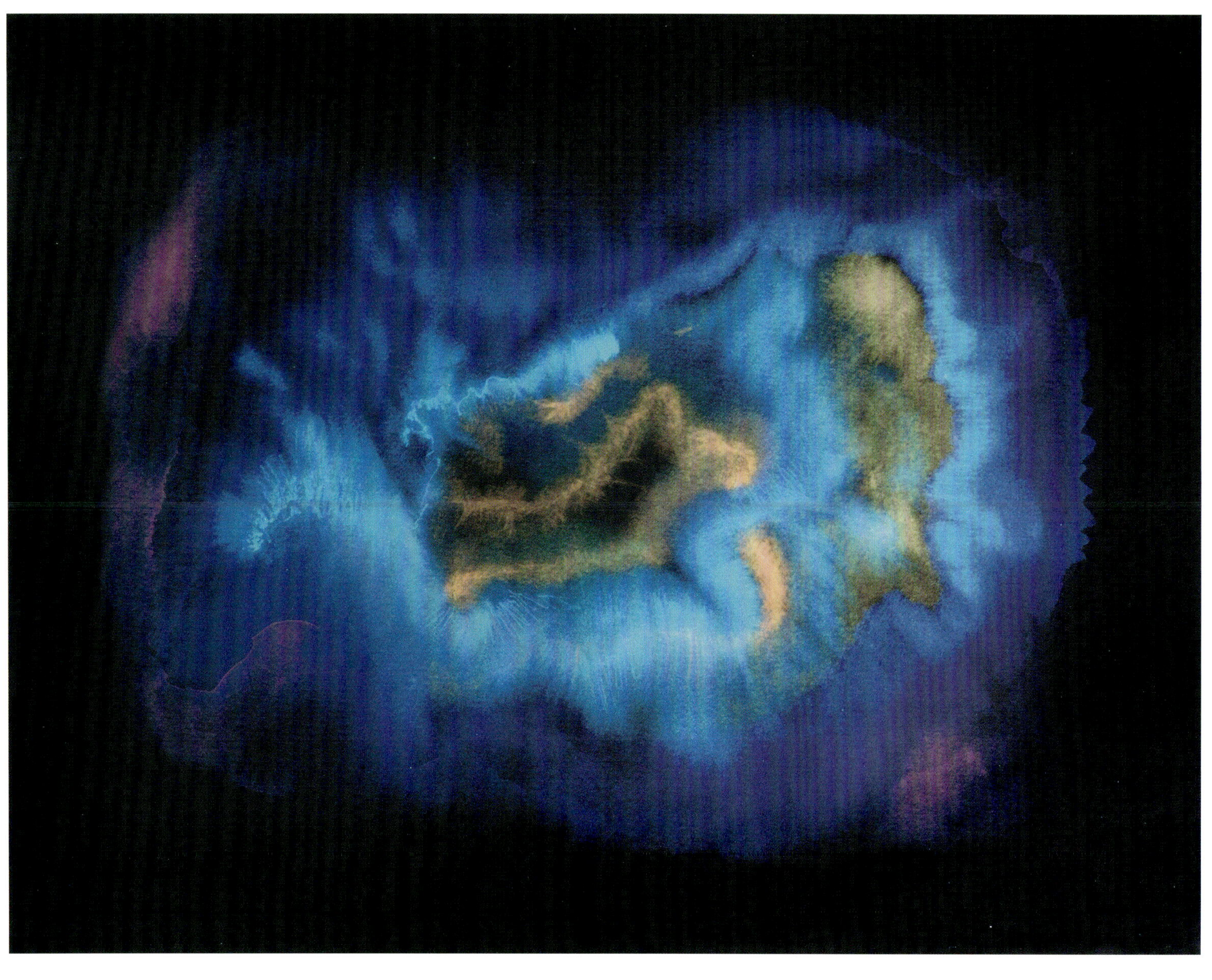

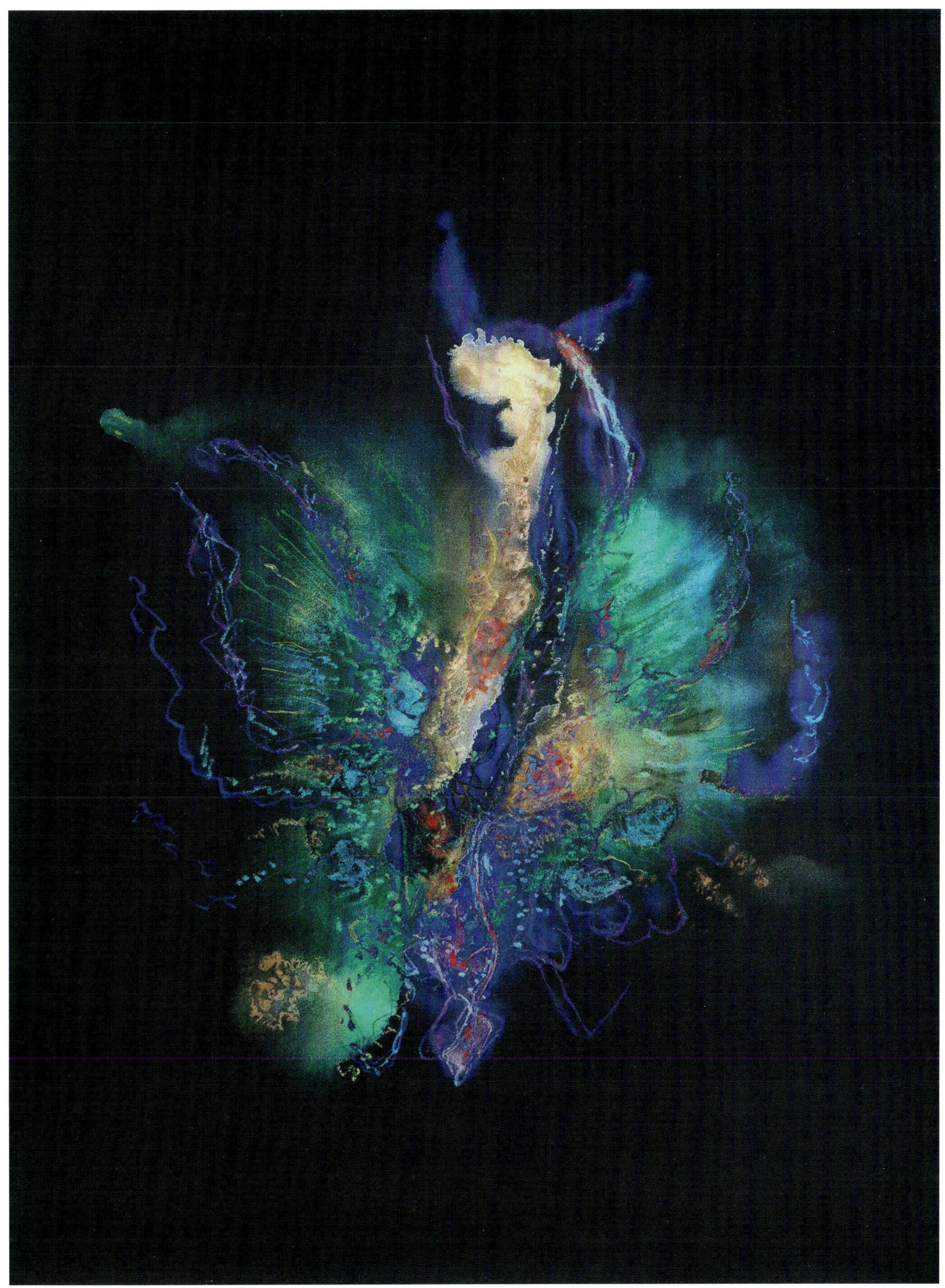

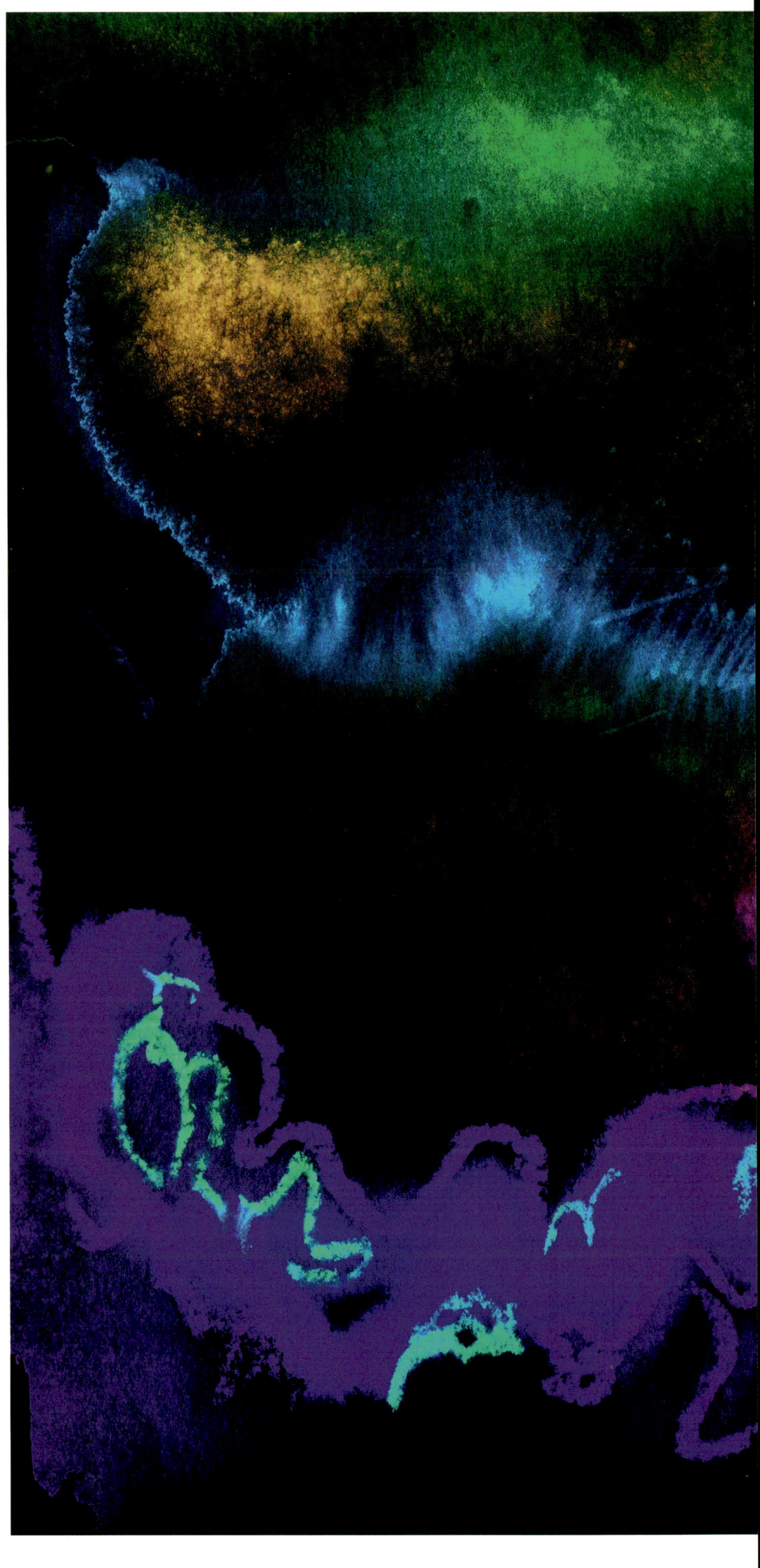

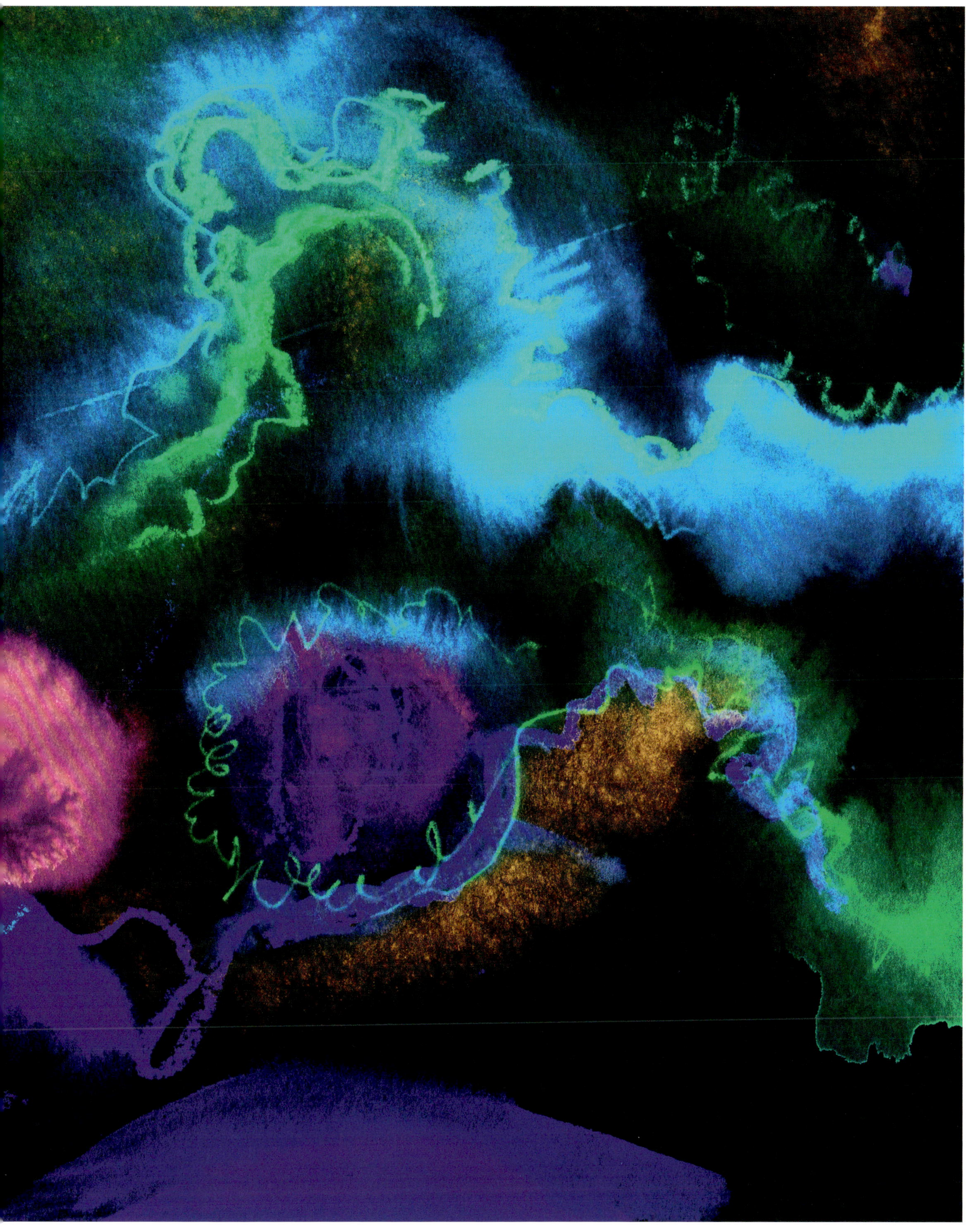

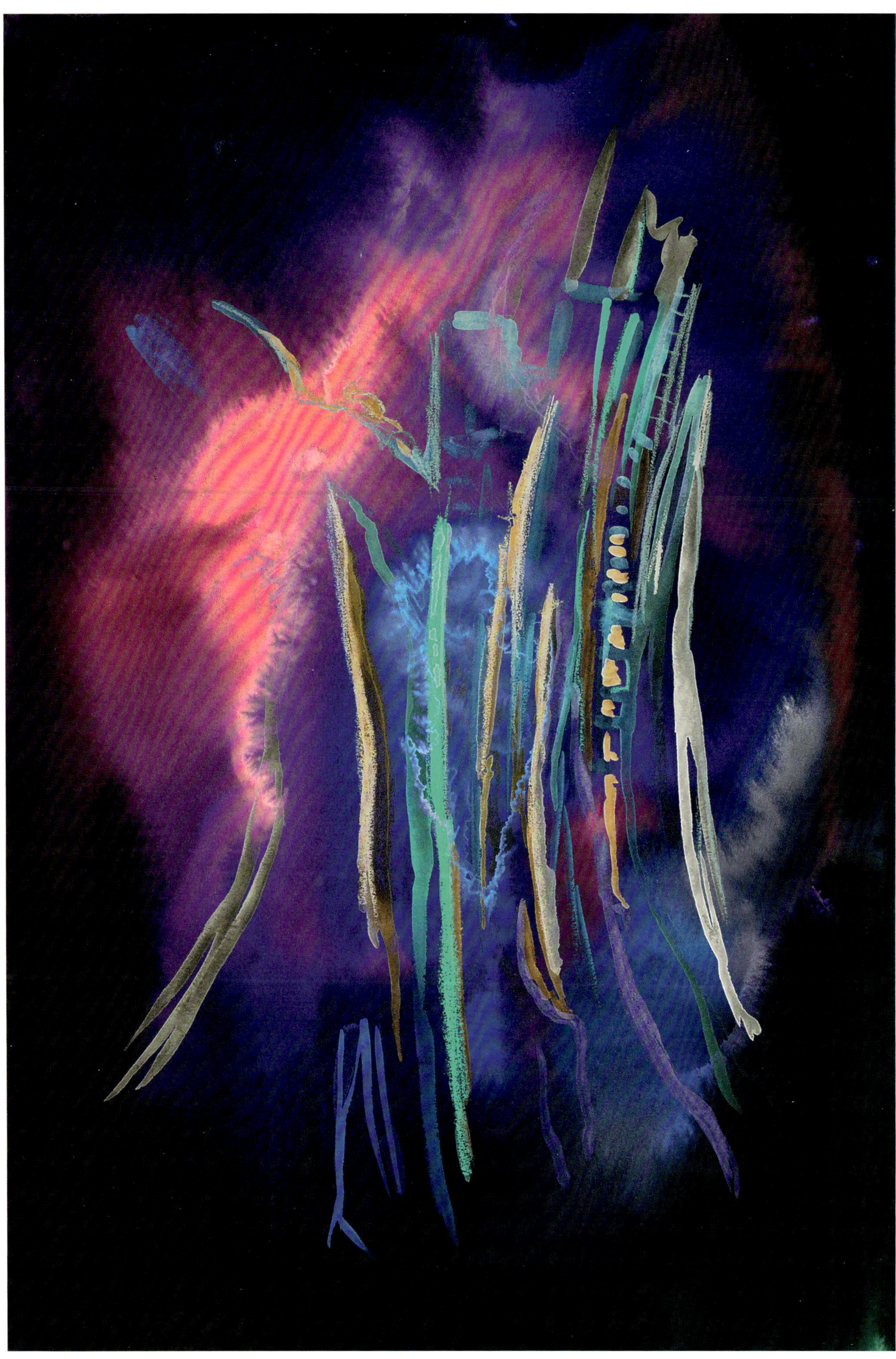

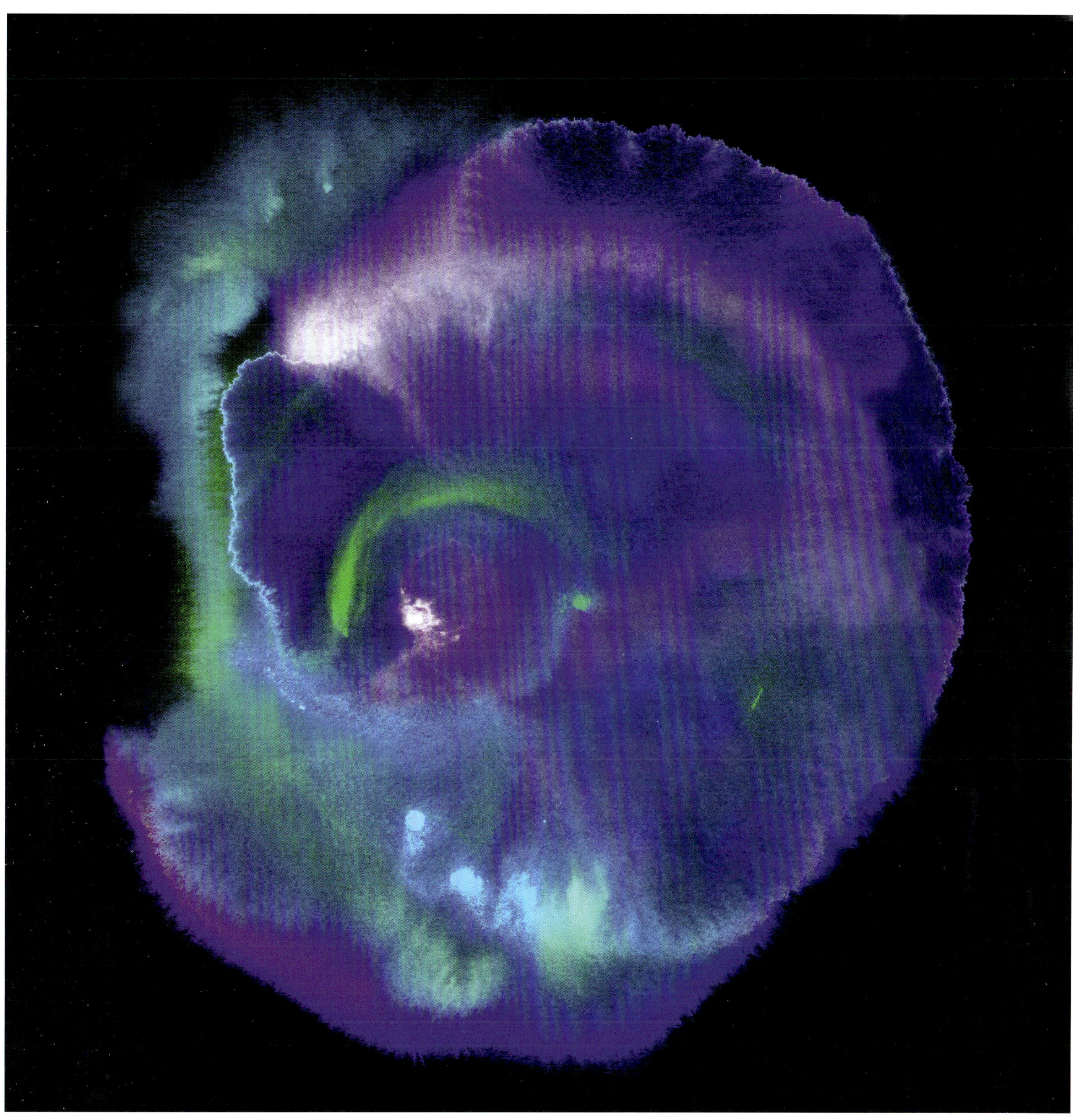

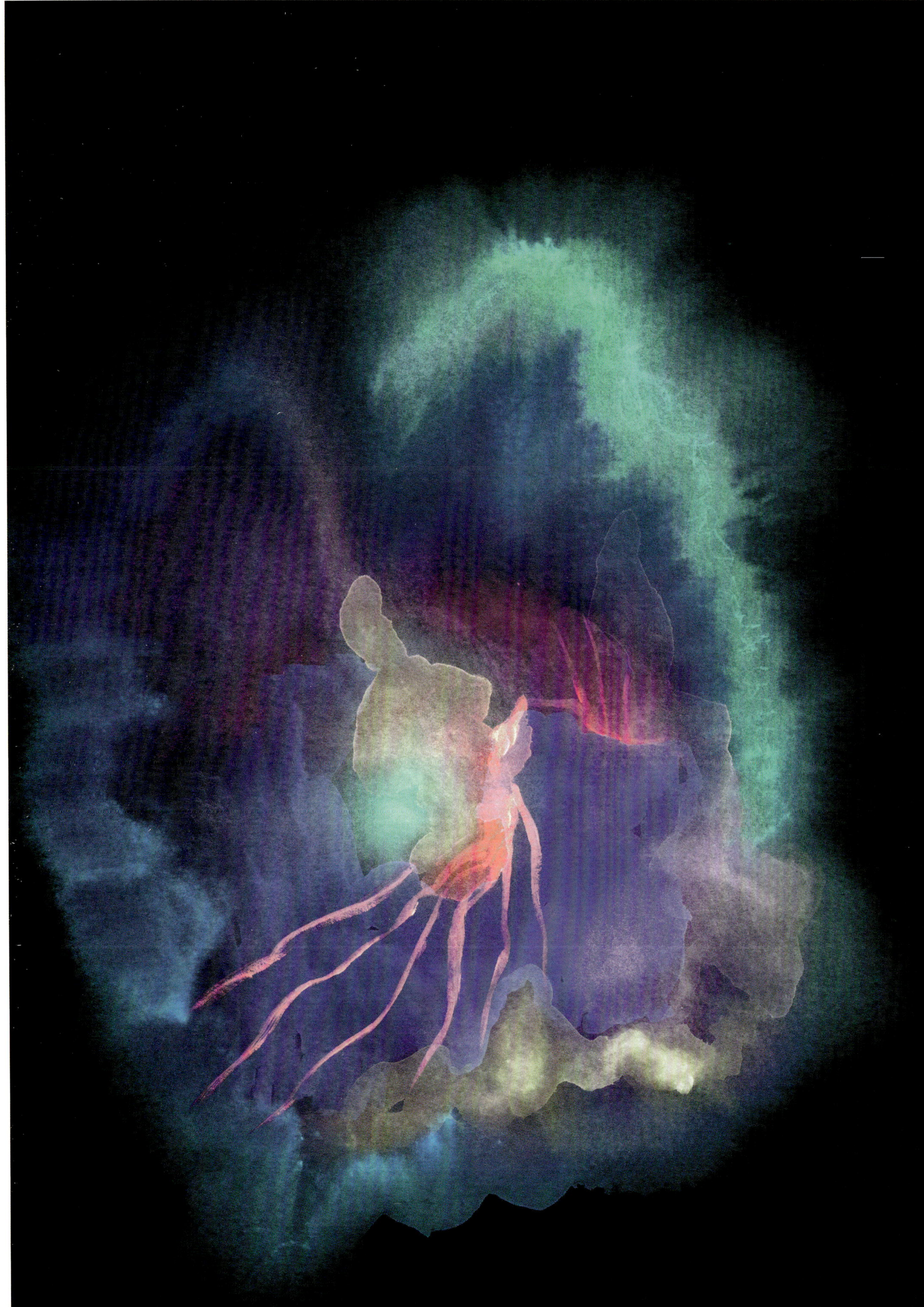

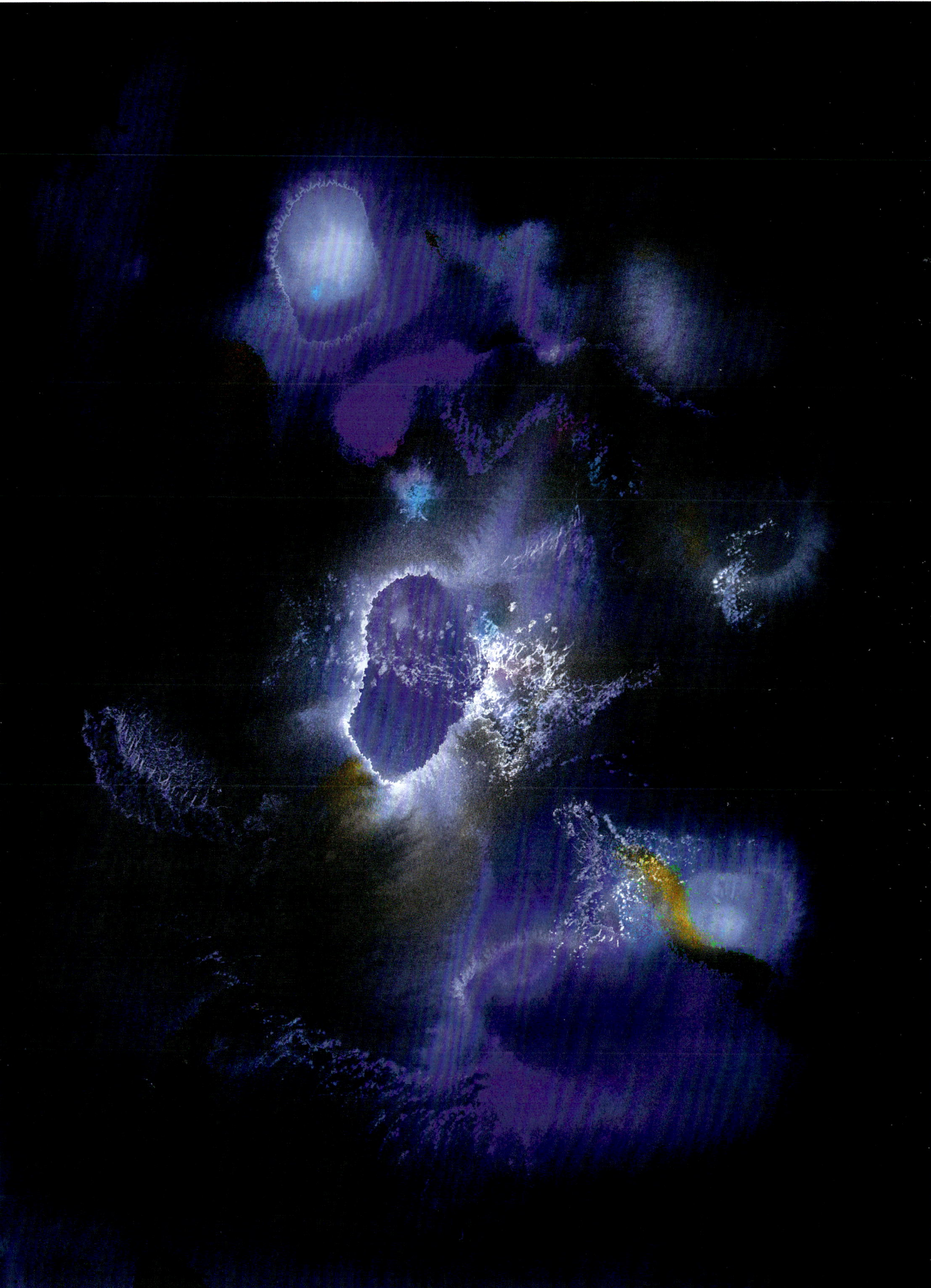

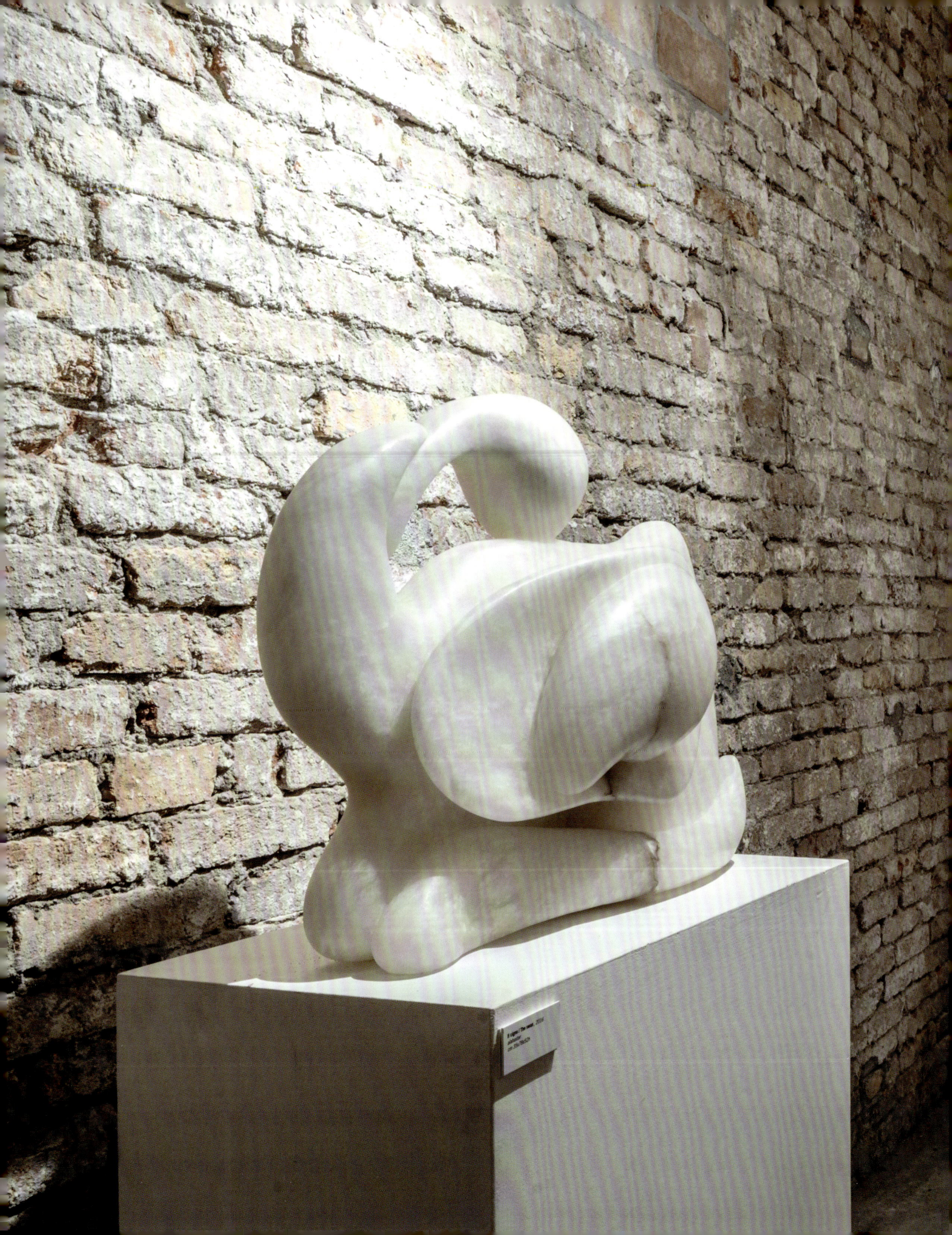

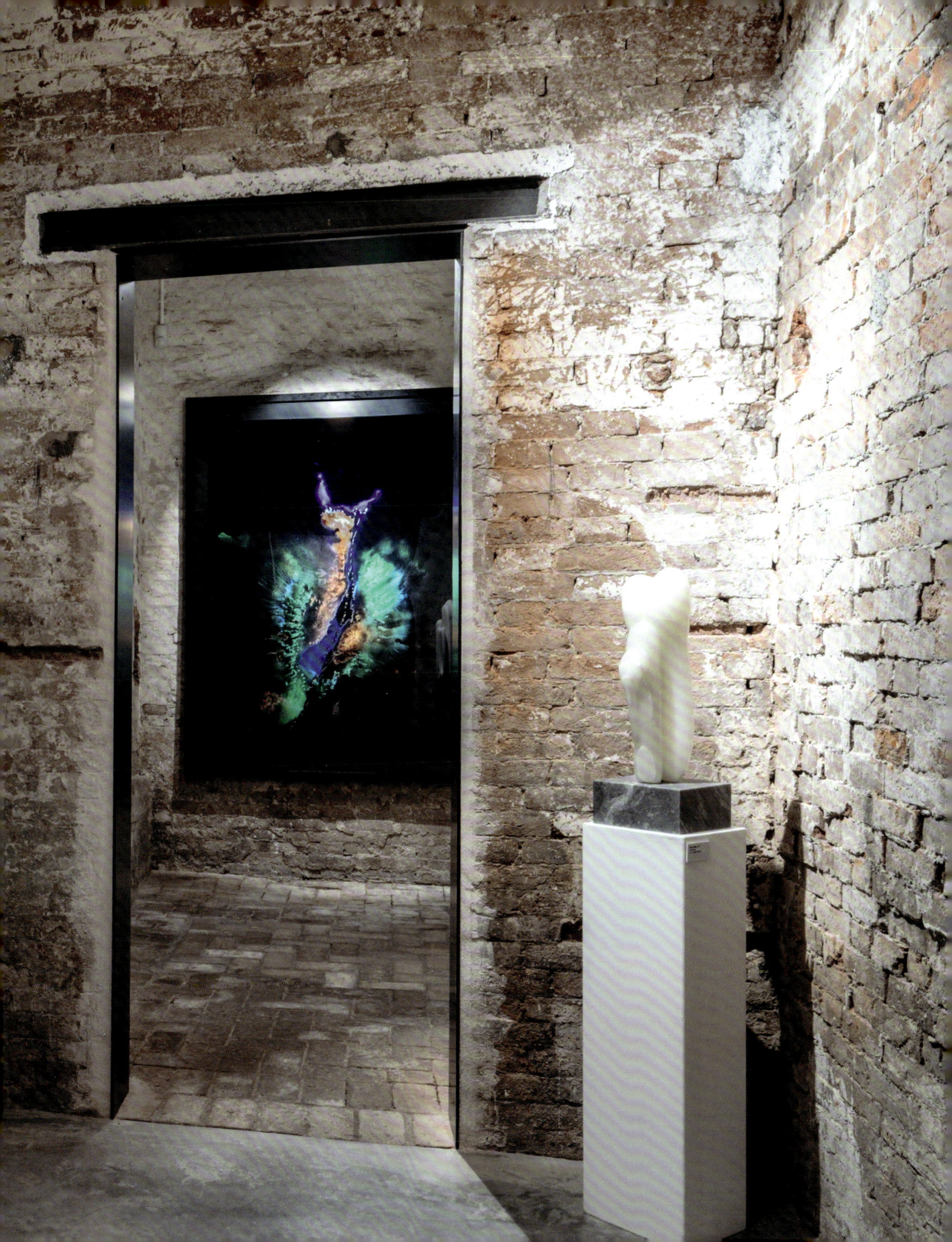

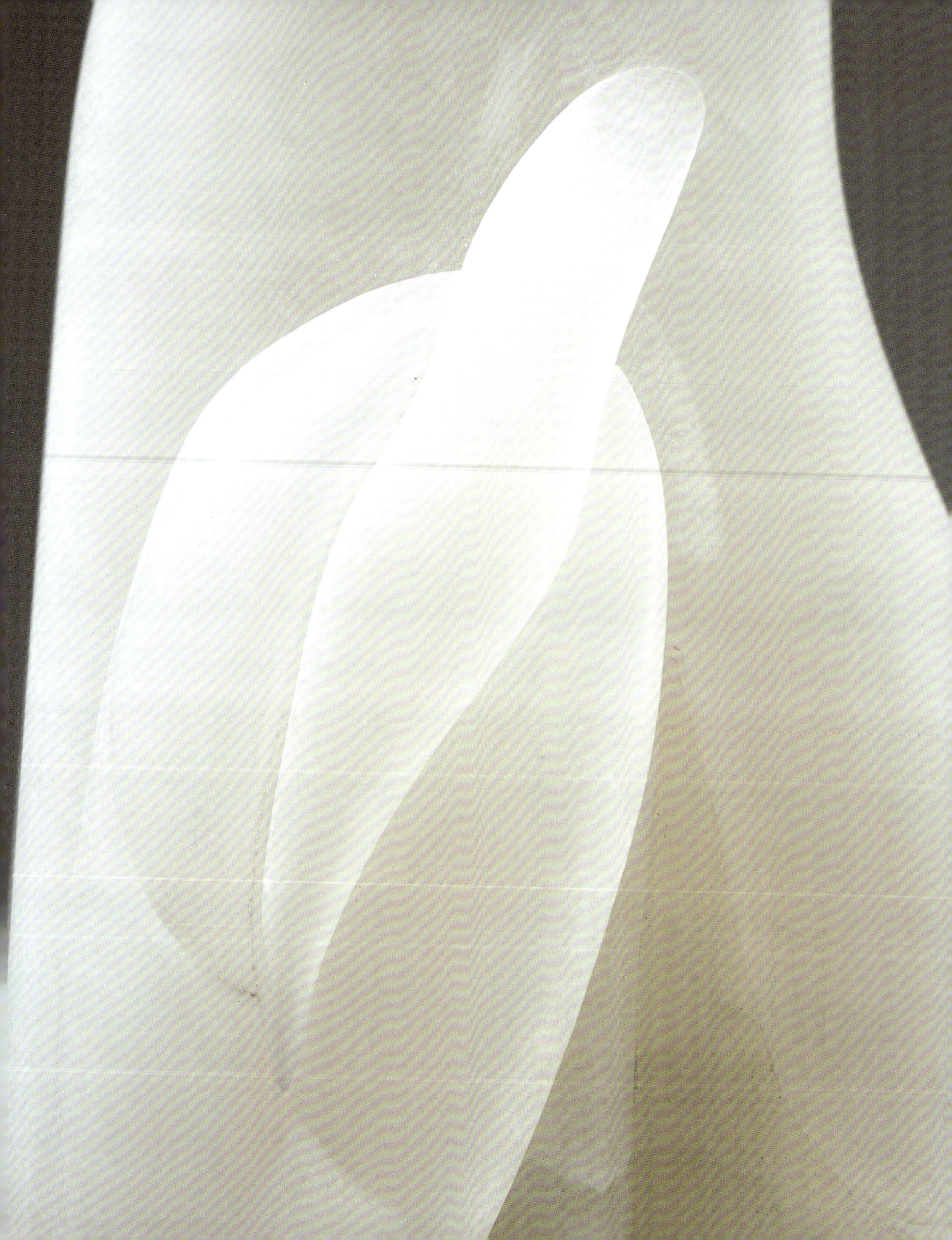

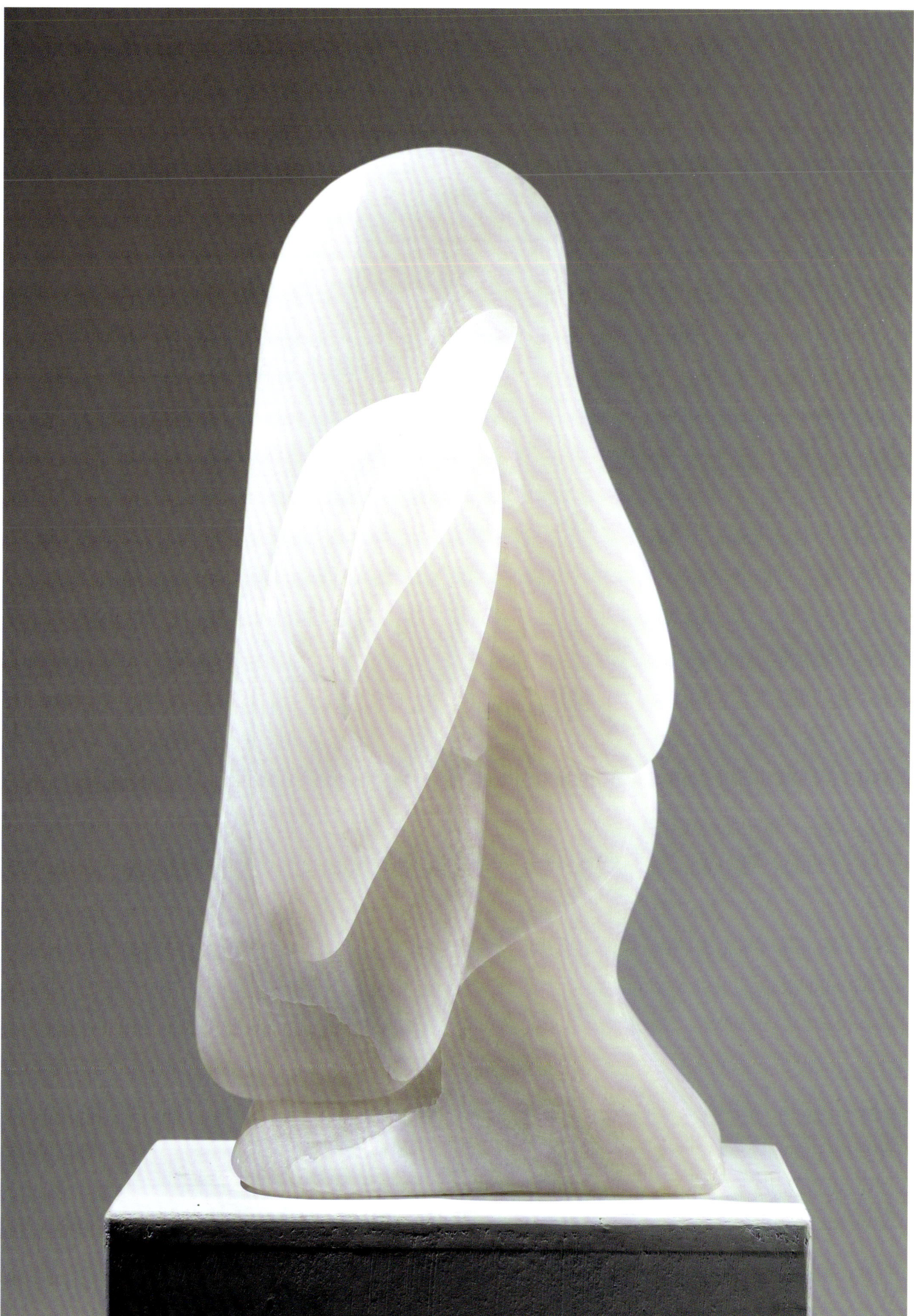

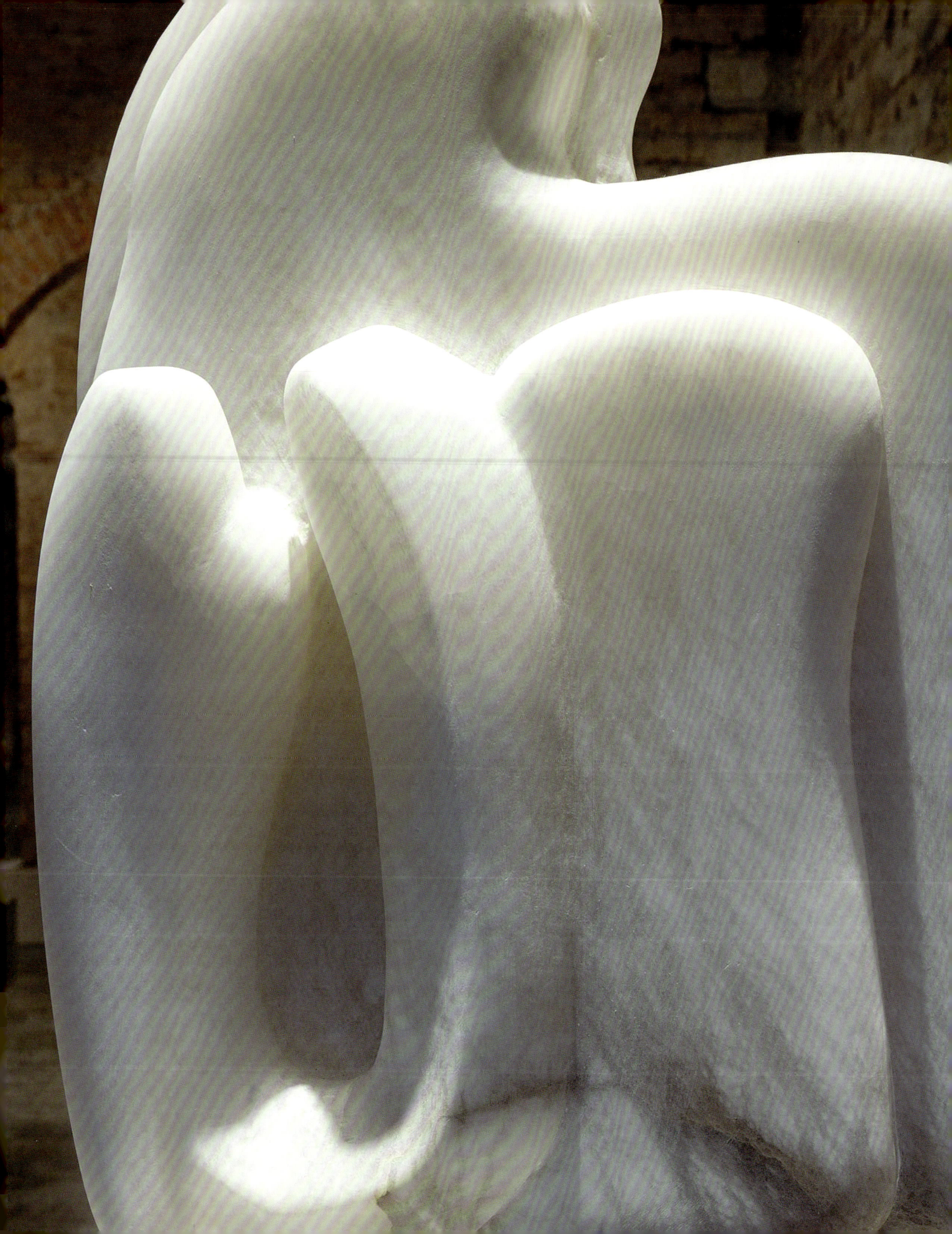

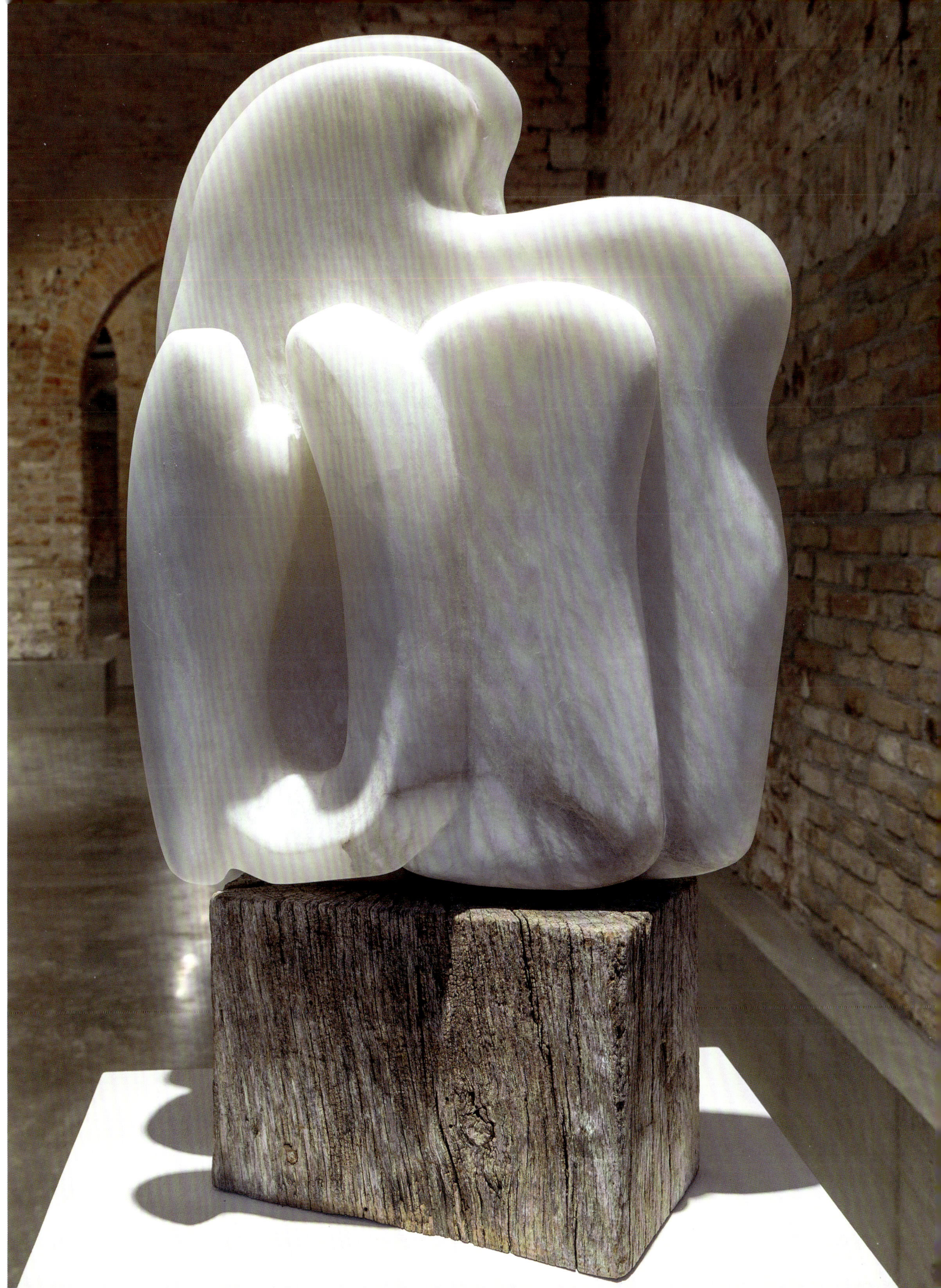

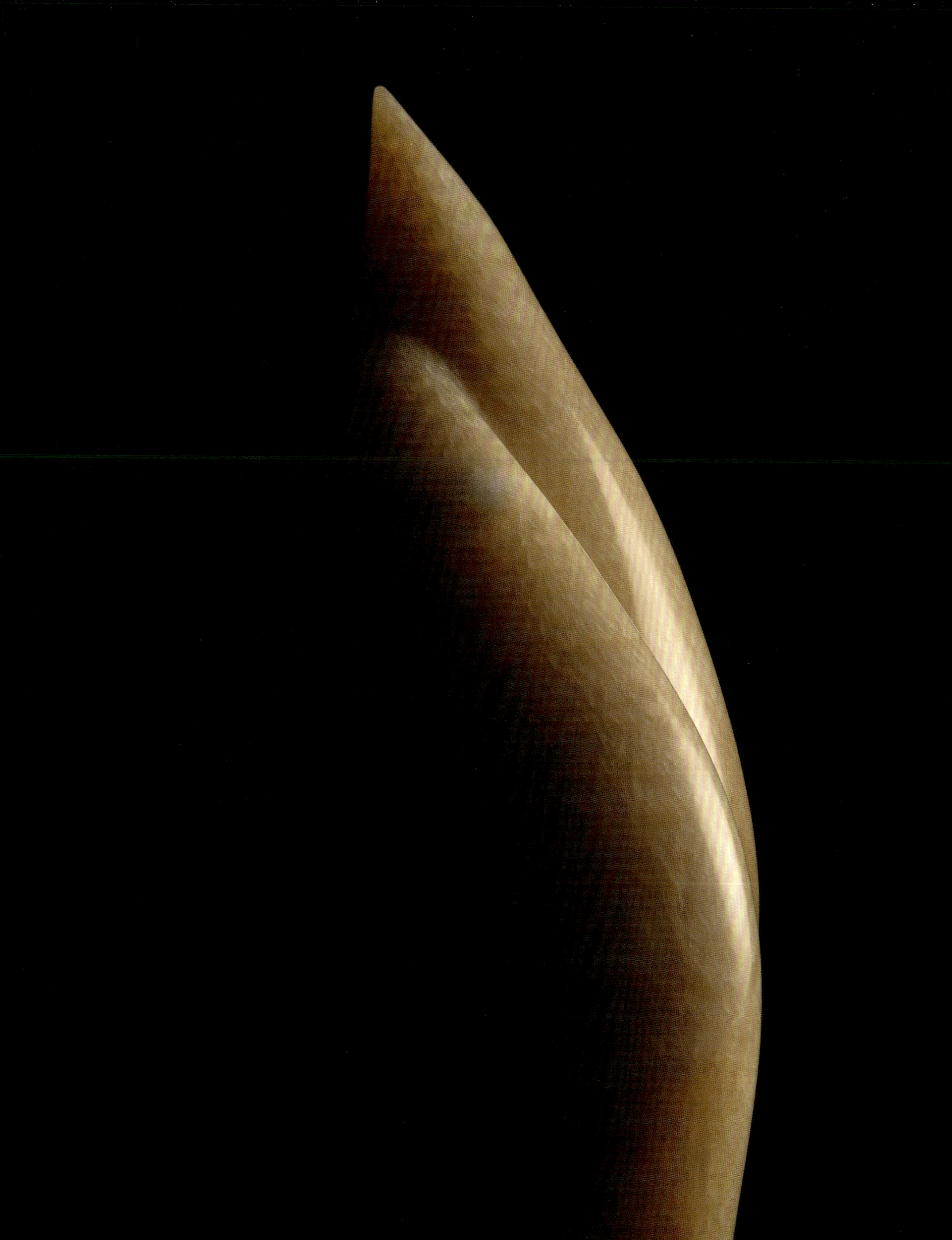

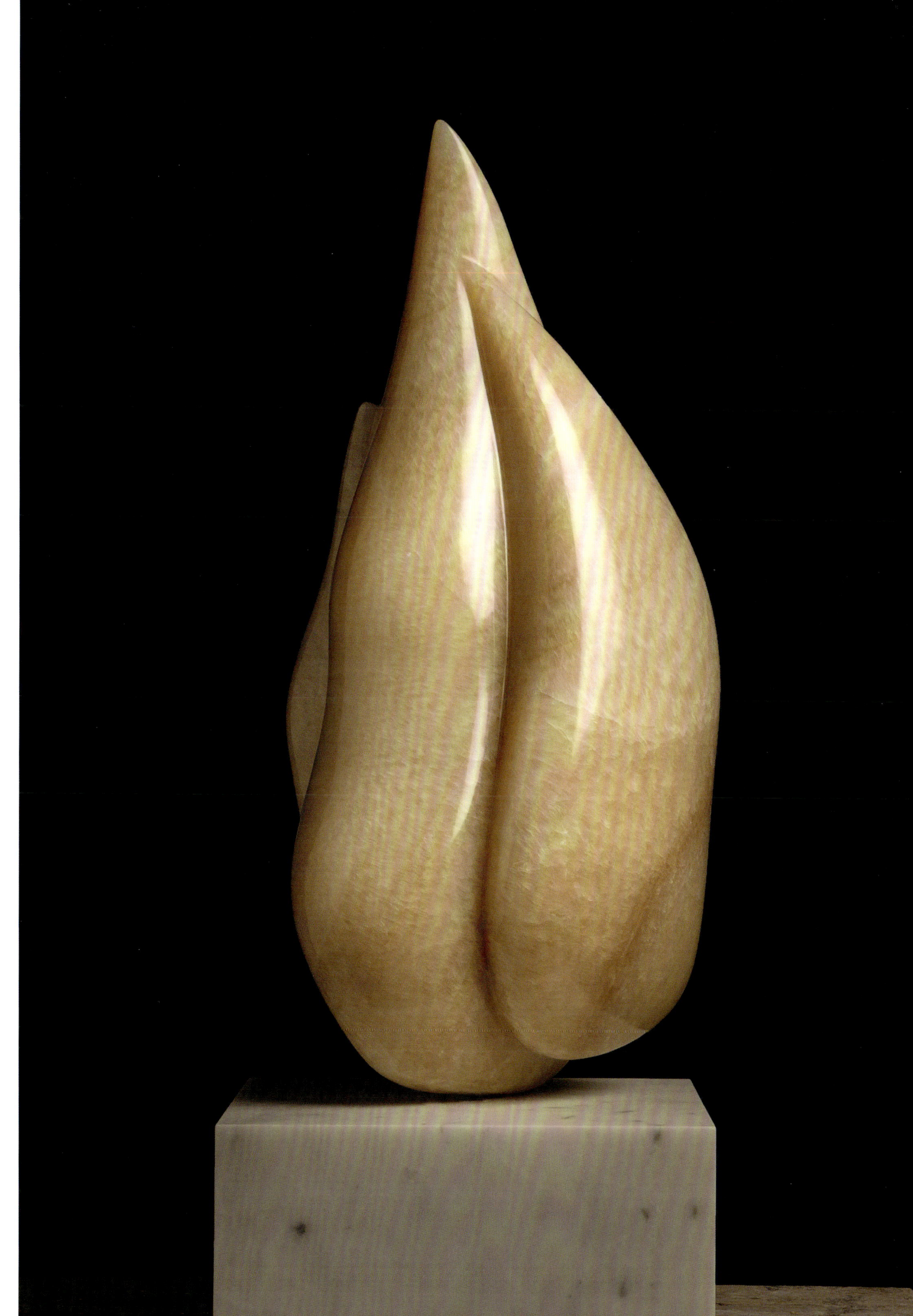

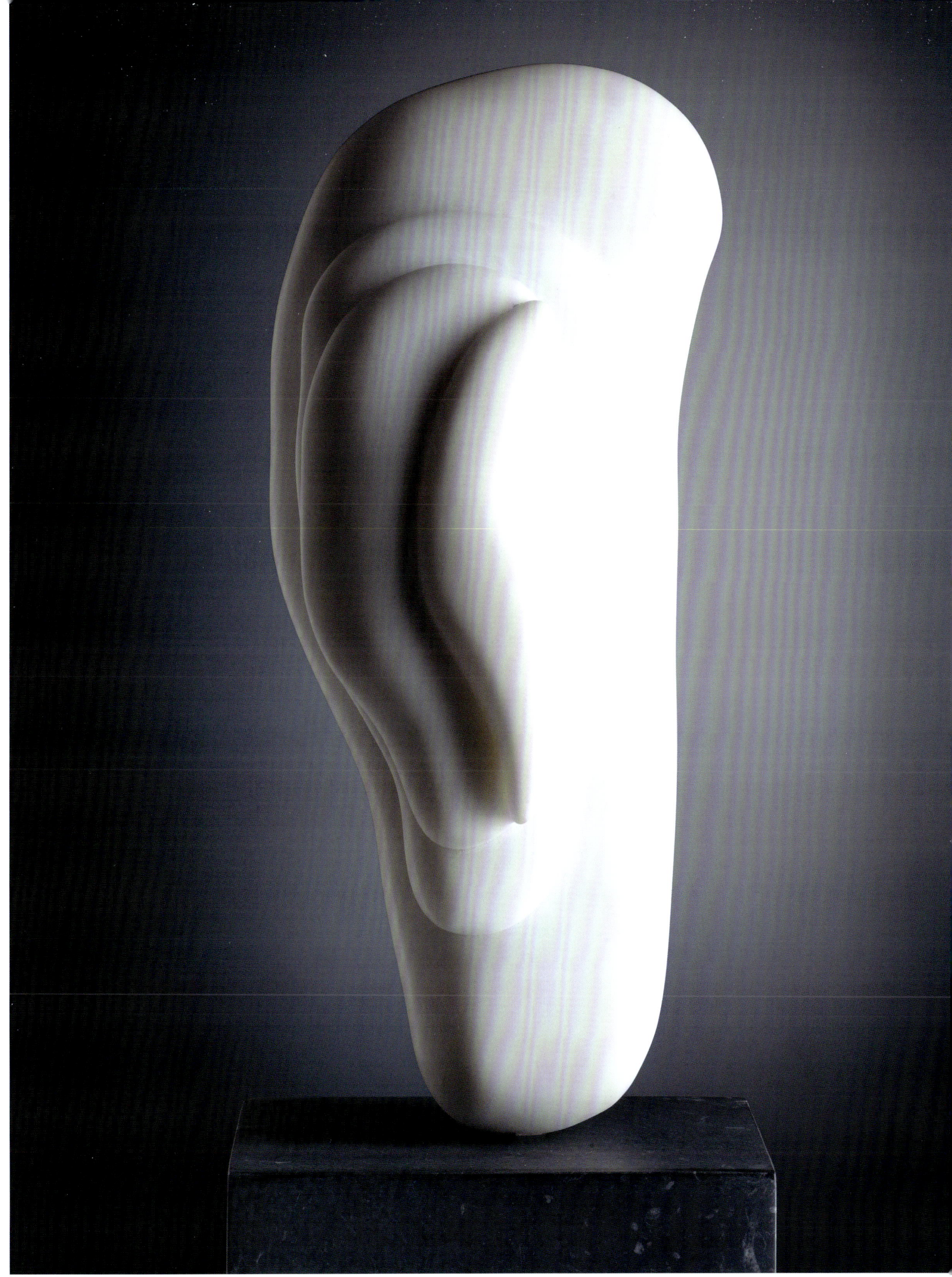

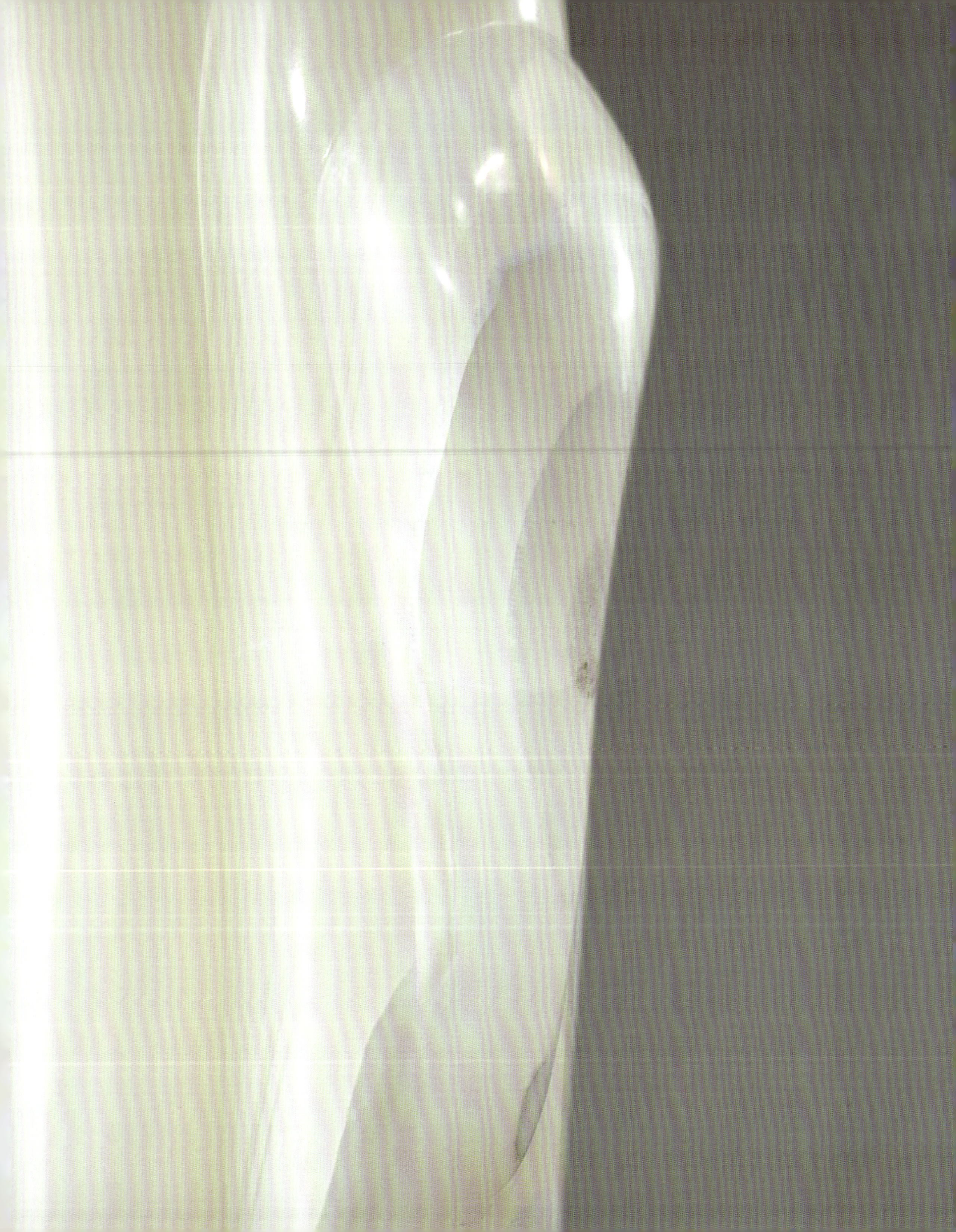

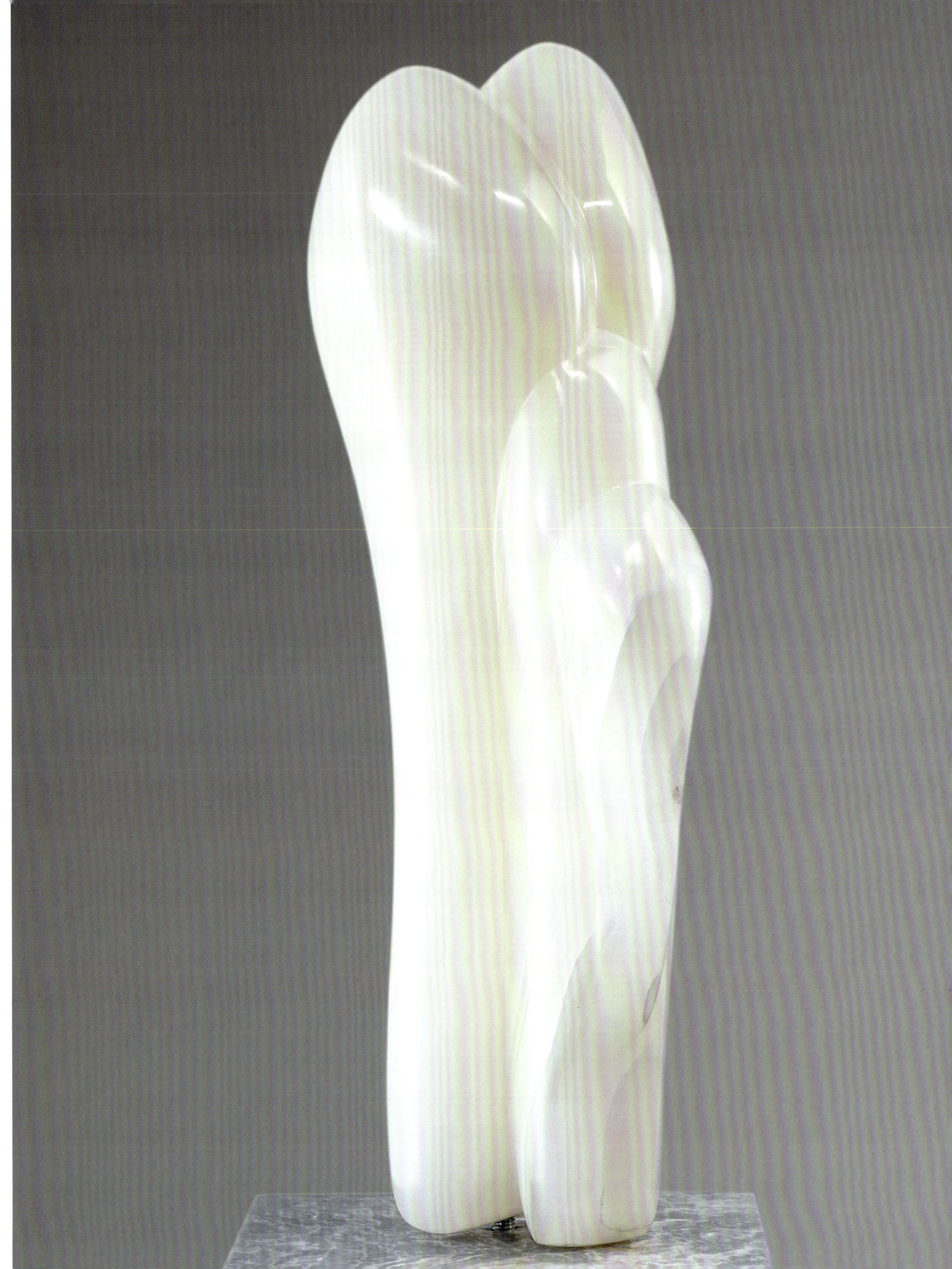

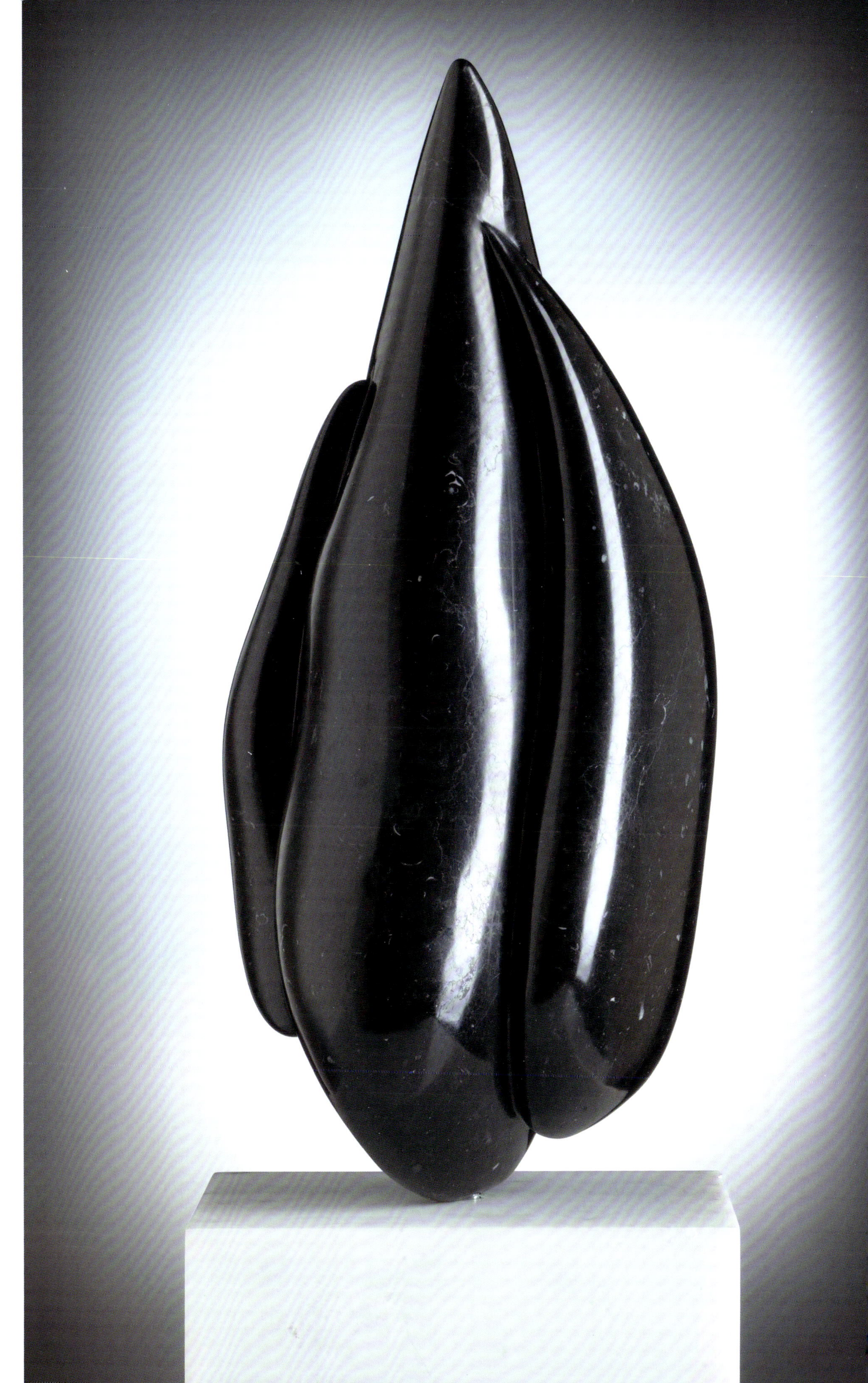

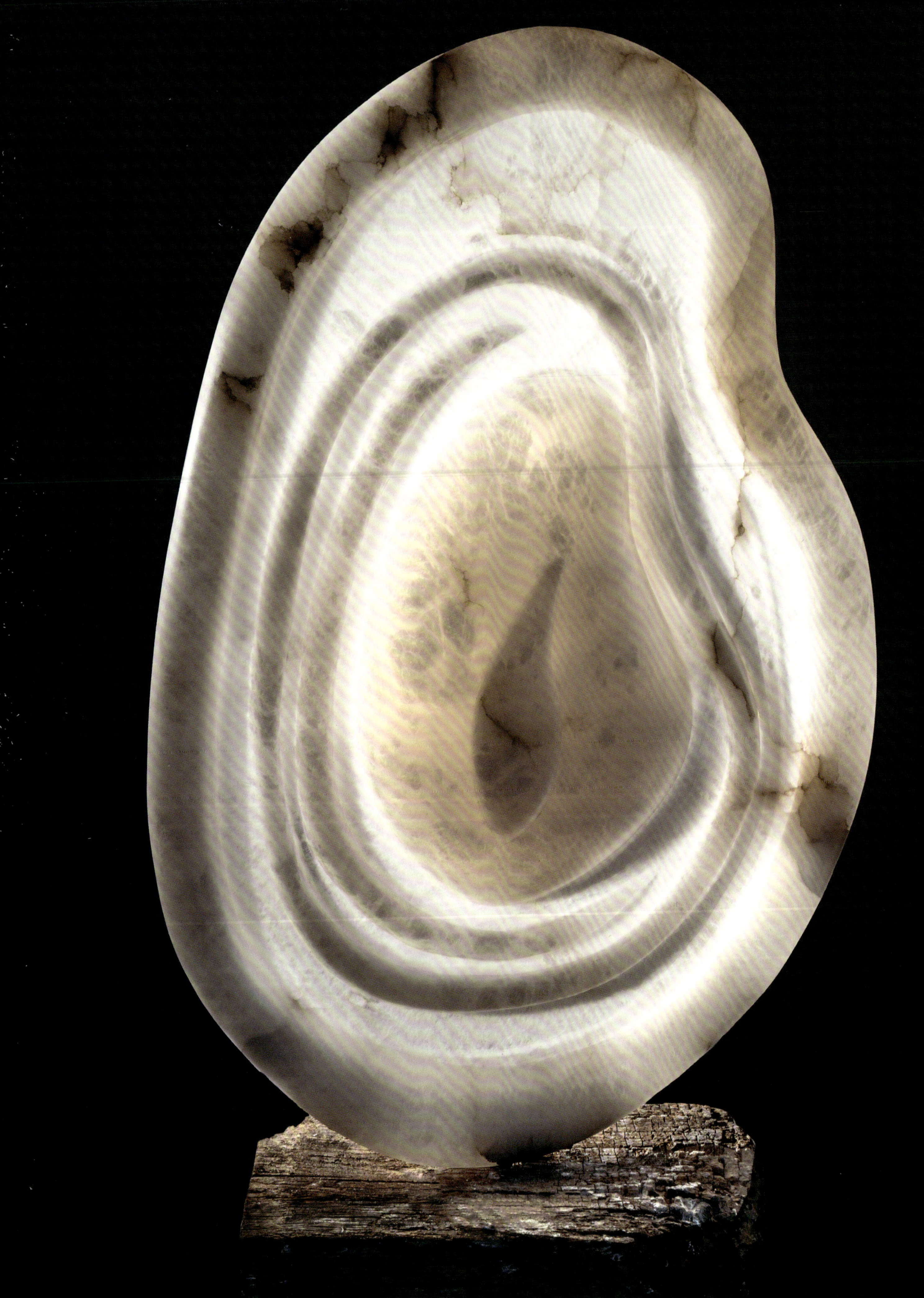

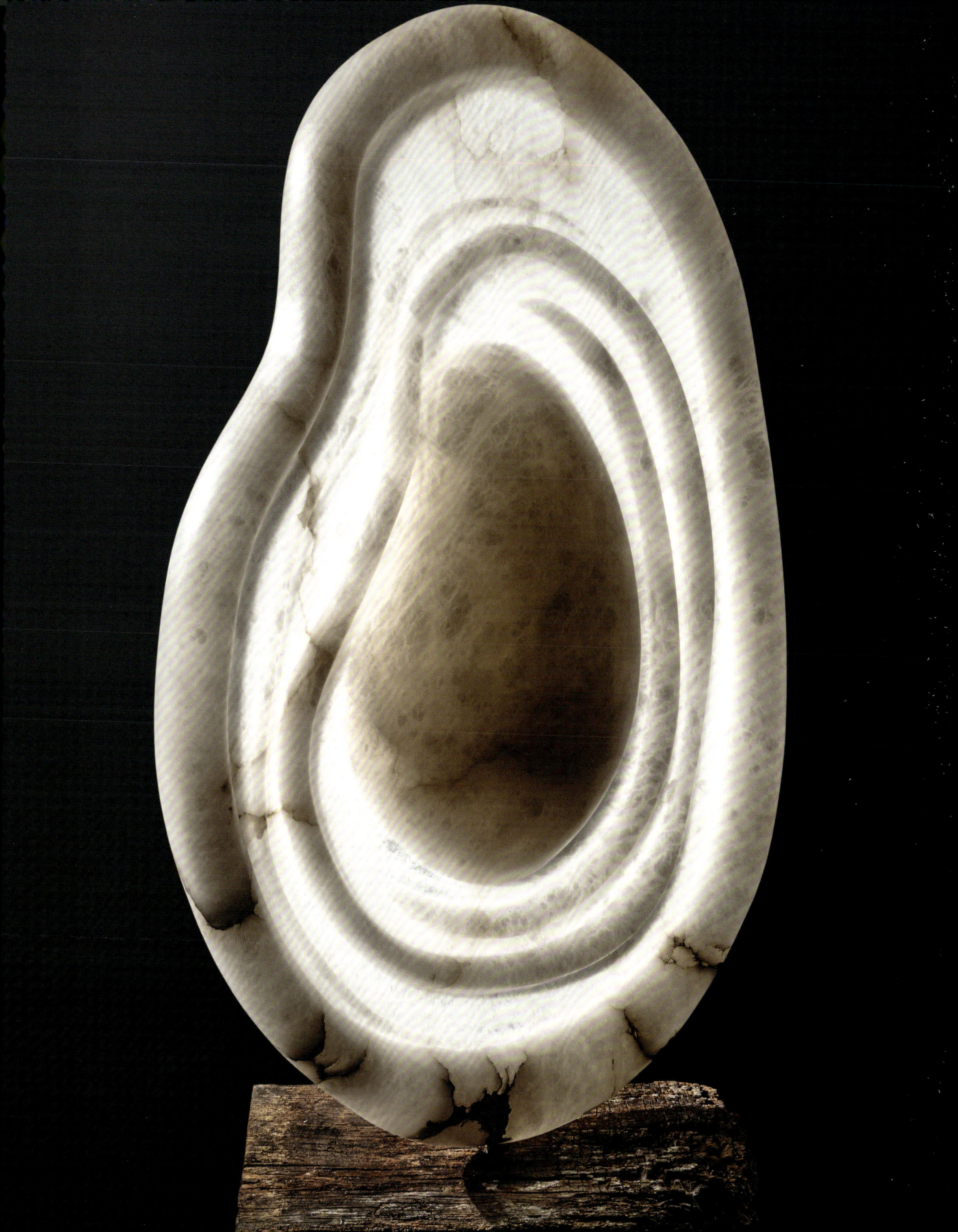

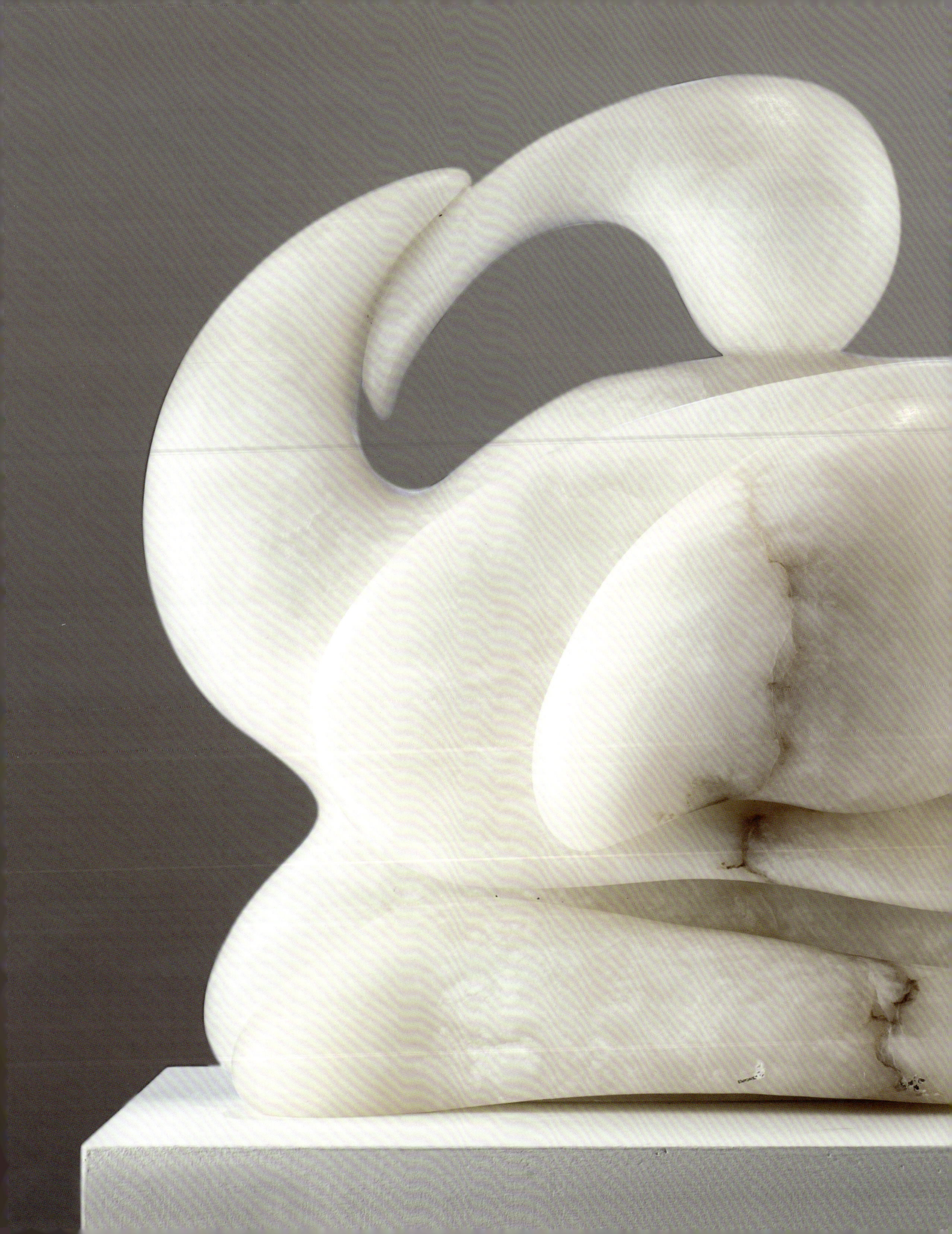

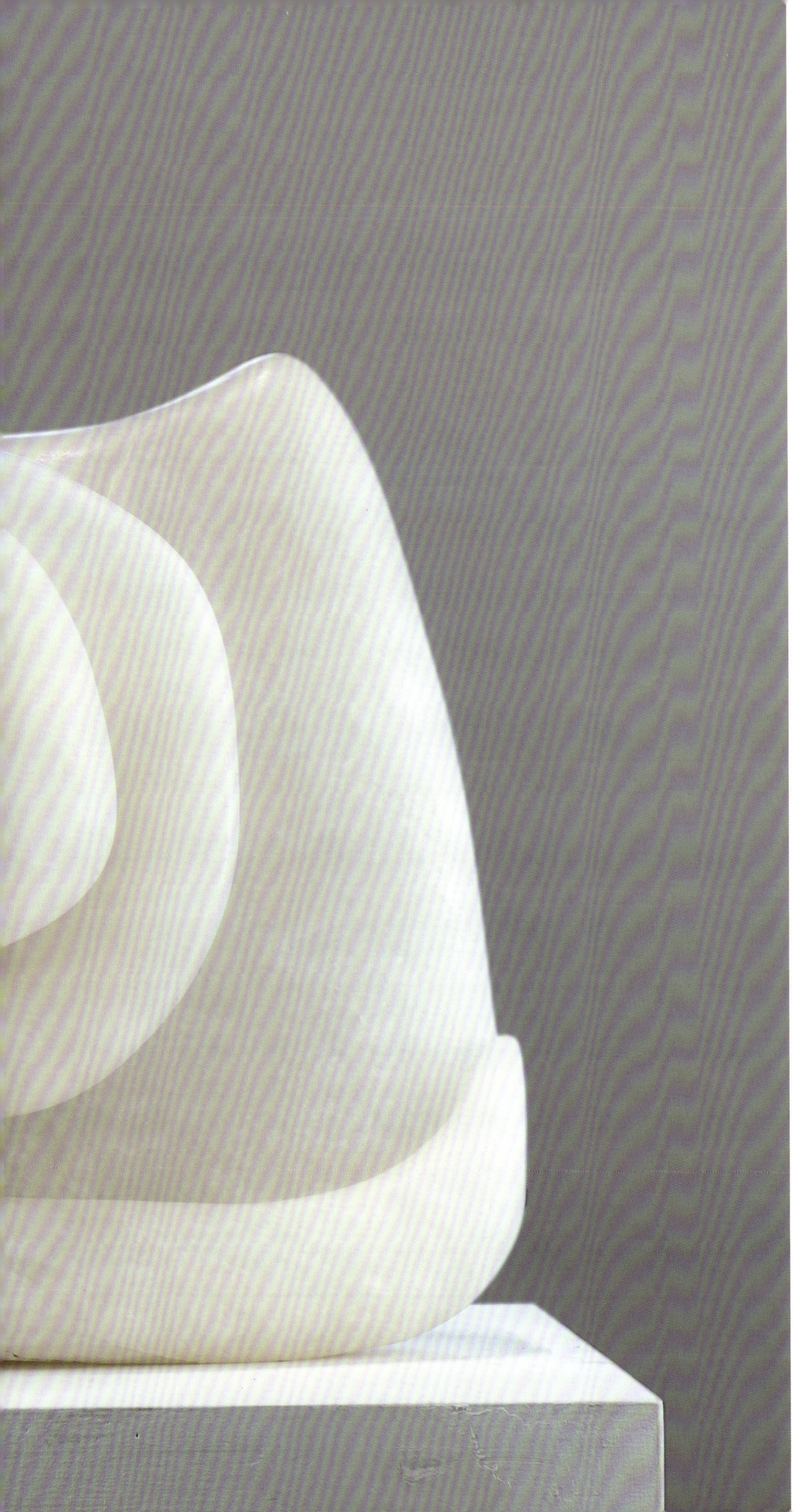

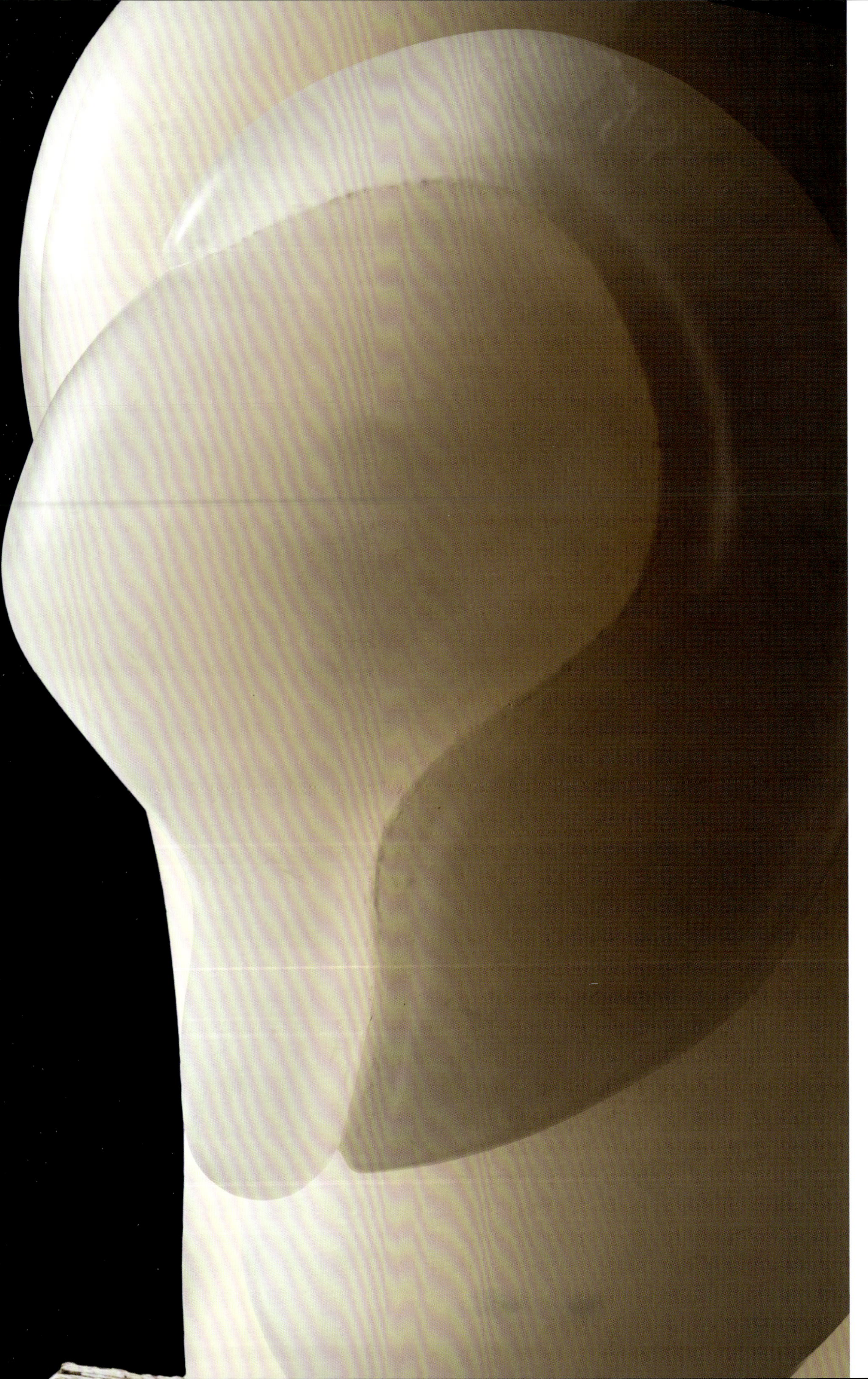

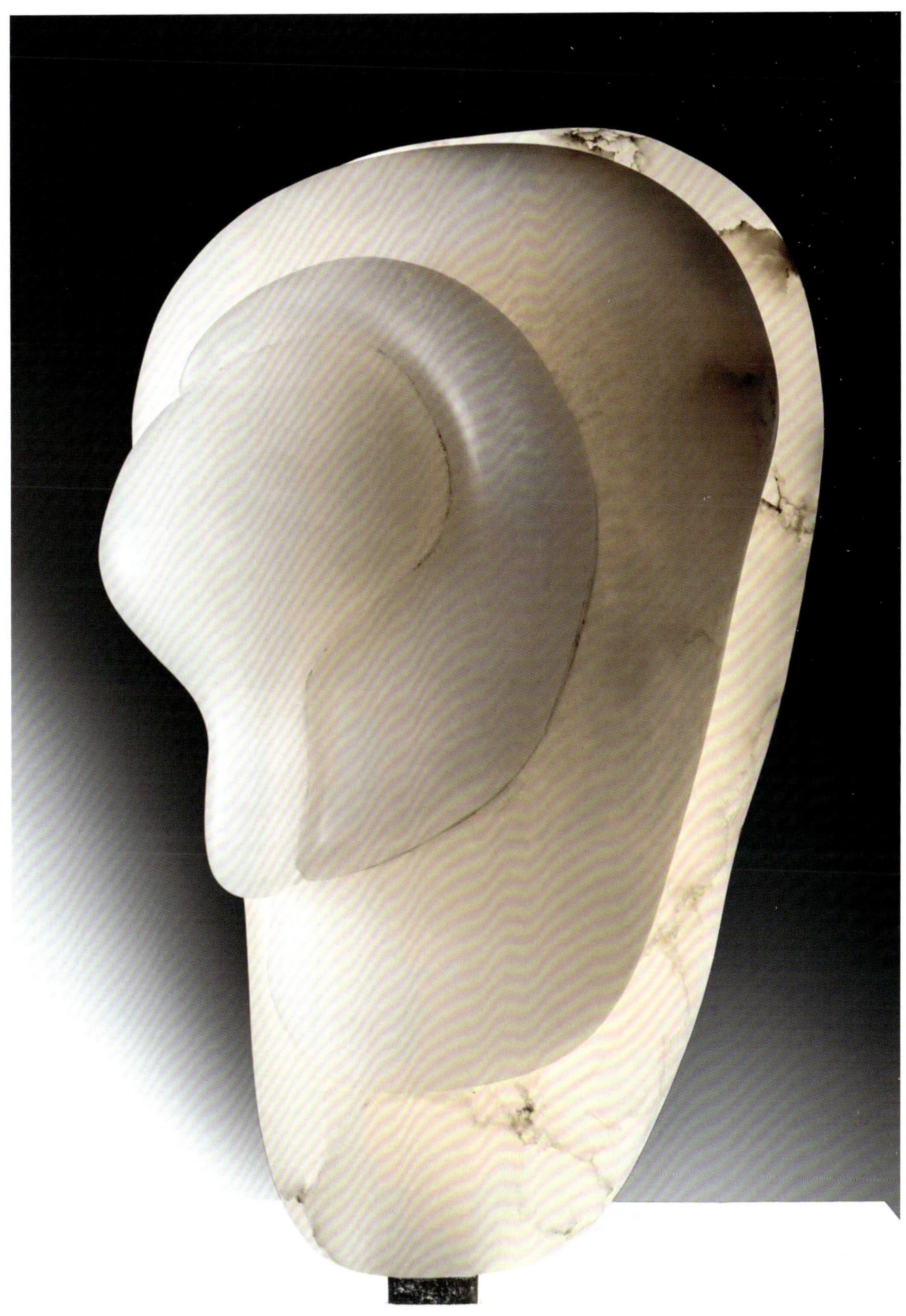

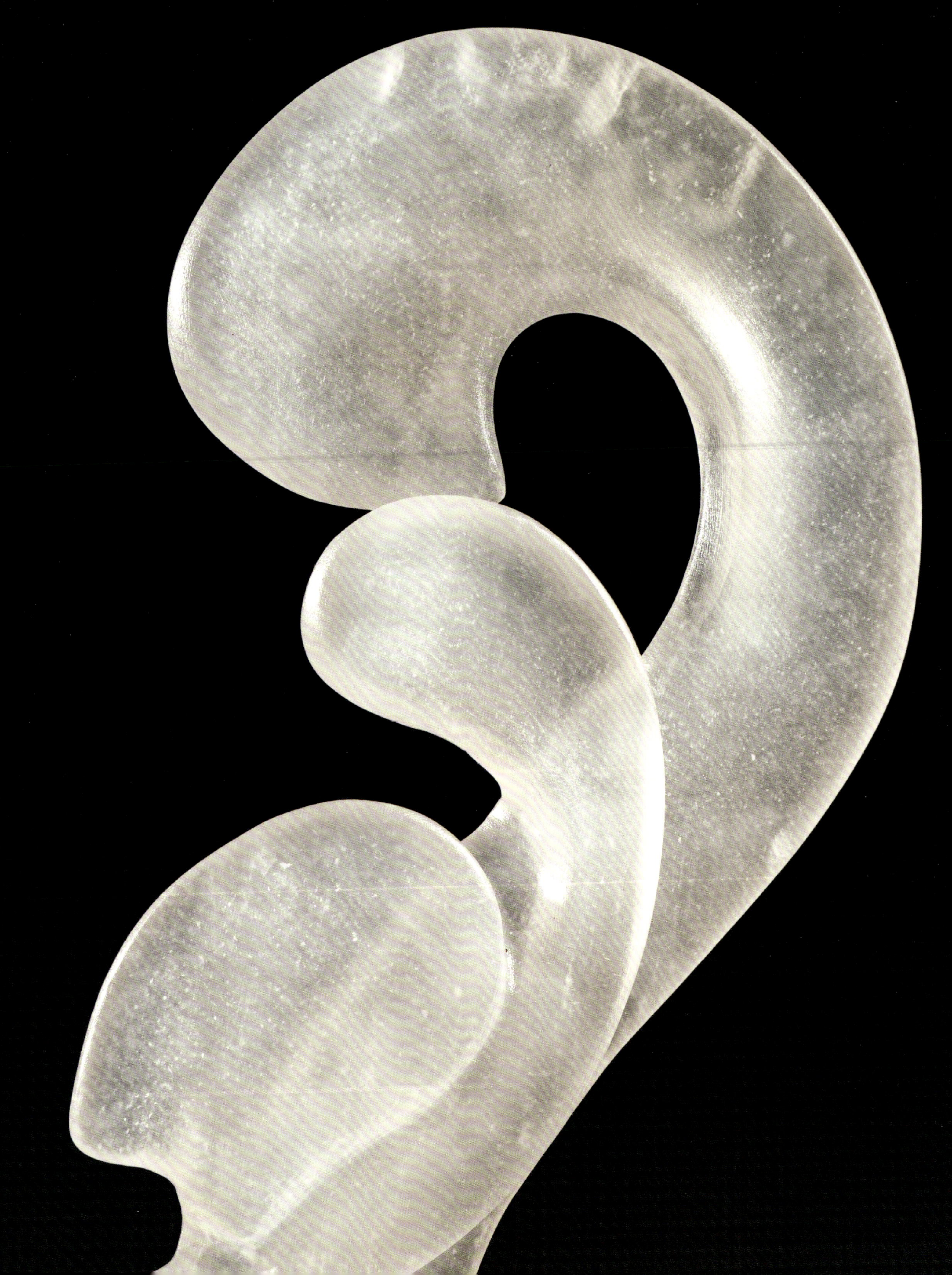

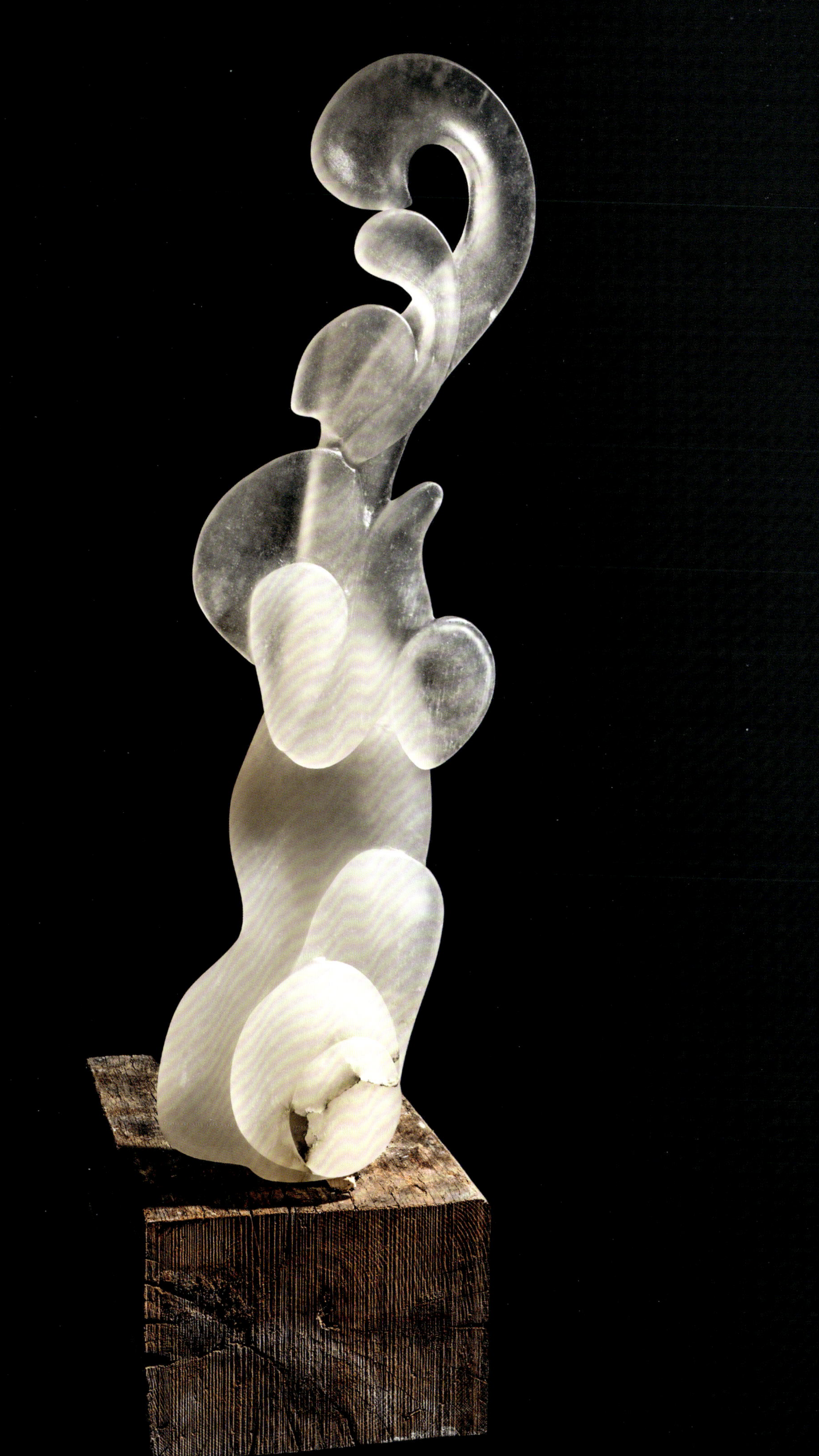

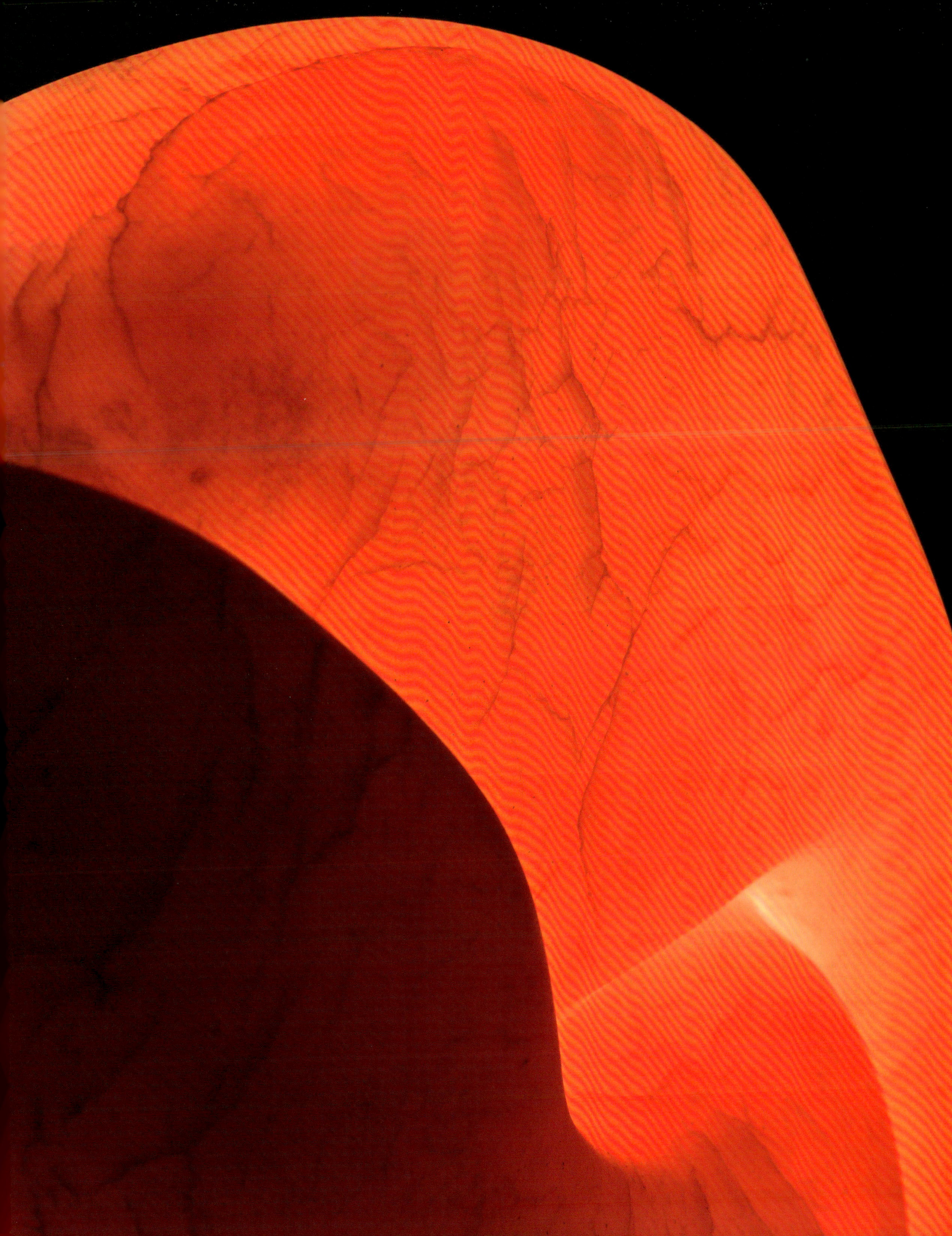

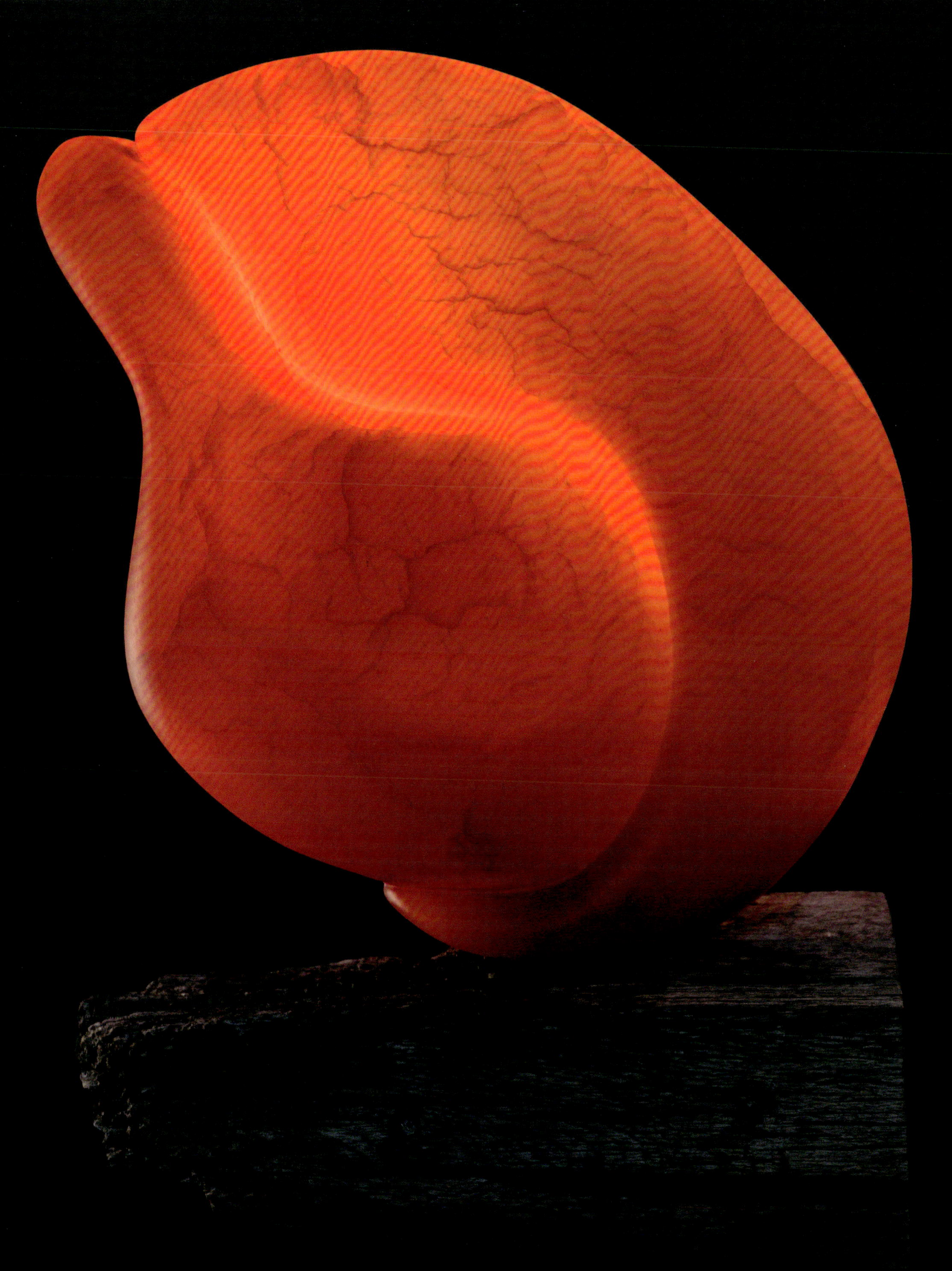

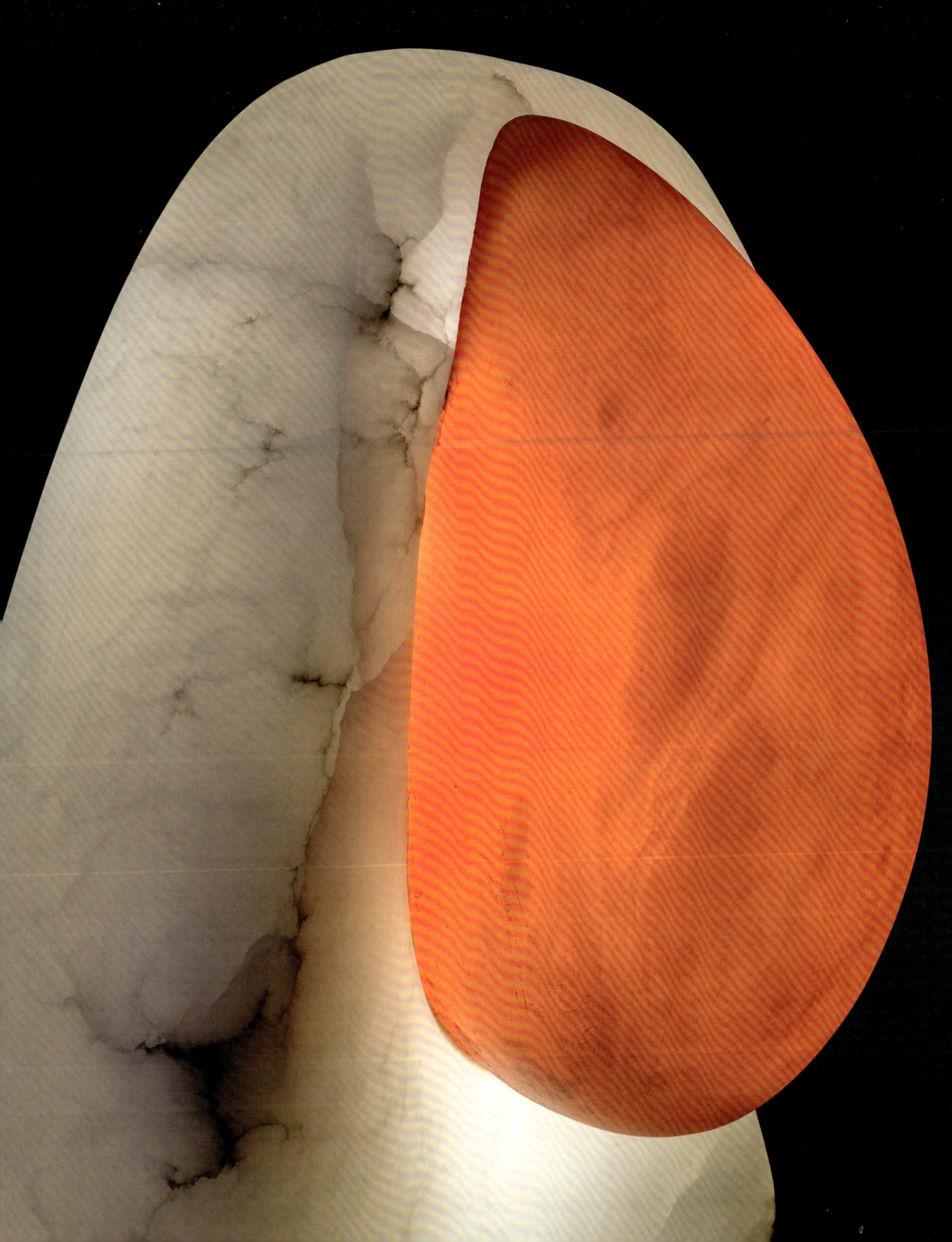

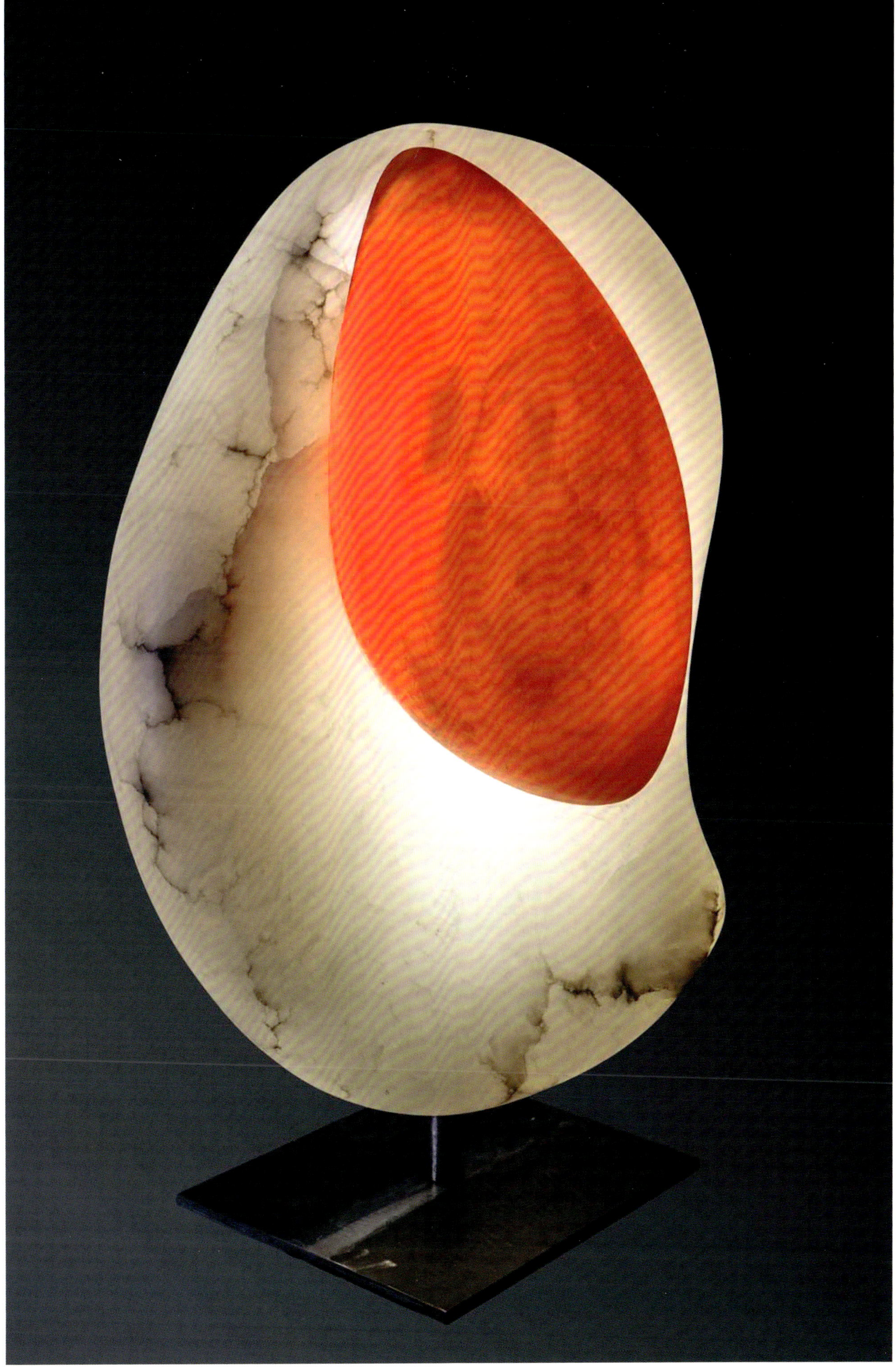

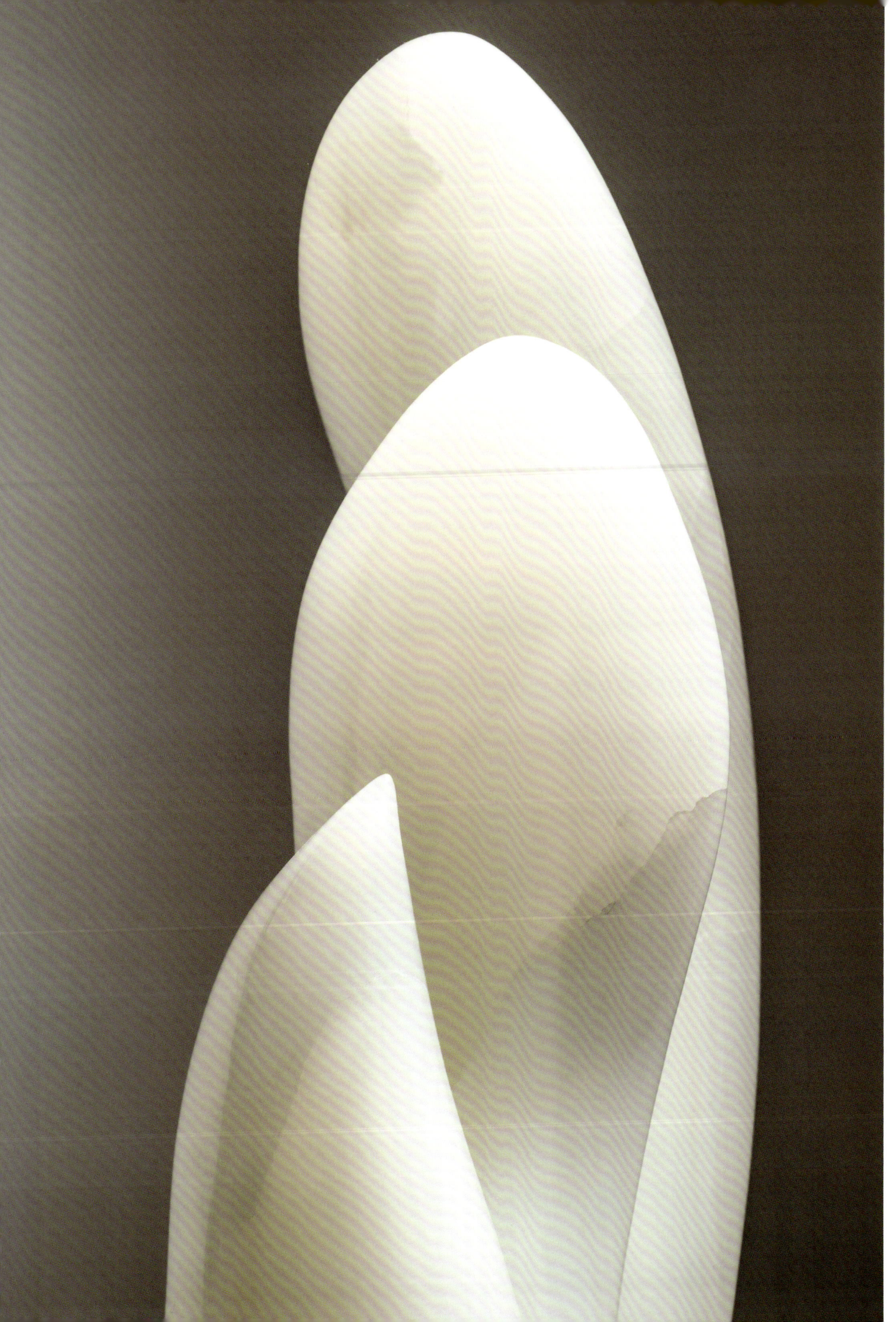

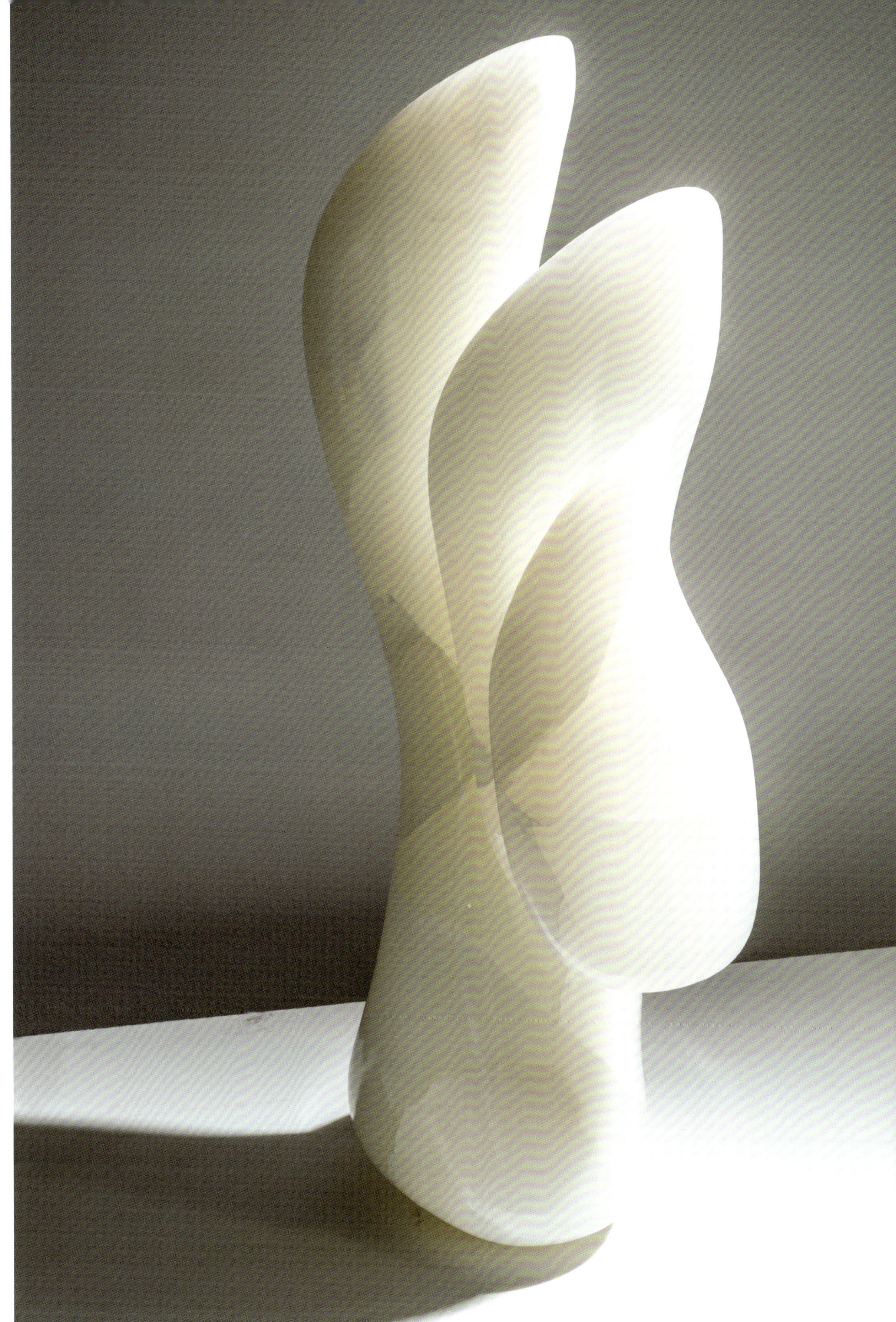

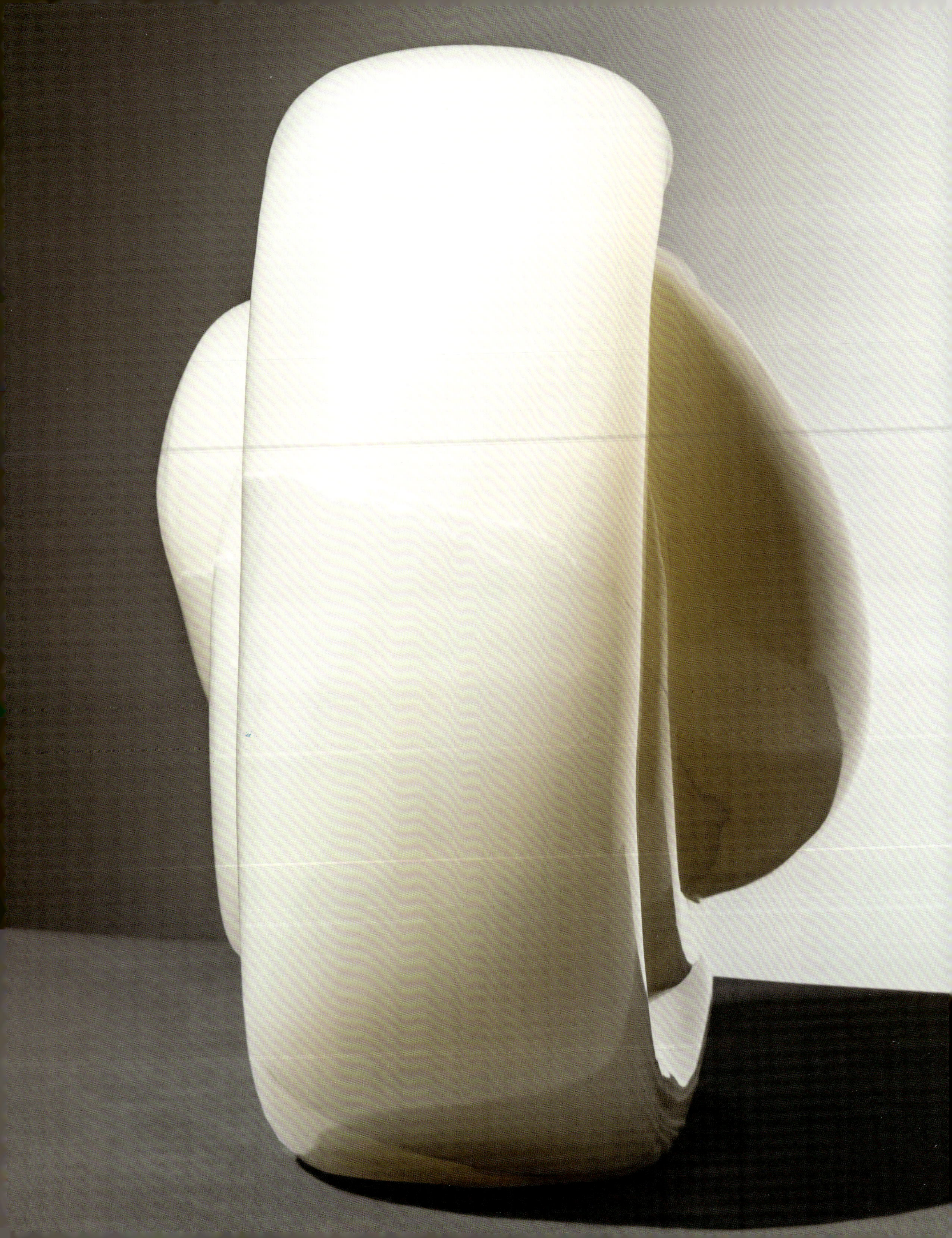

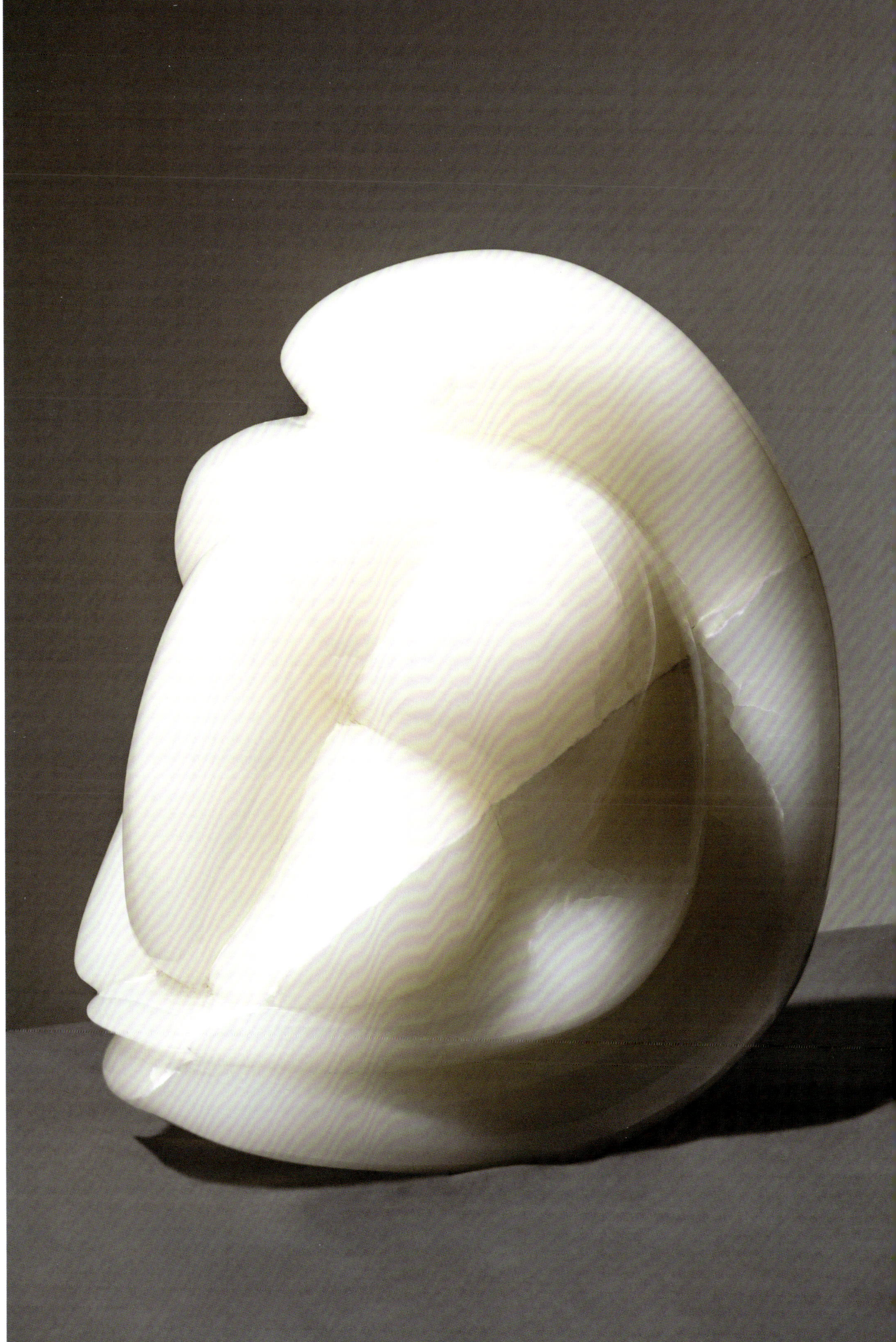

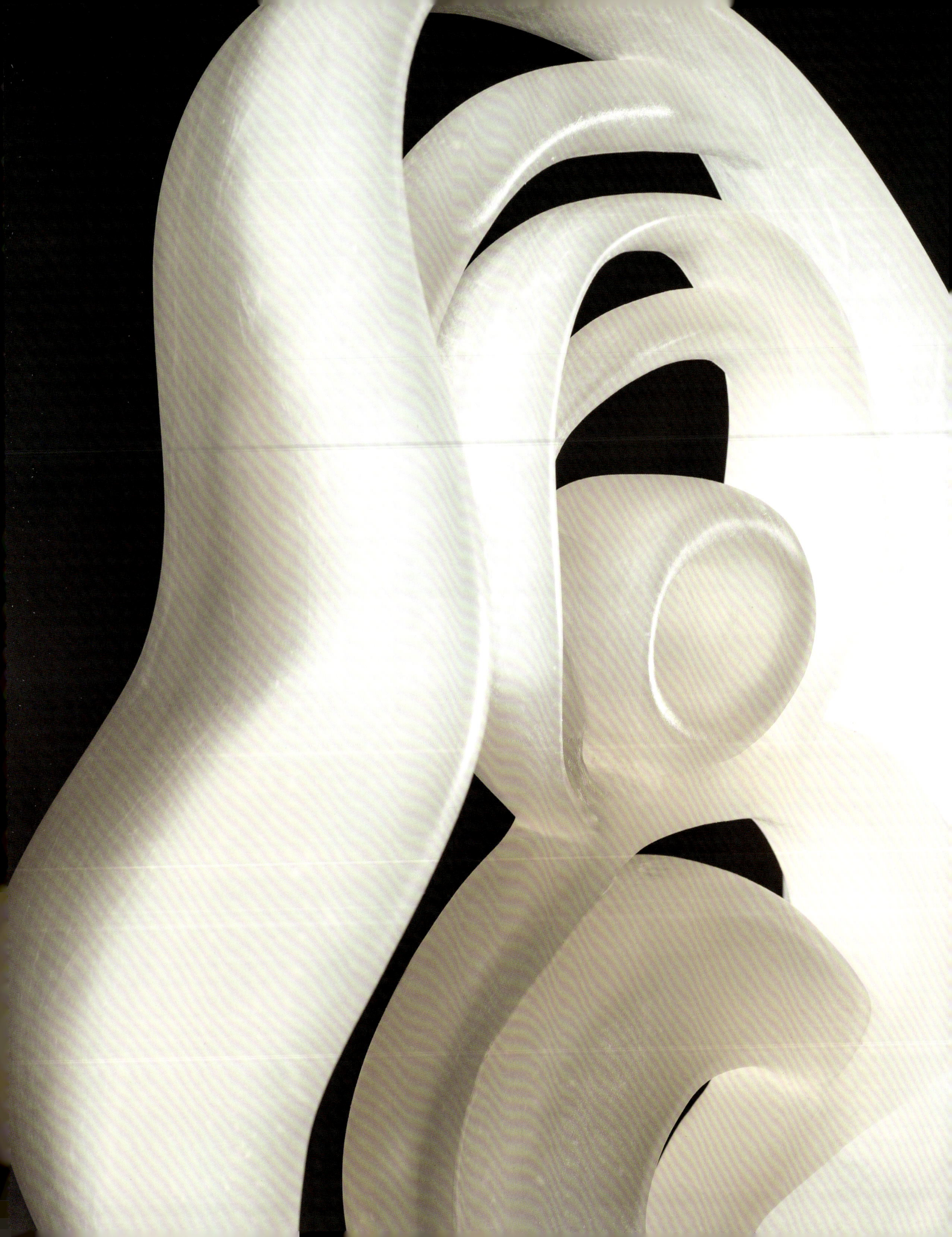

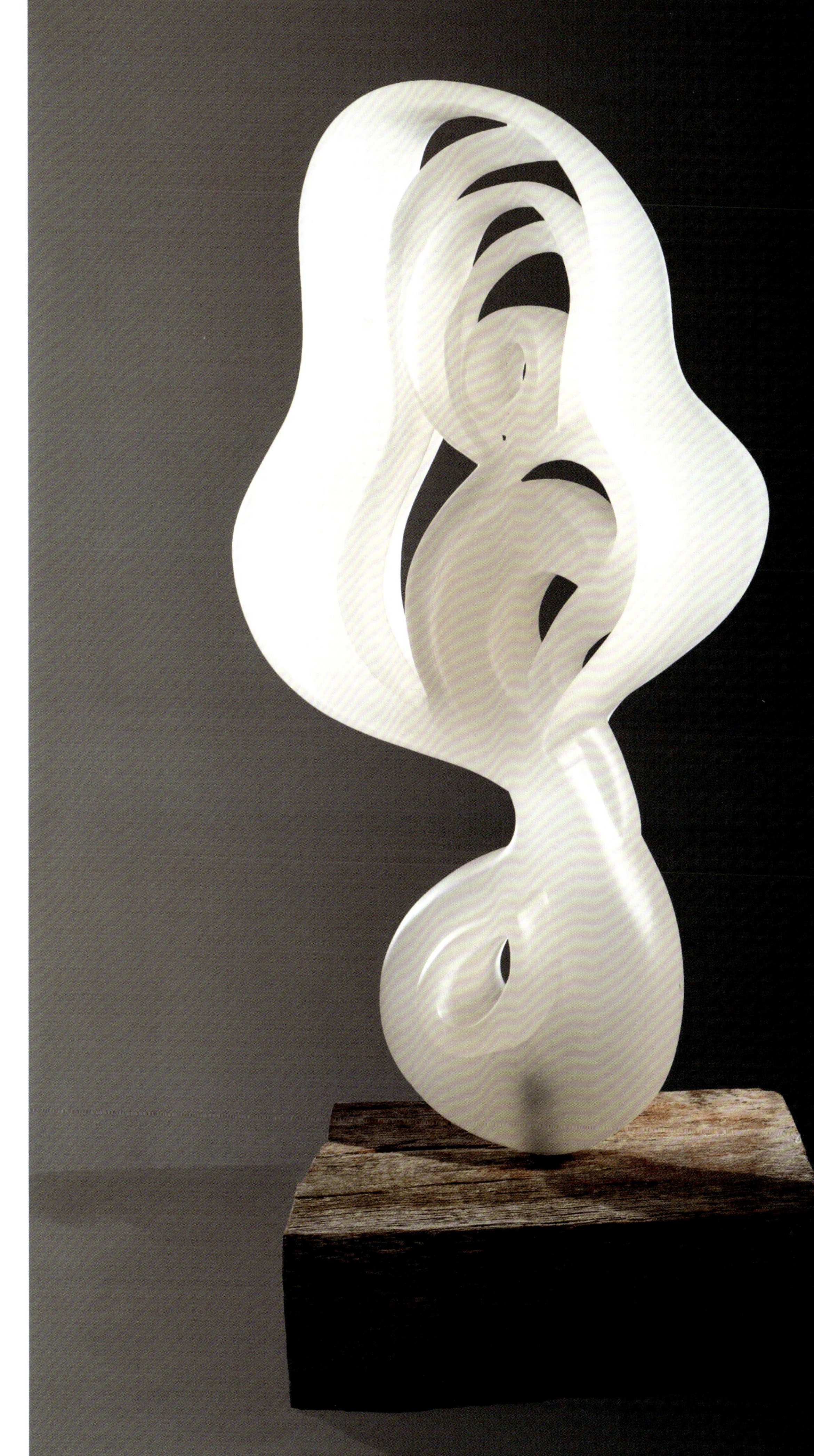

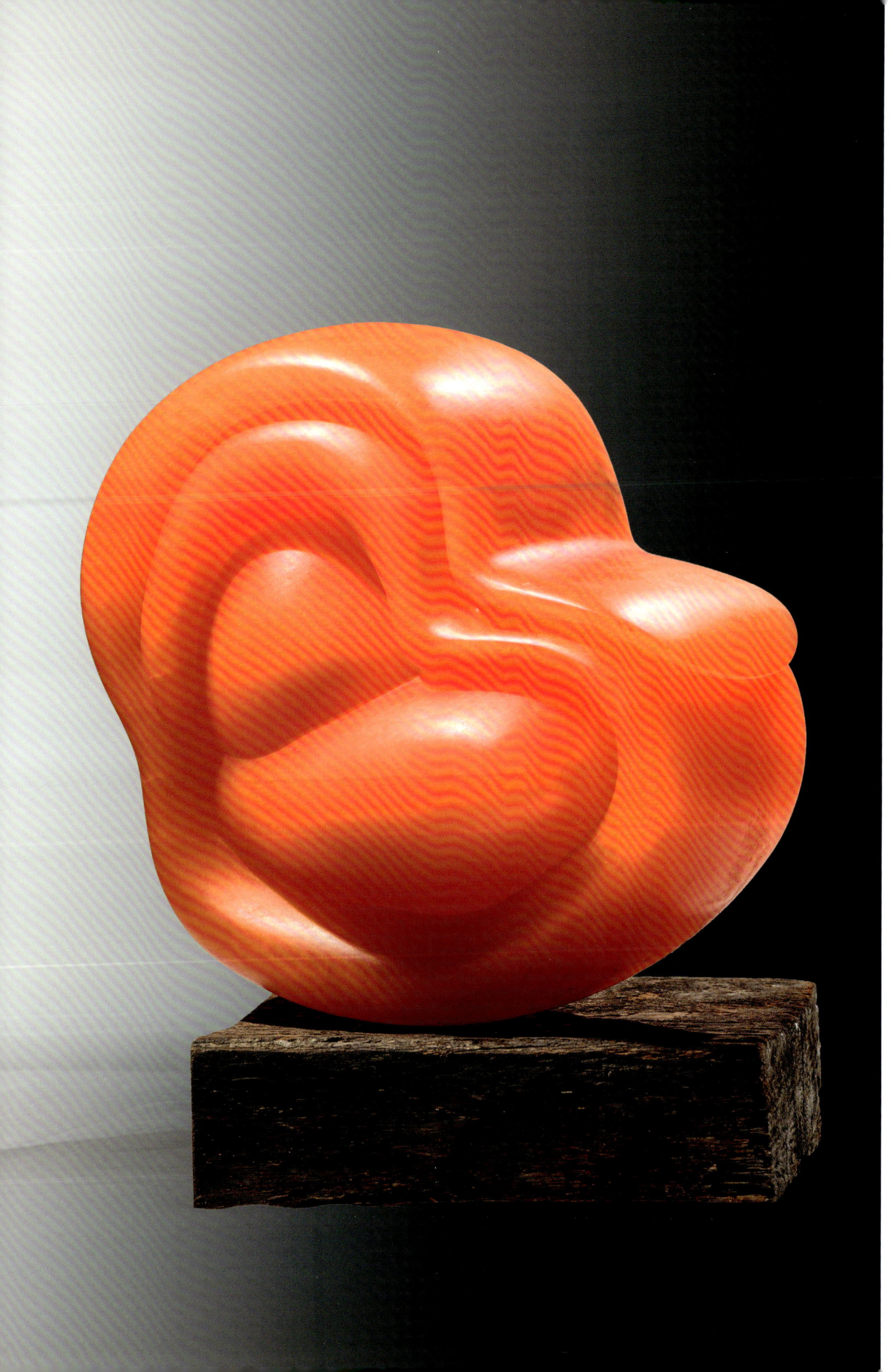

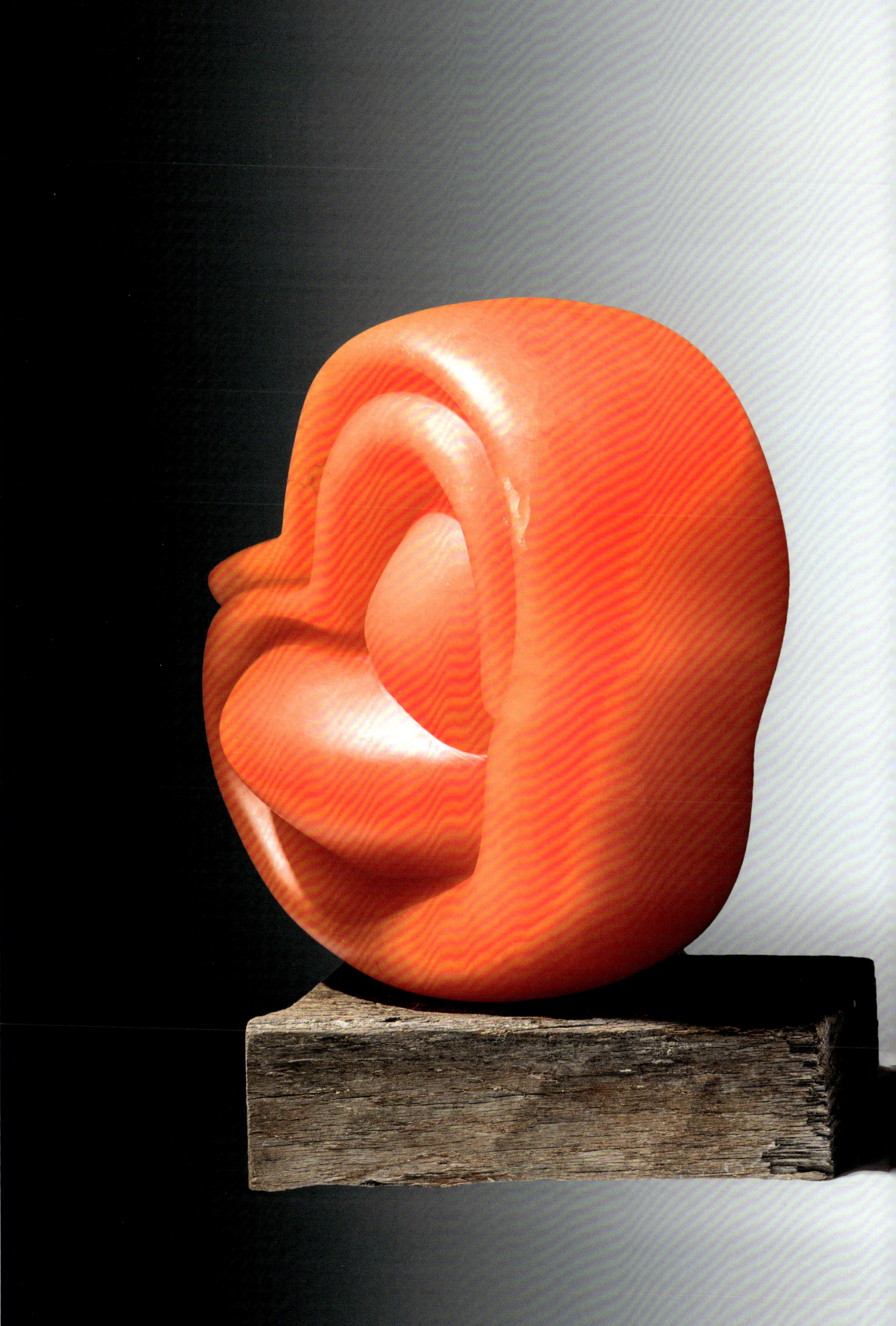

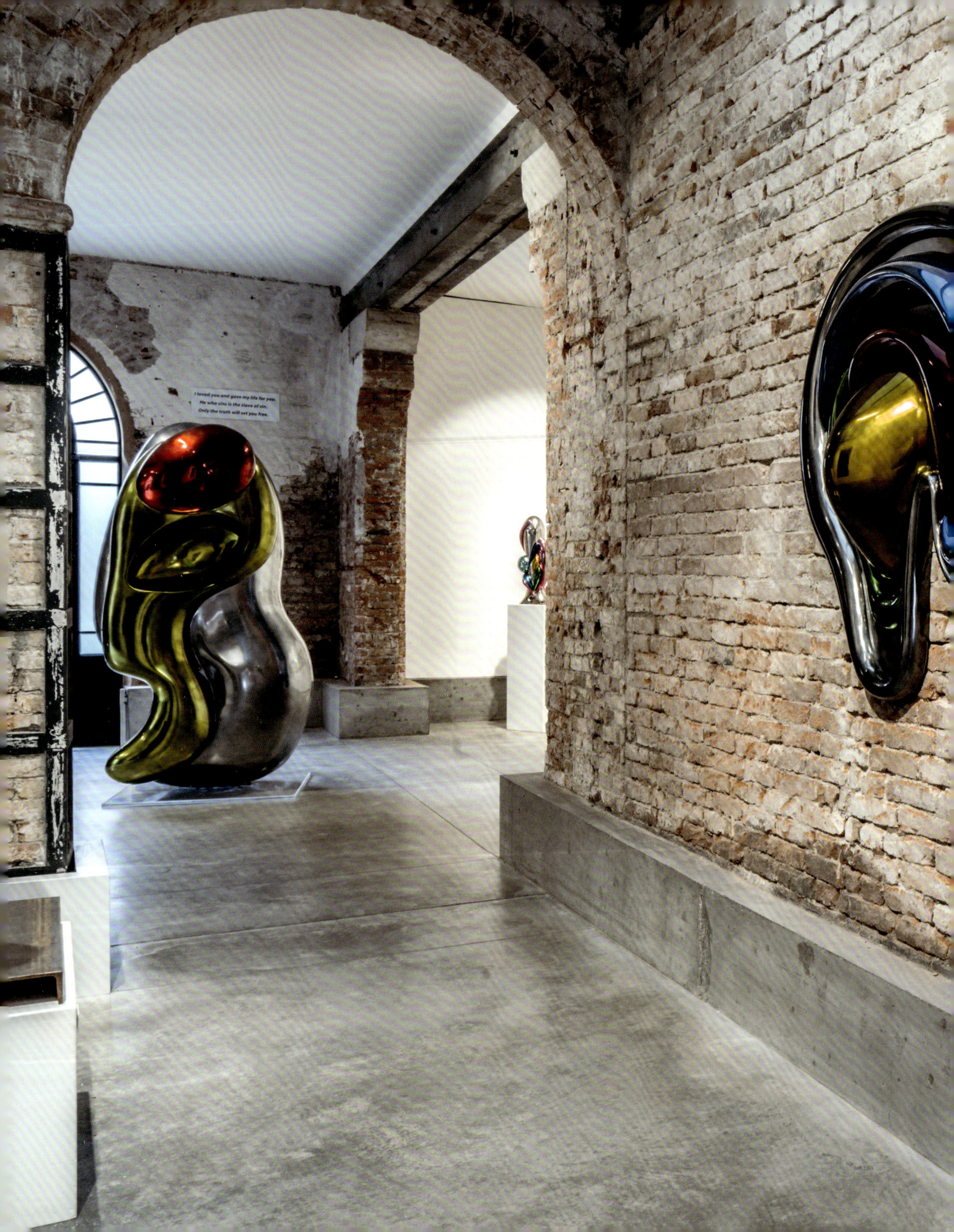
I loved you and gave my life for you.
He who sins is the slave of sin.
Only the truth will set you free.

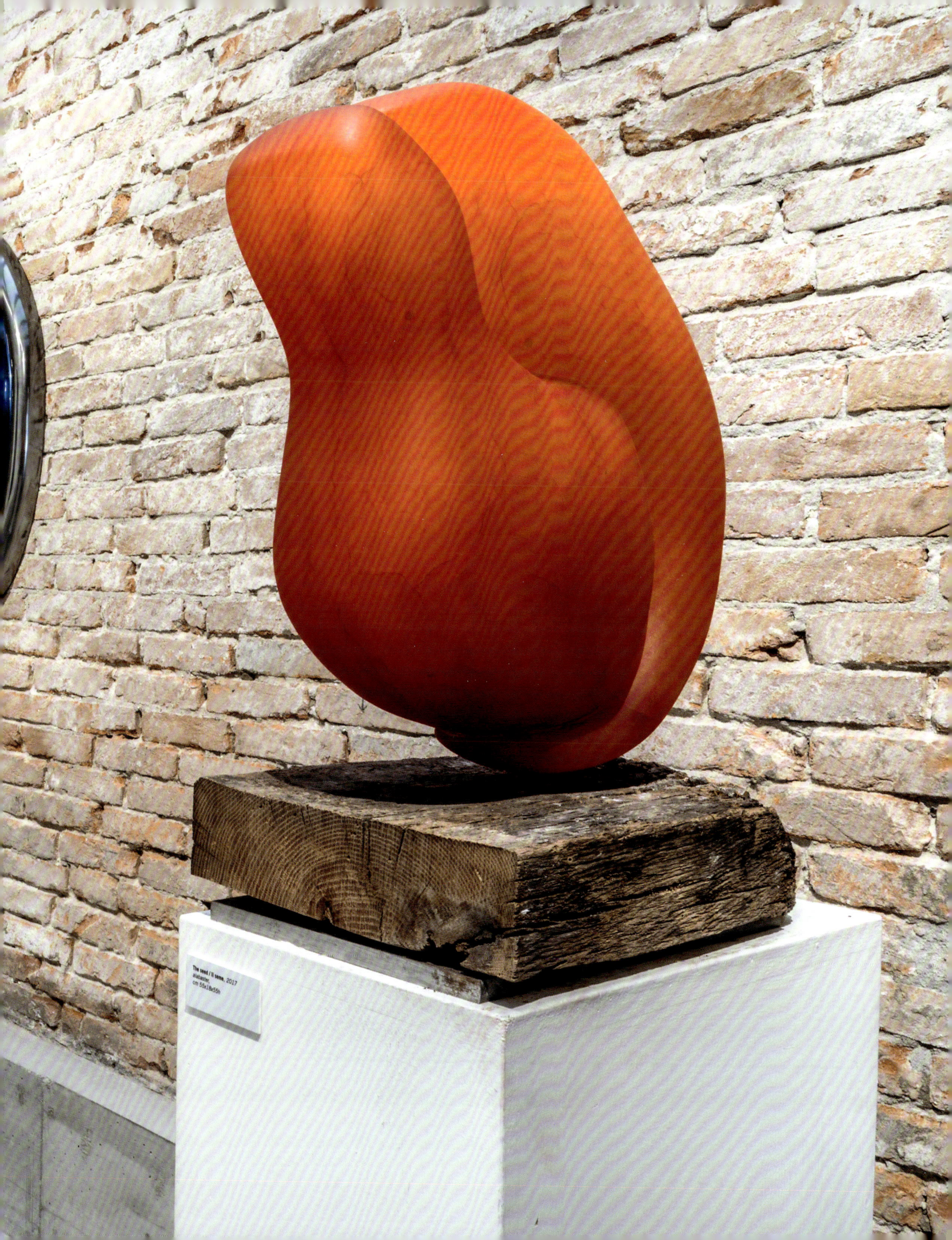
The seed / Il seme, 2017
alabaster,
cm 55x18x55h

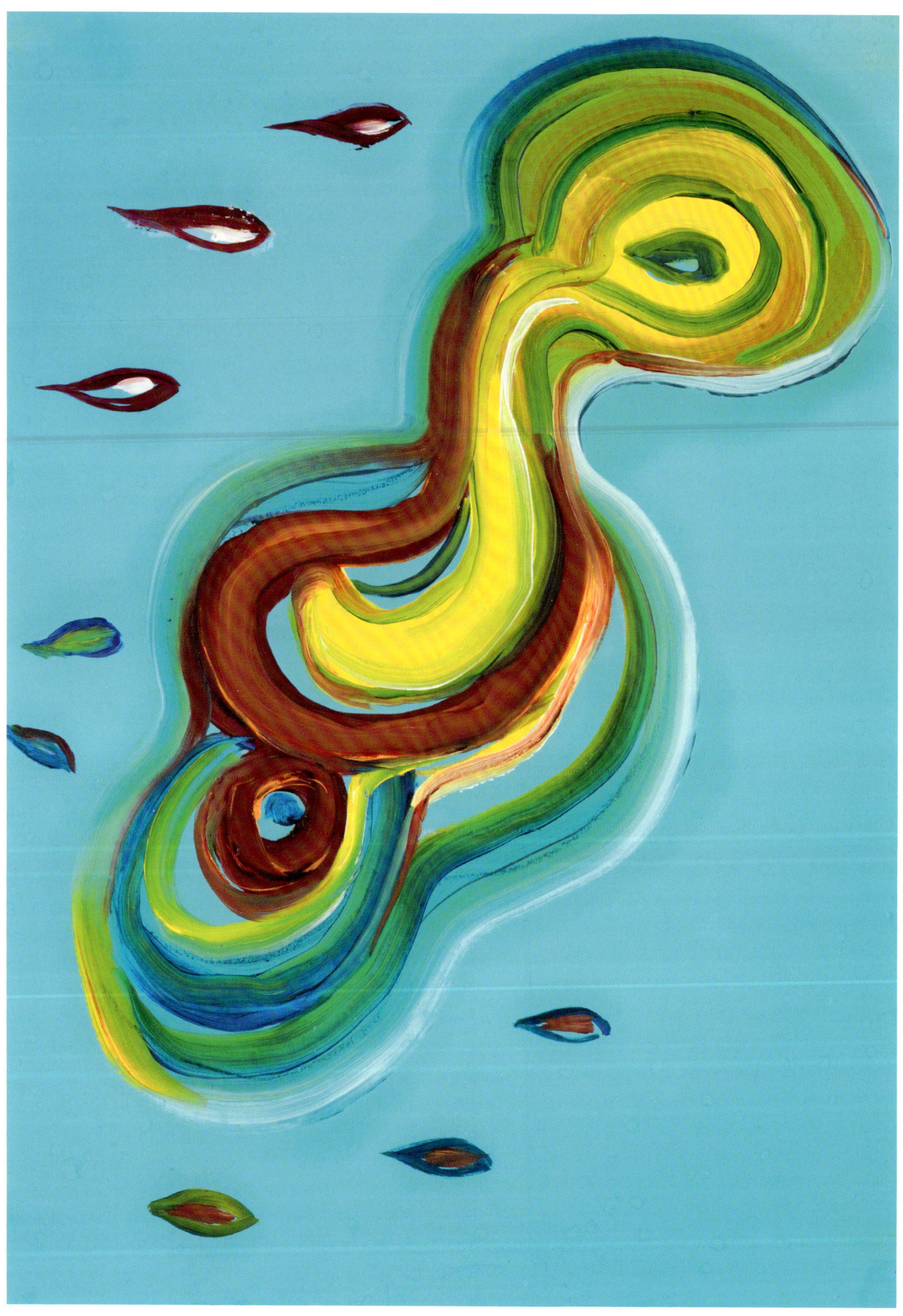

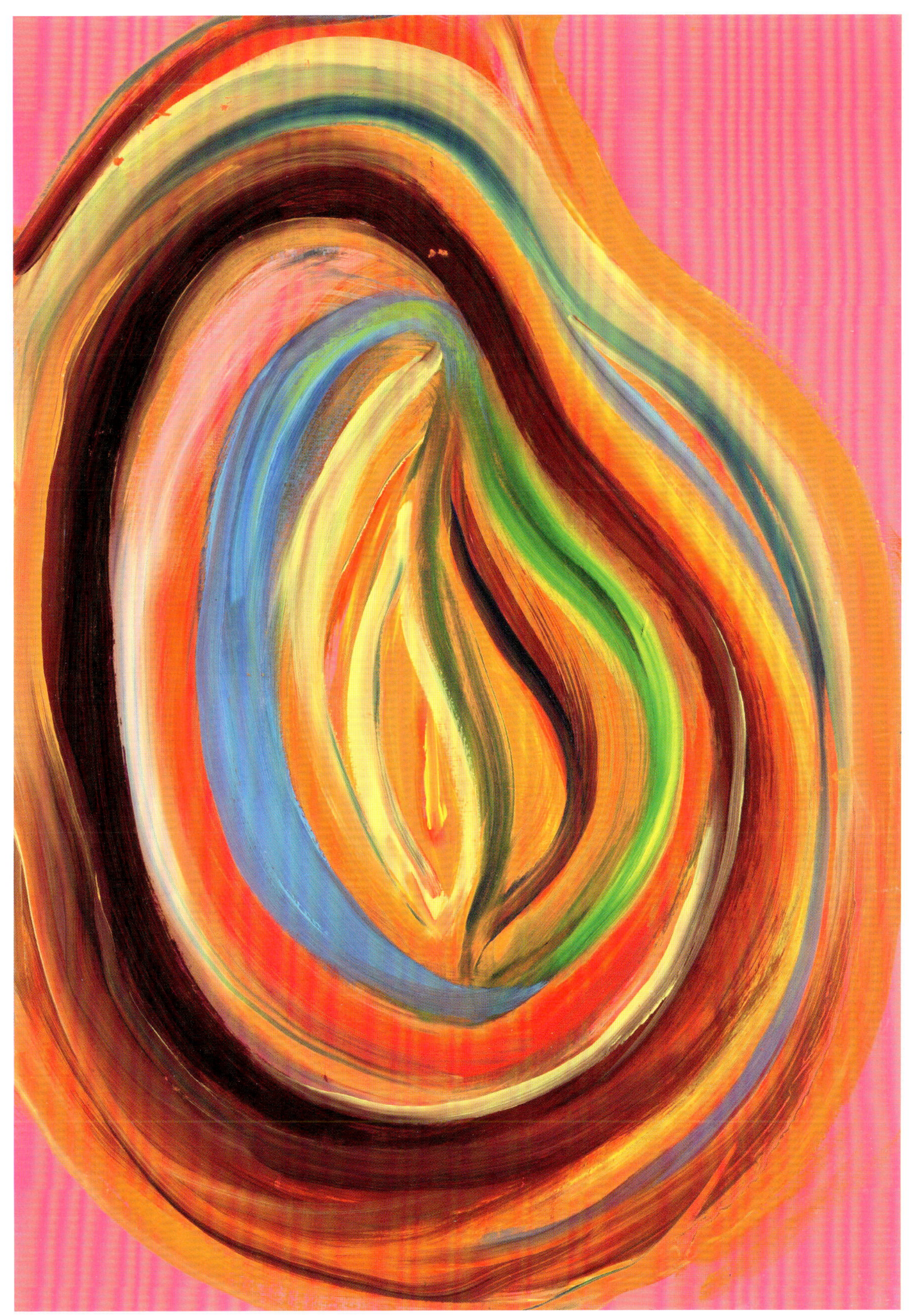

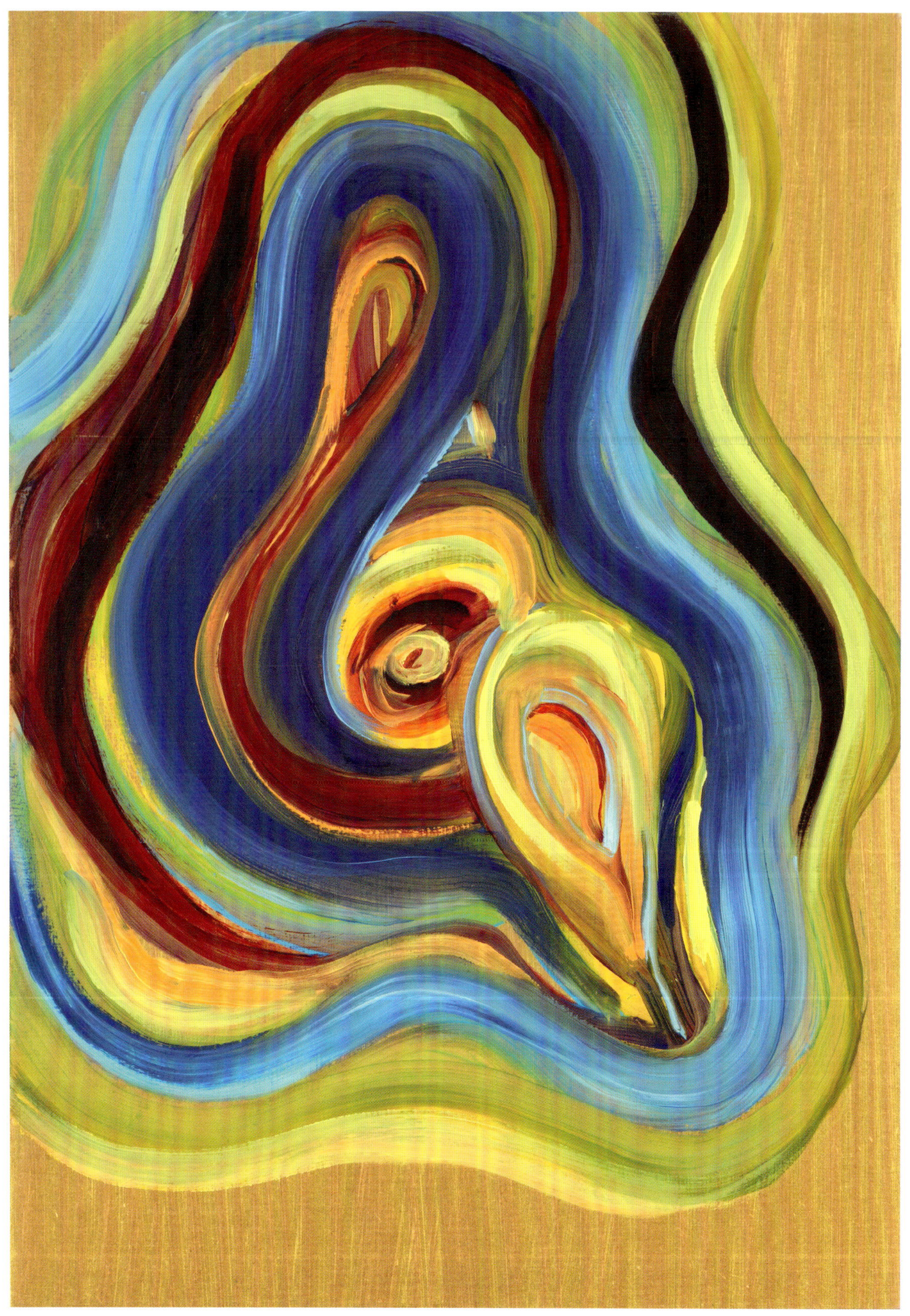

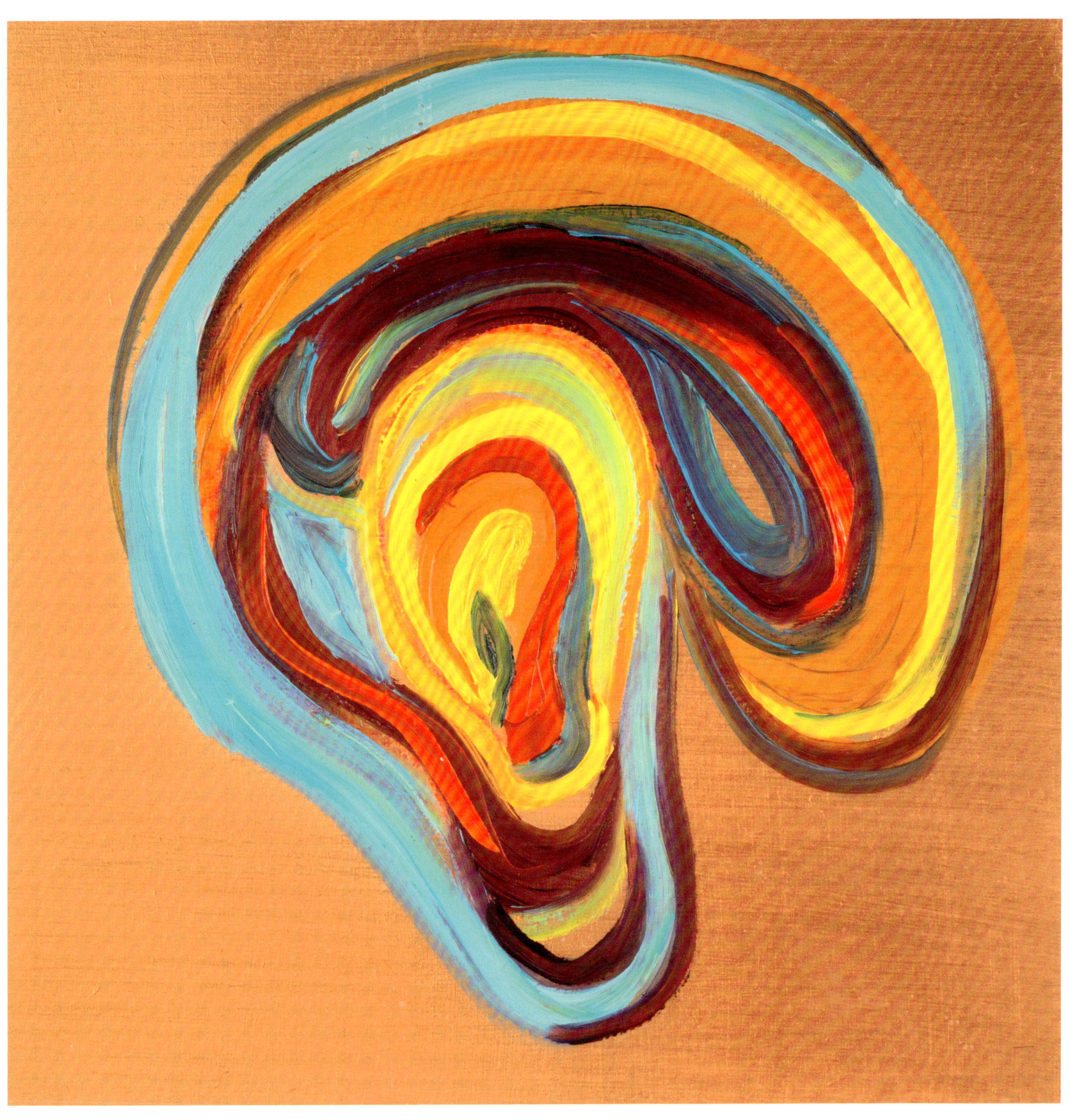

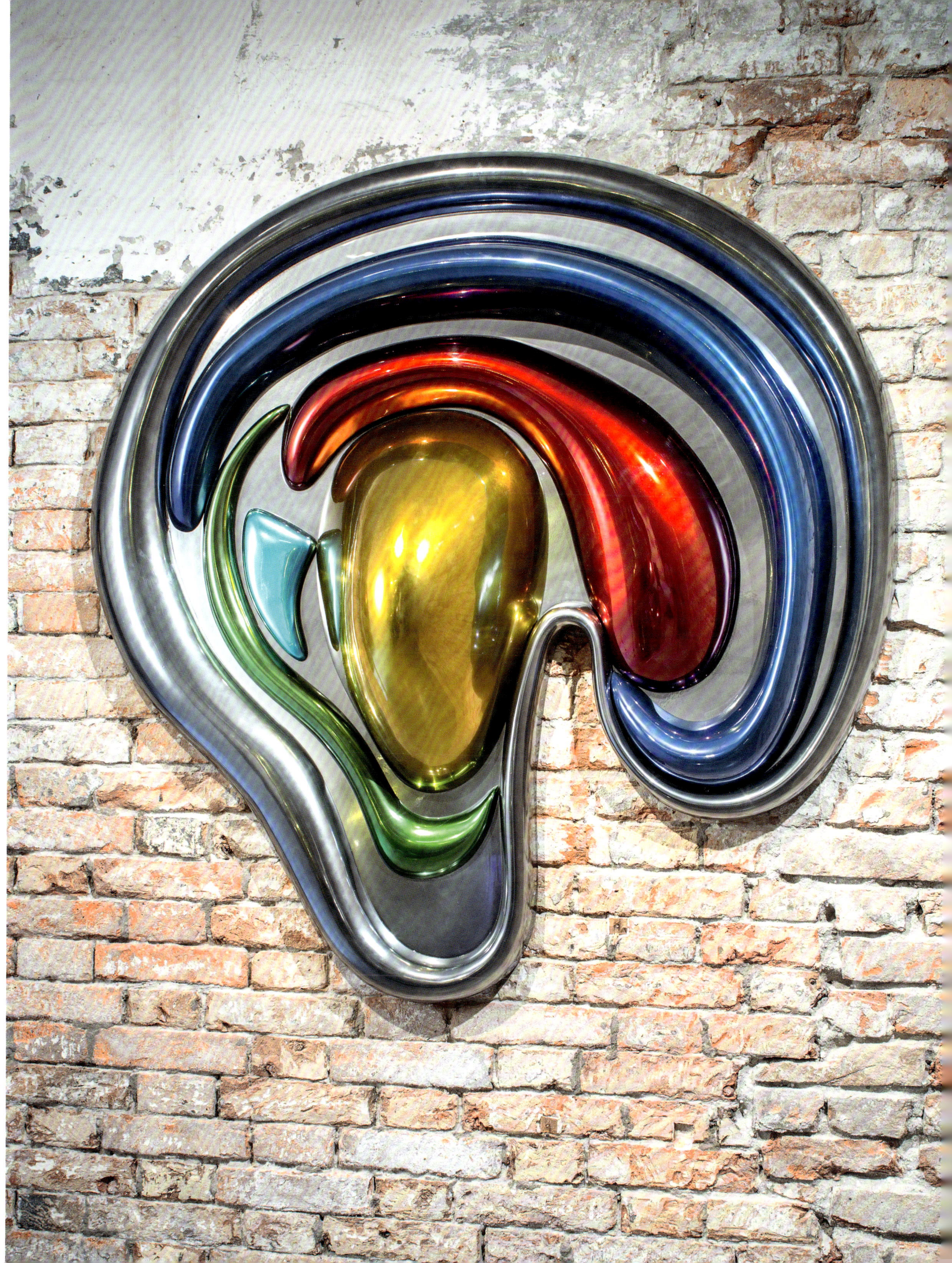

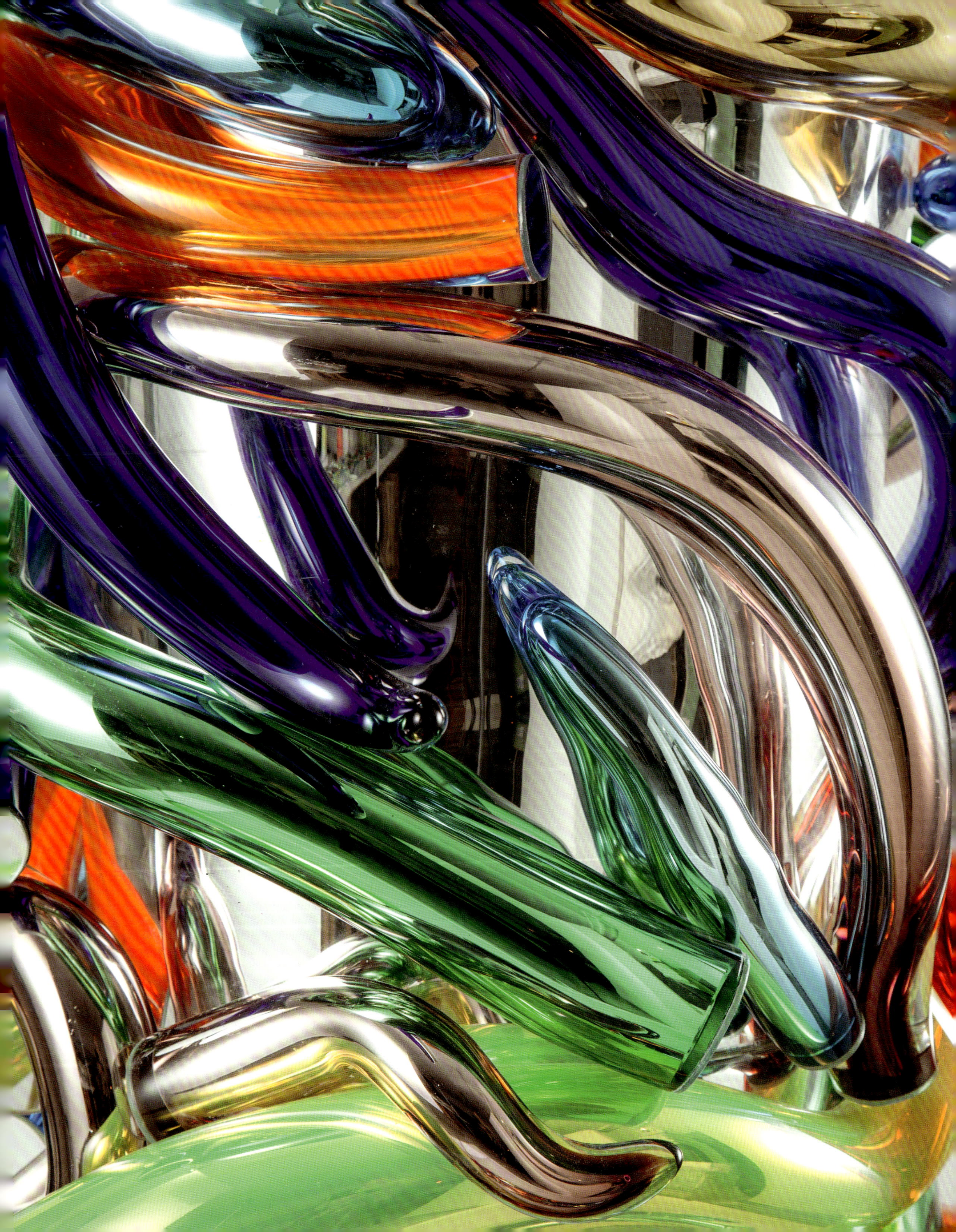

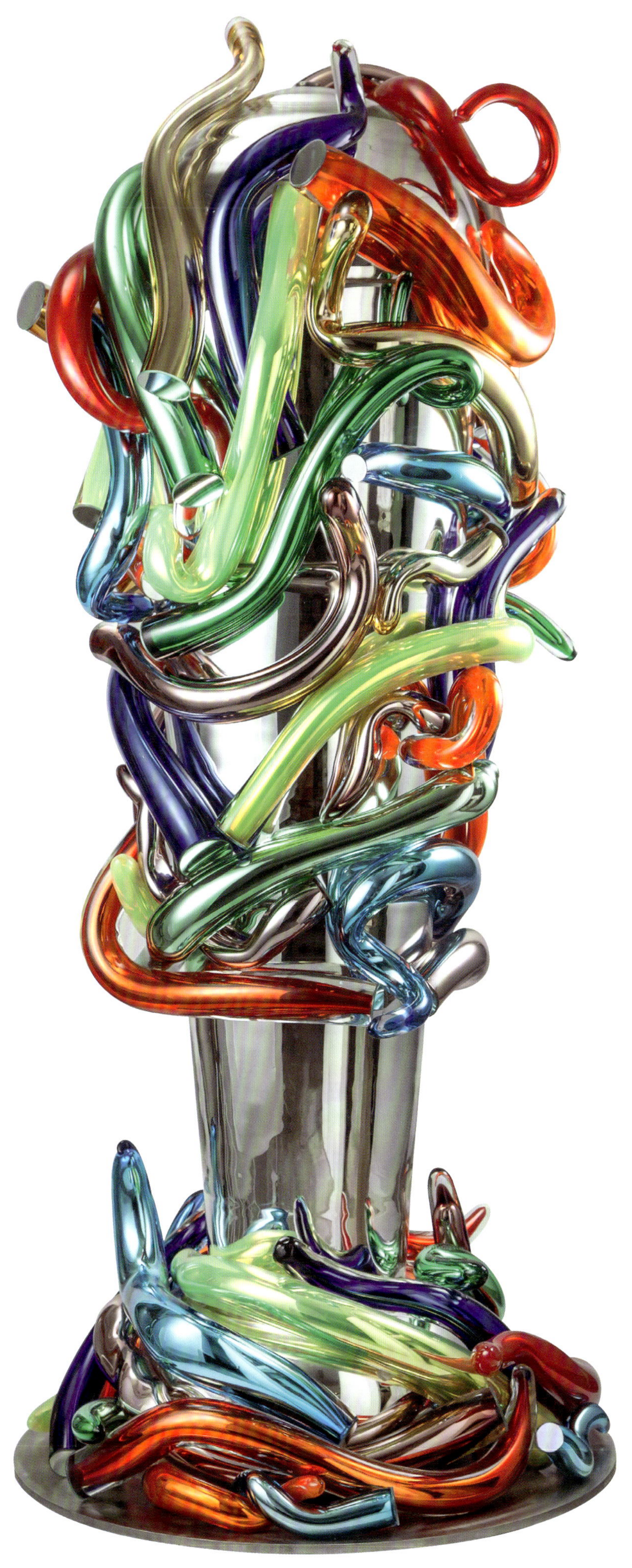

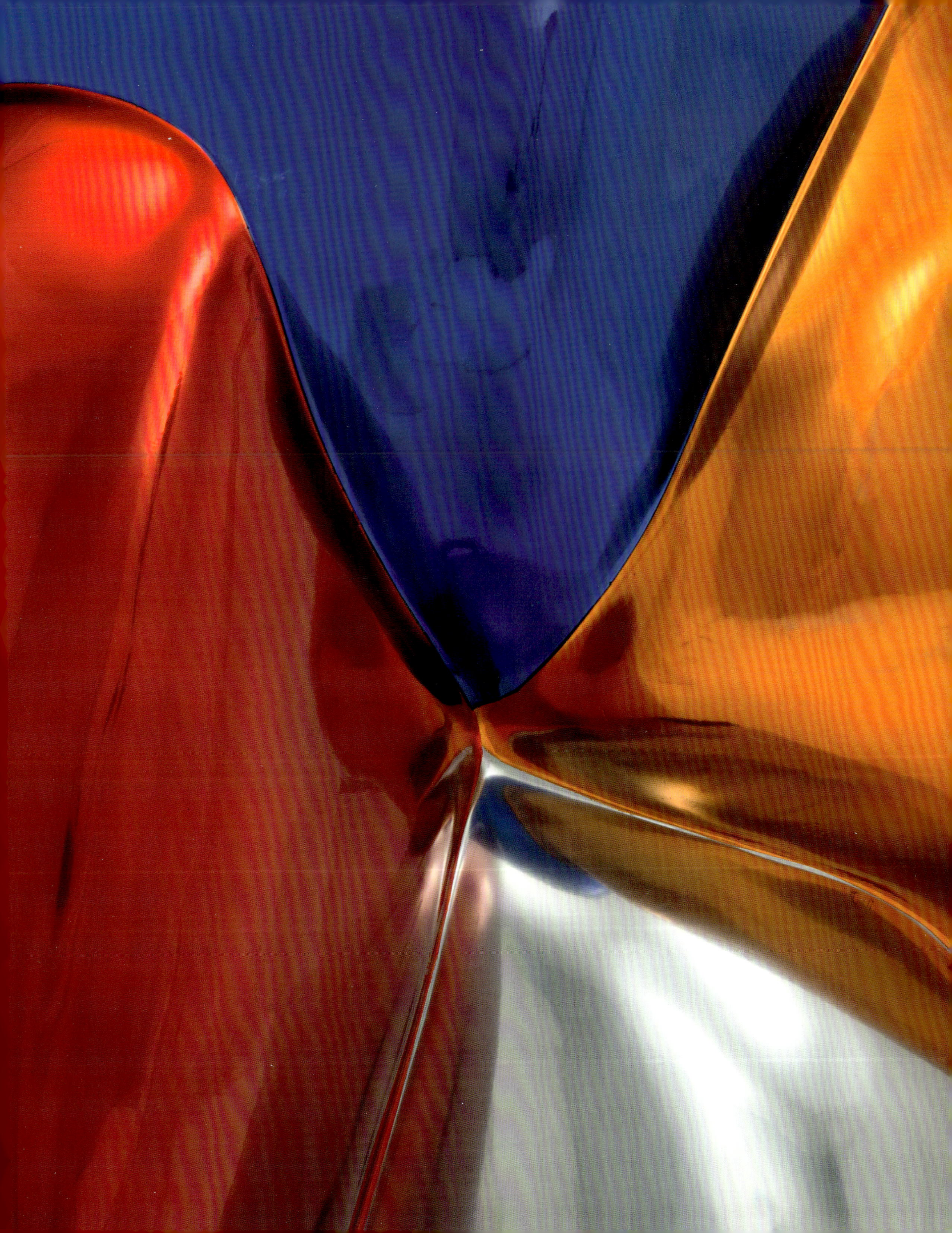

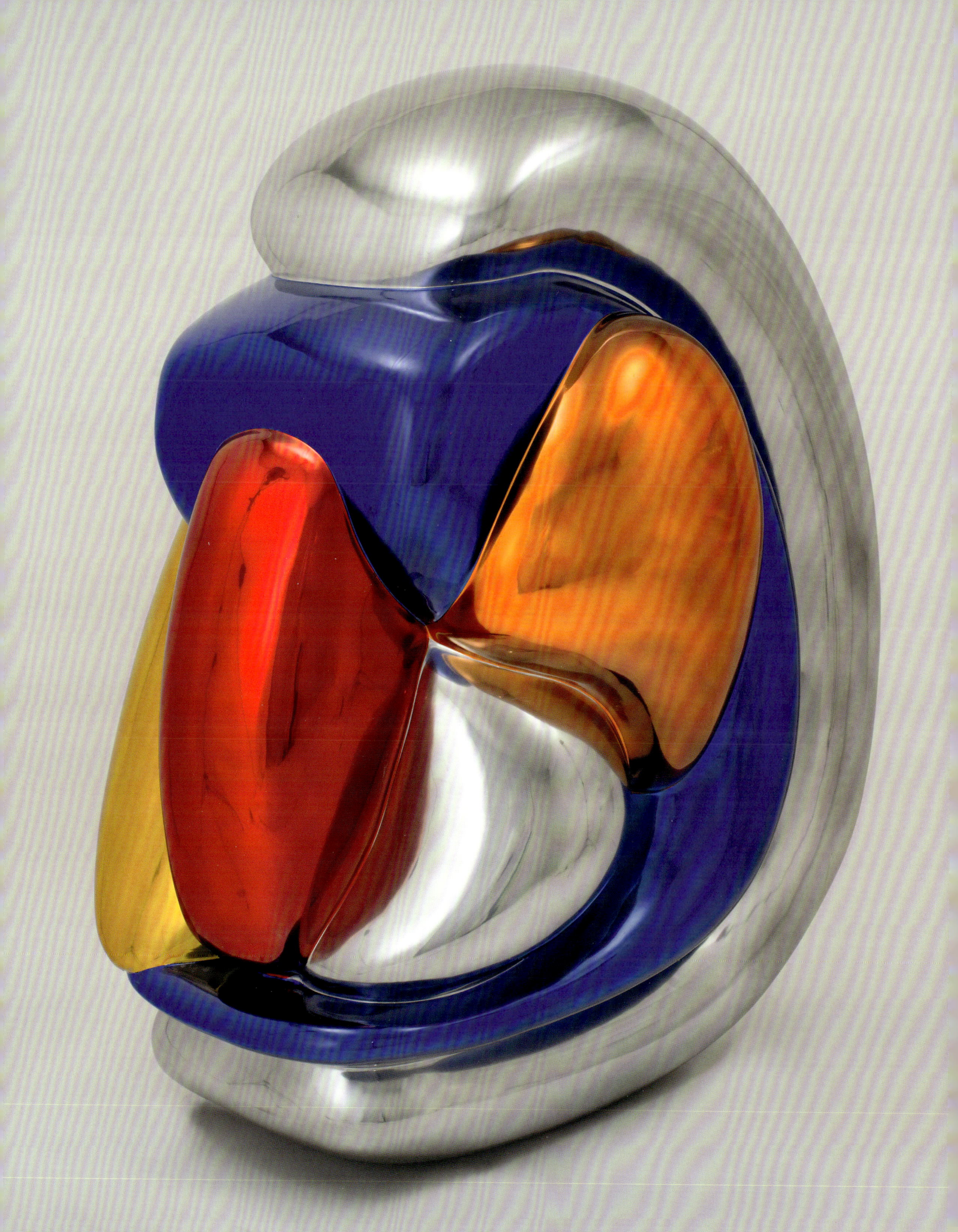

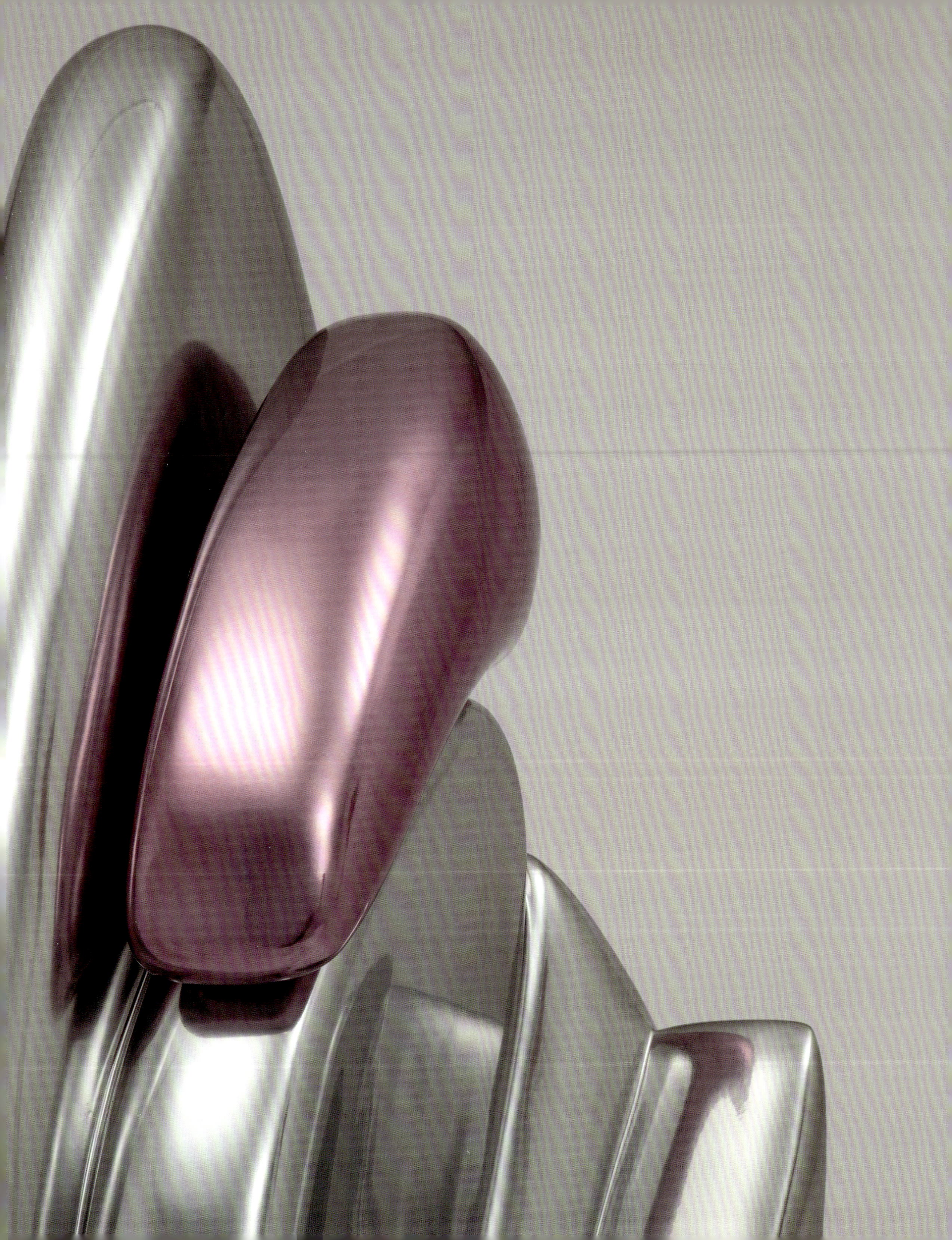

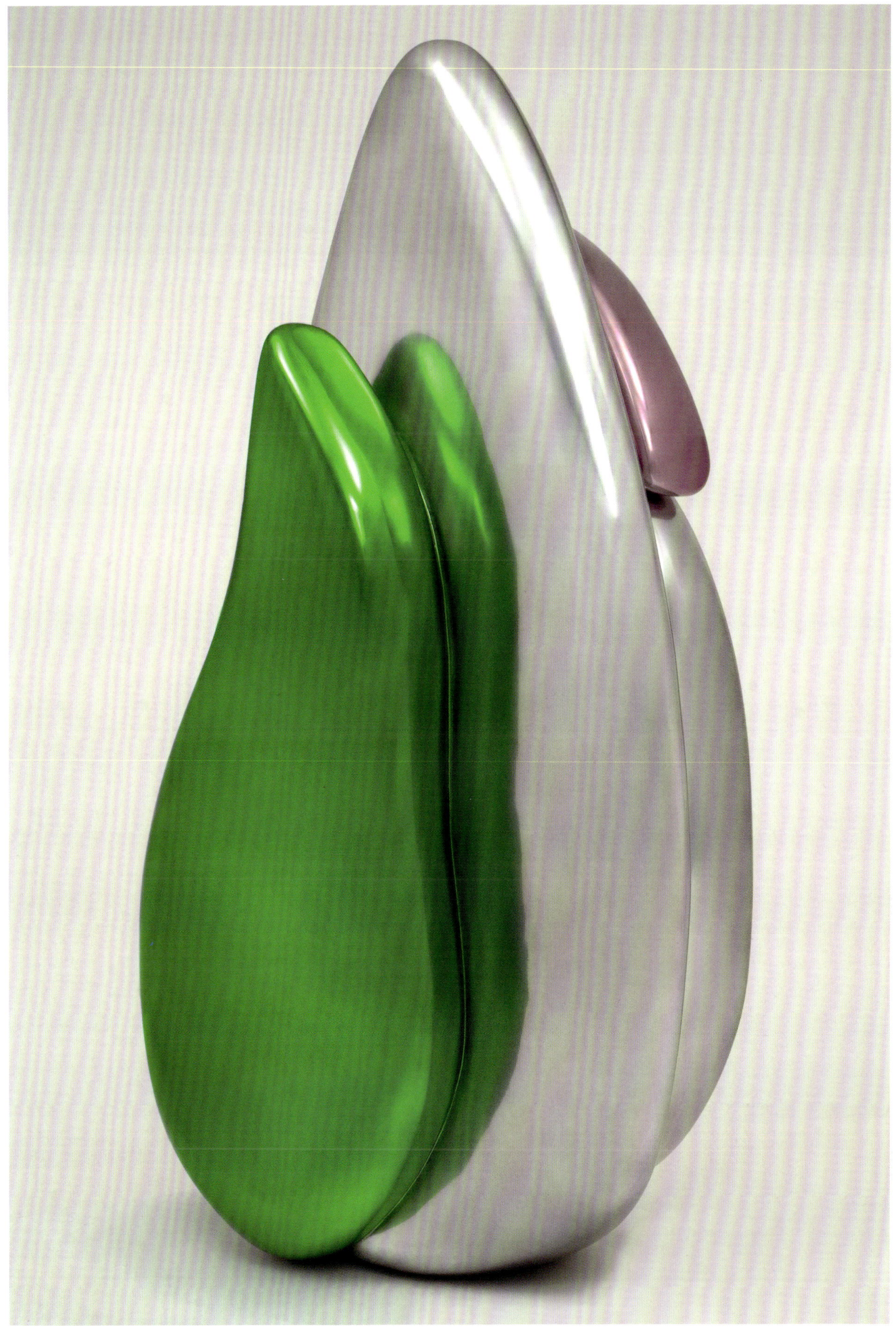

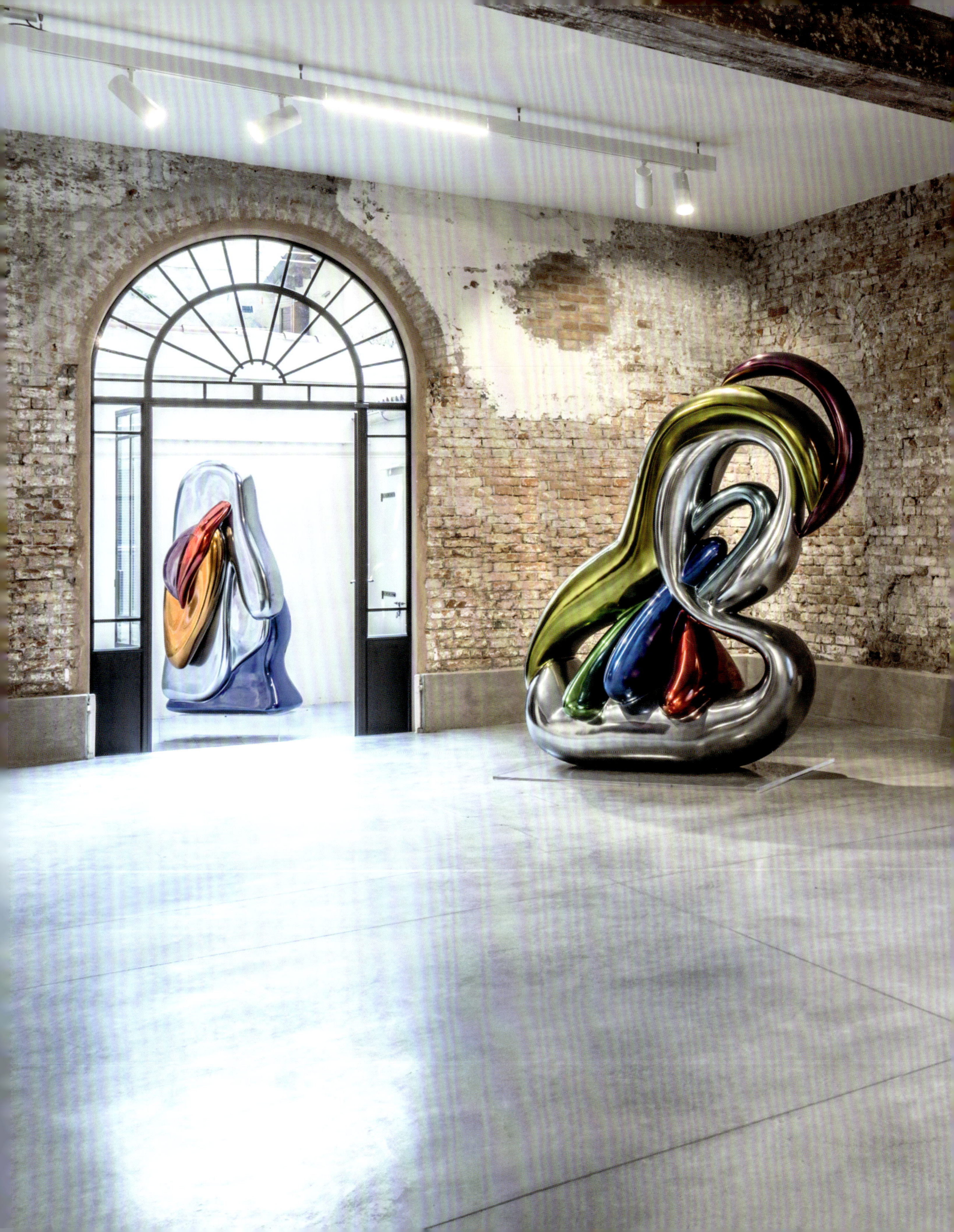

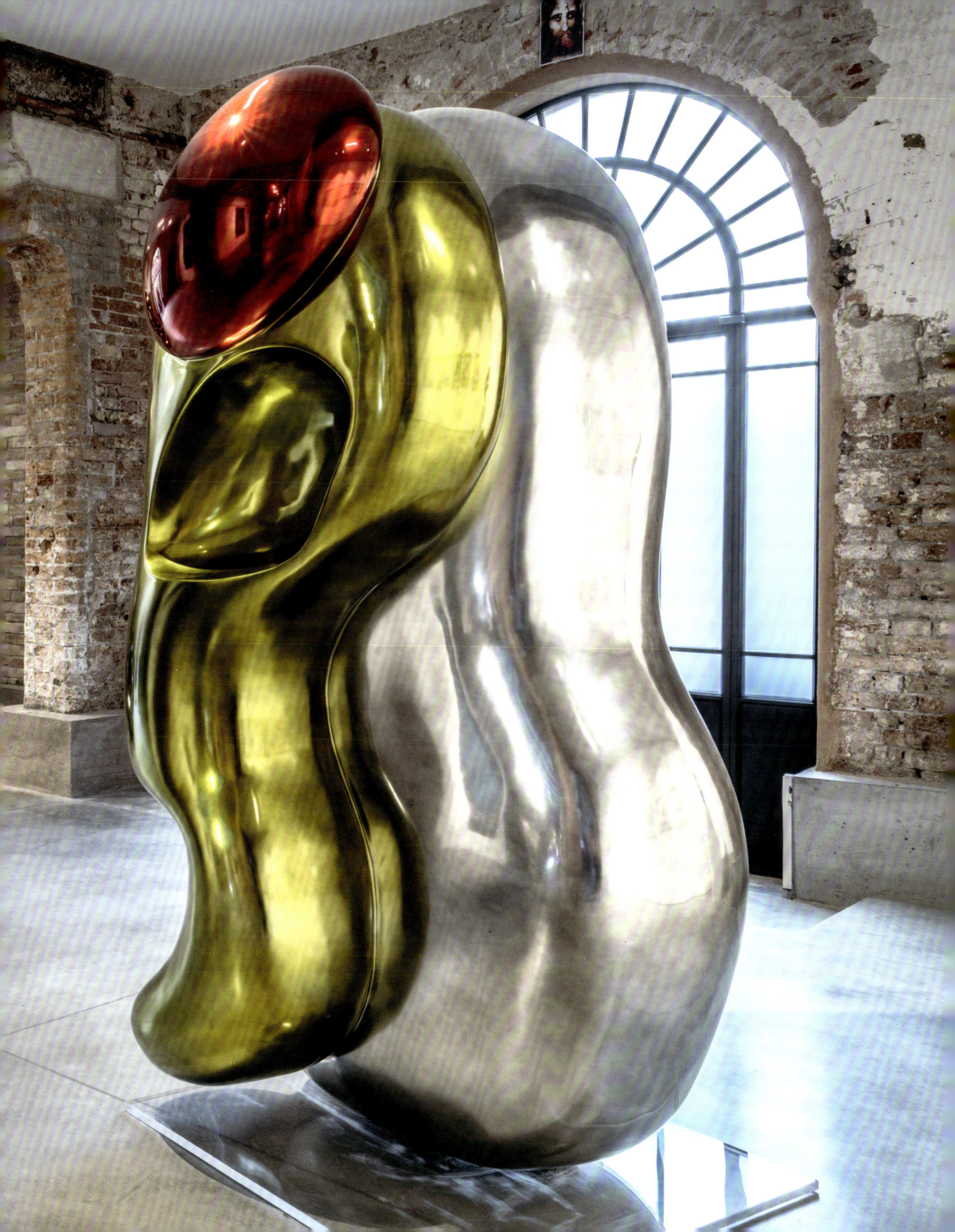

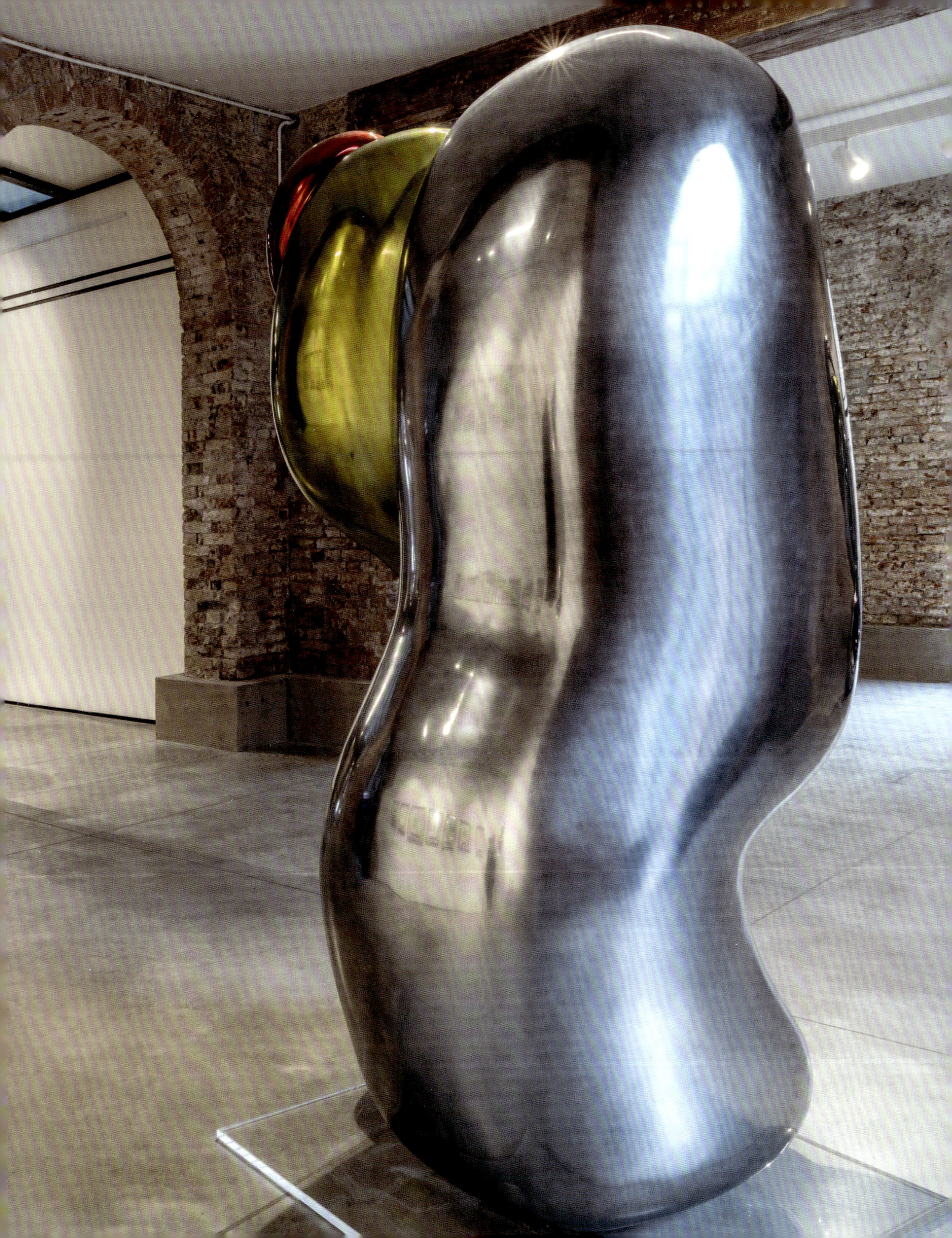

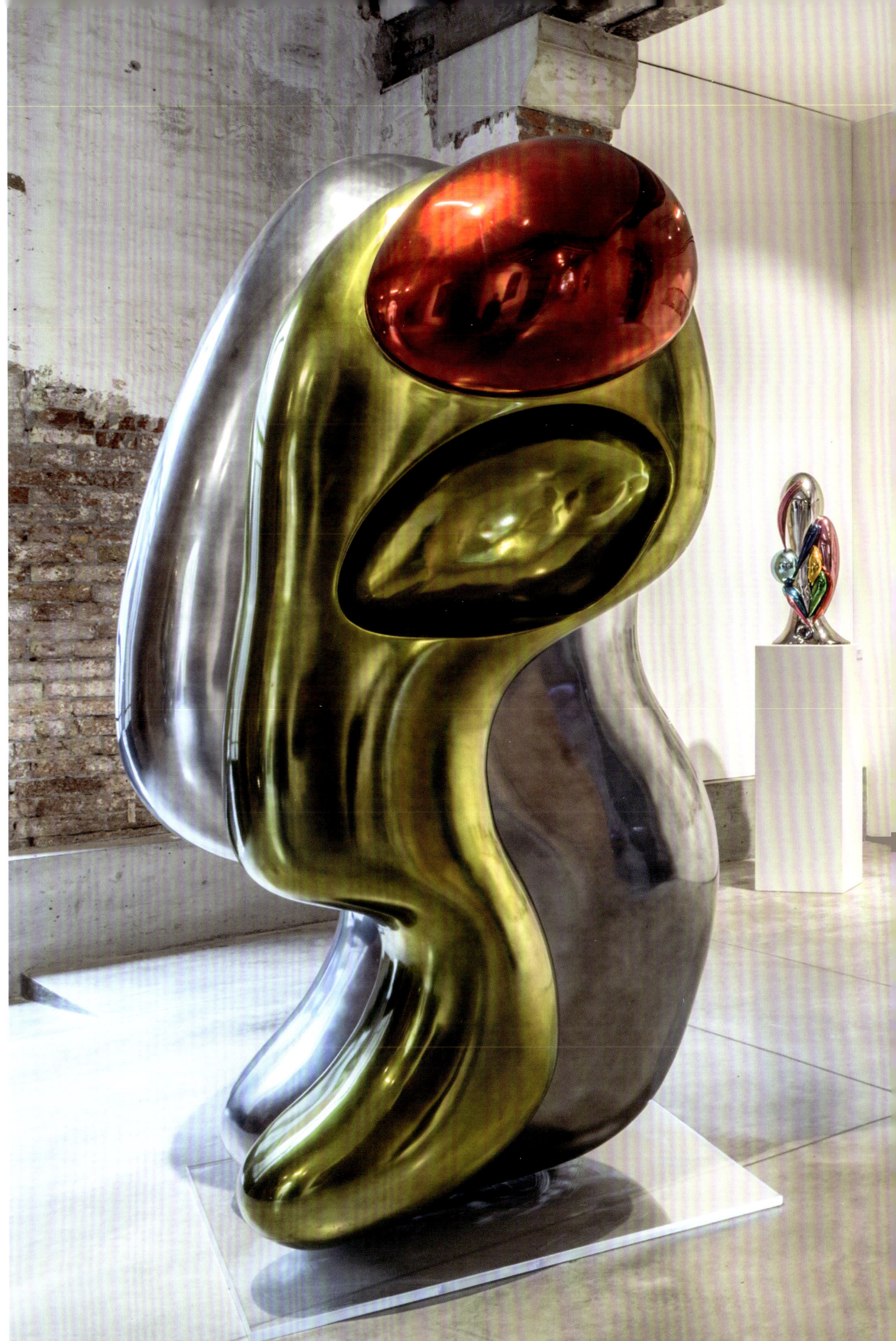

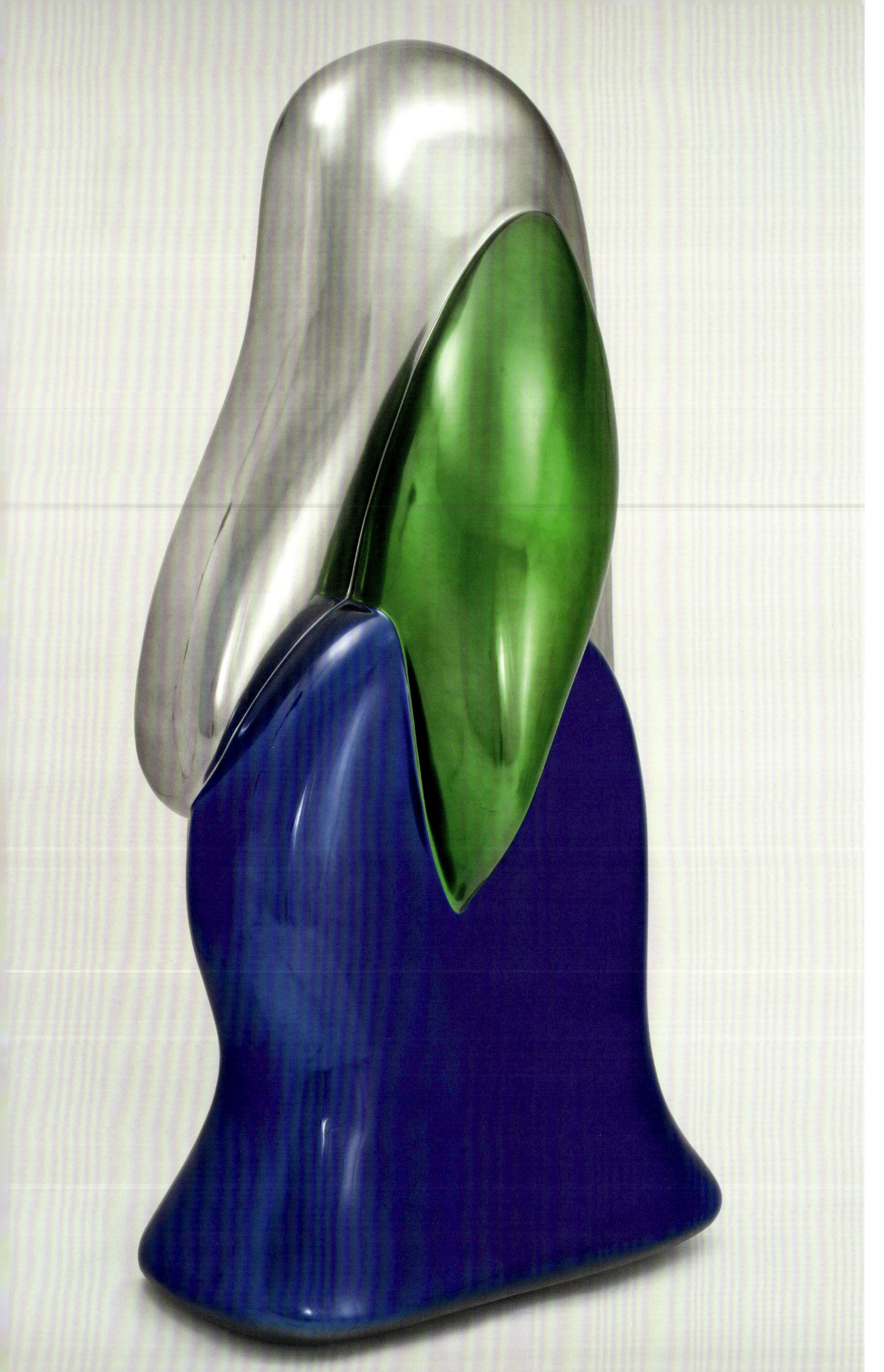

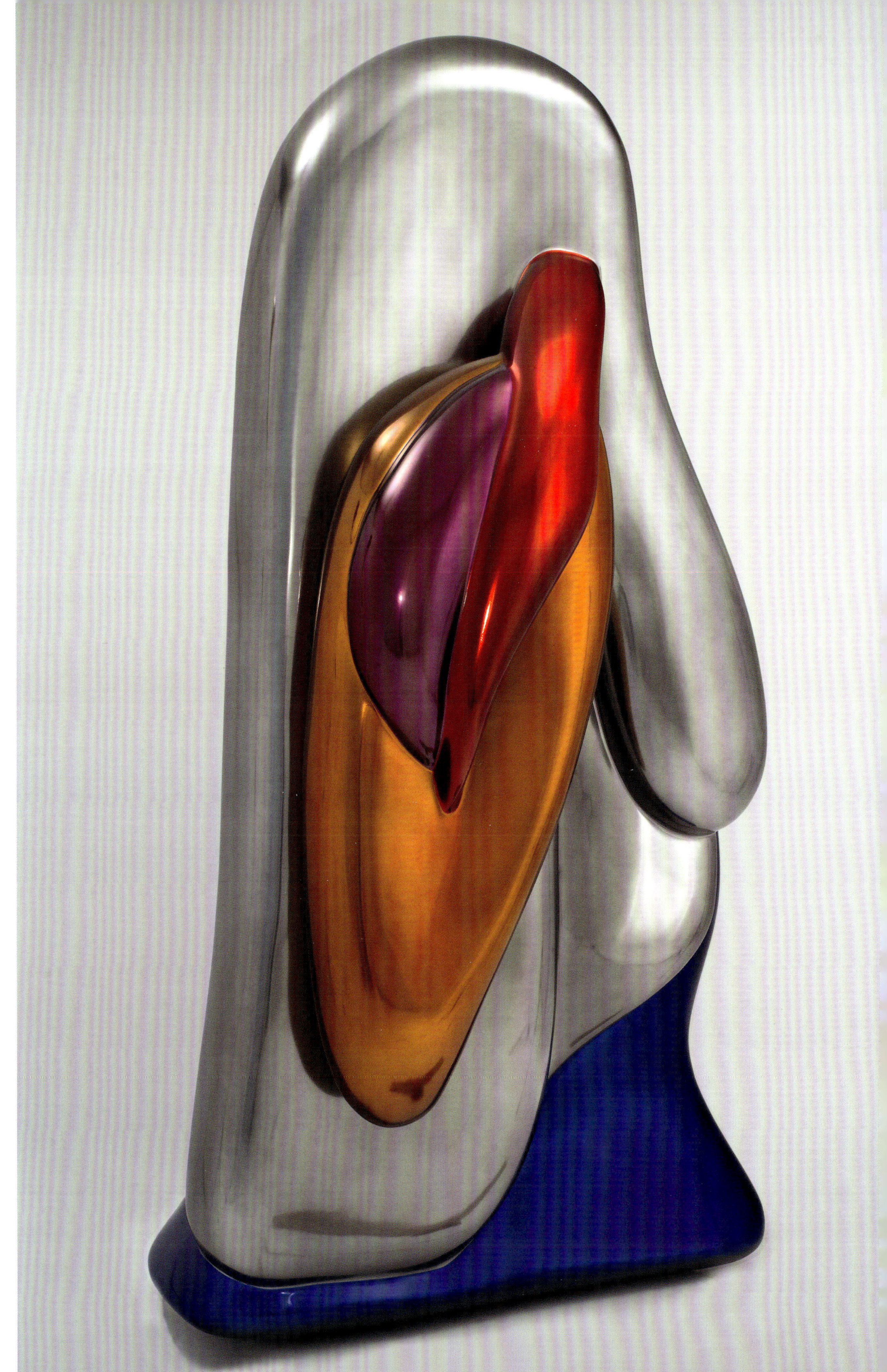

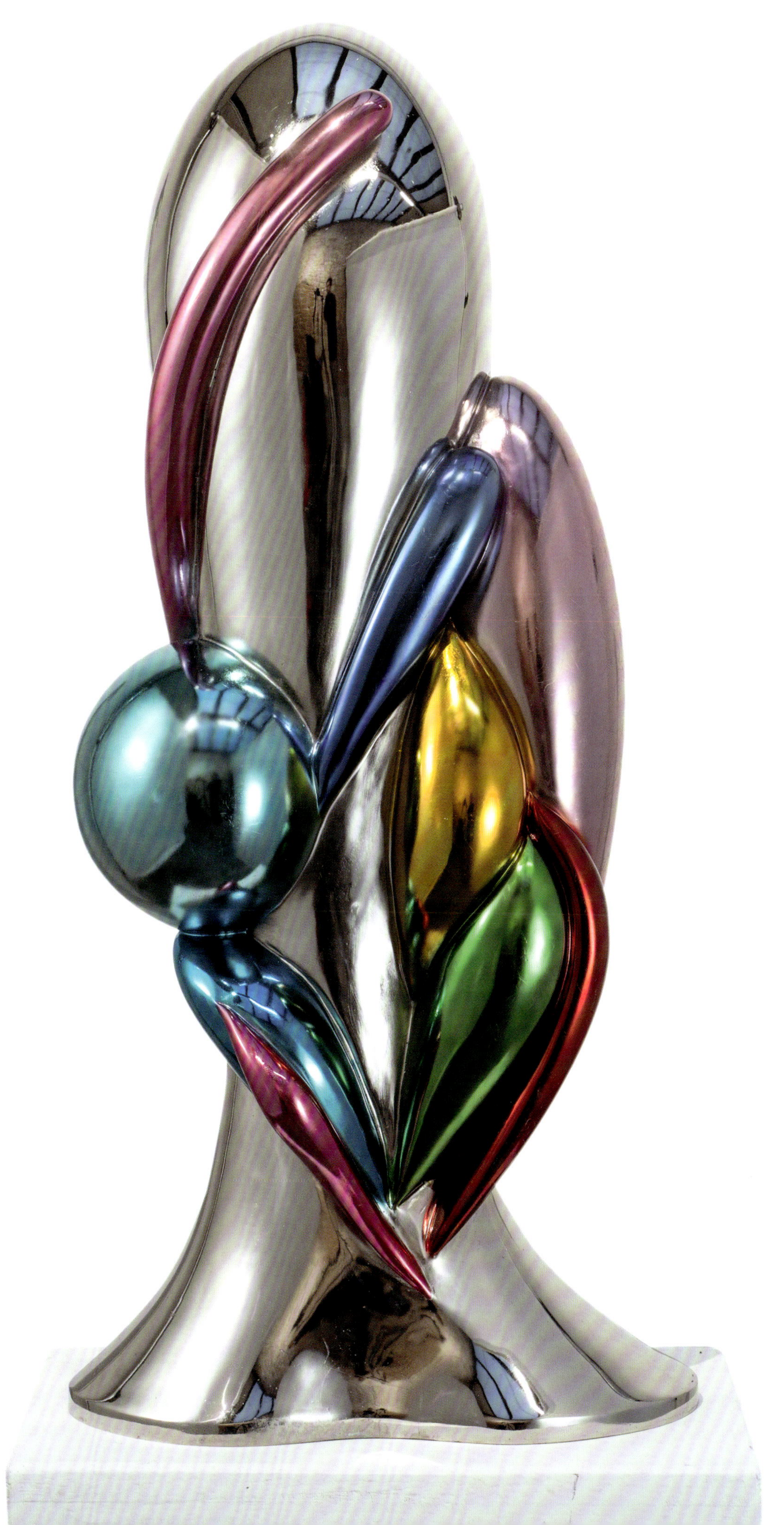

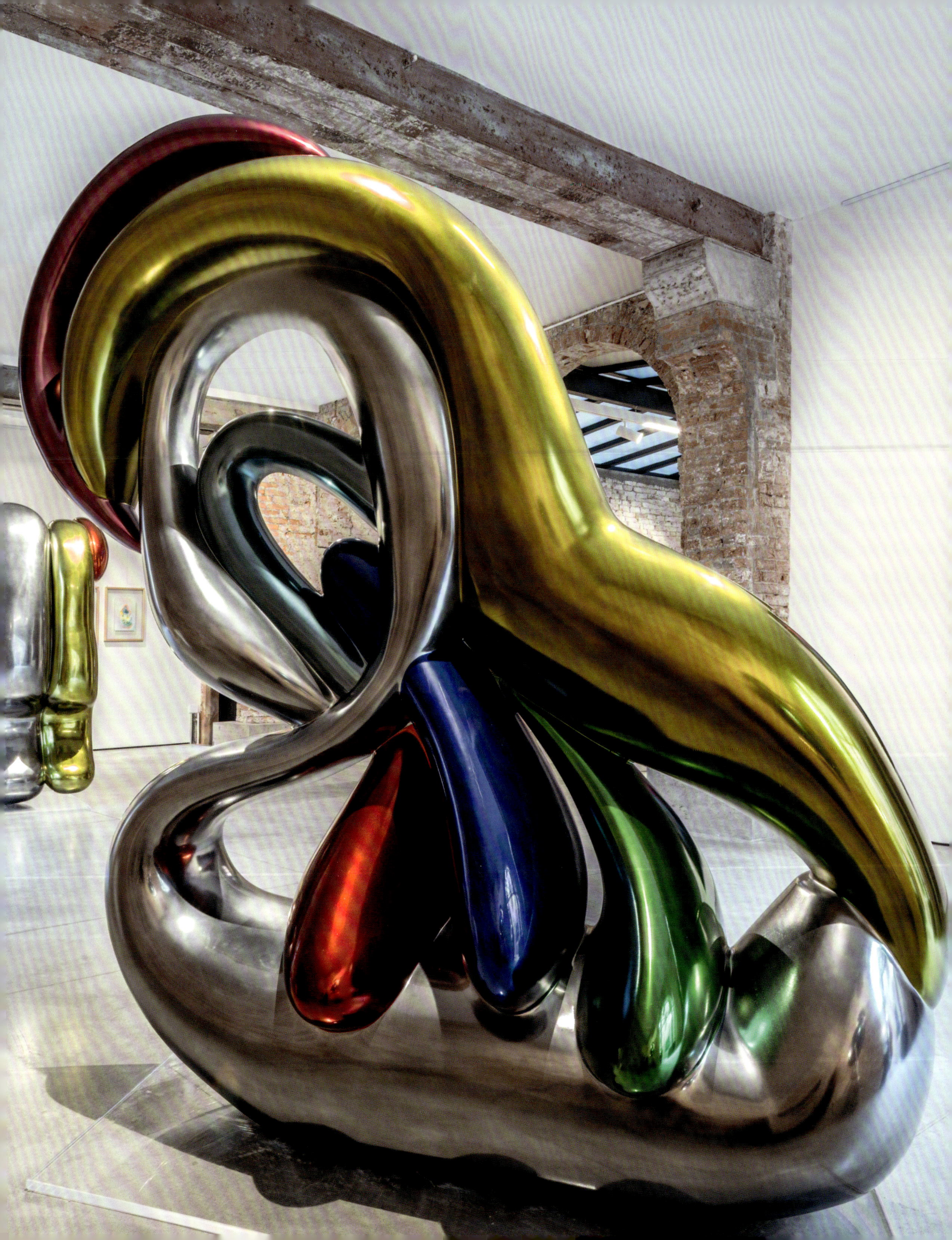

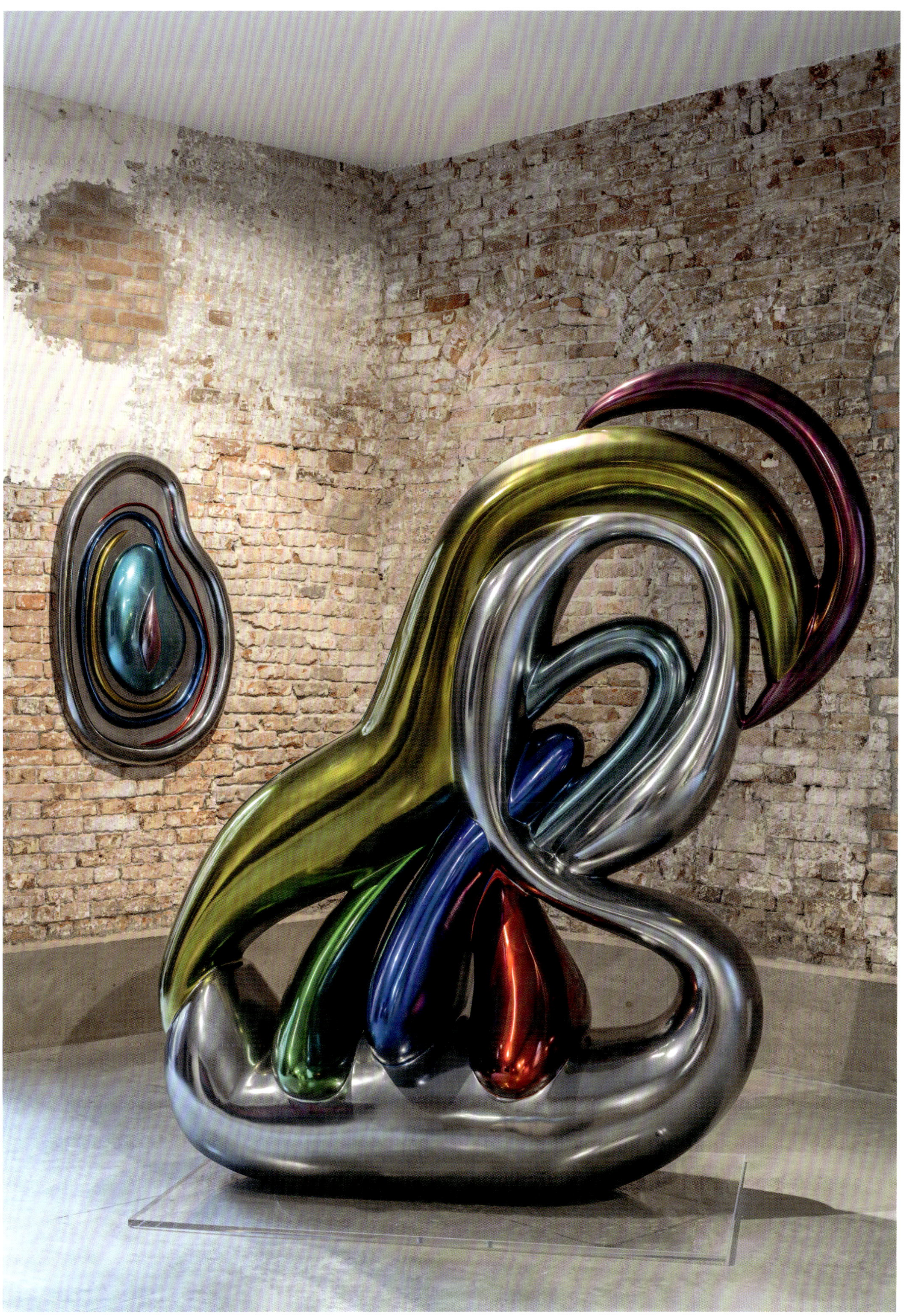

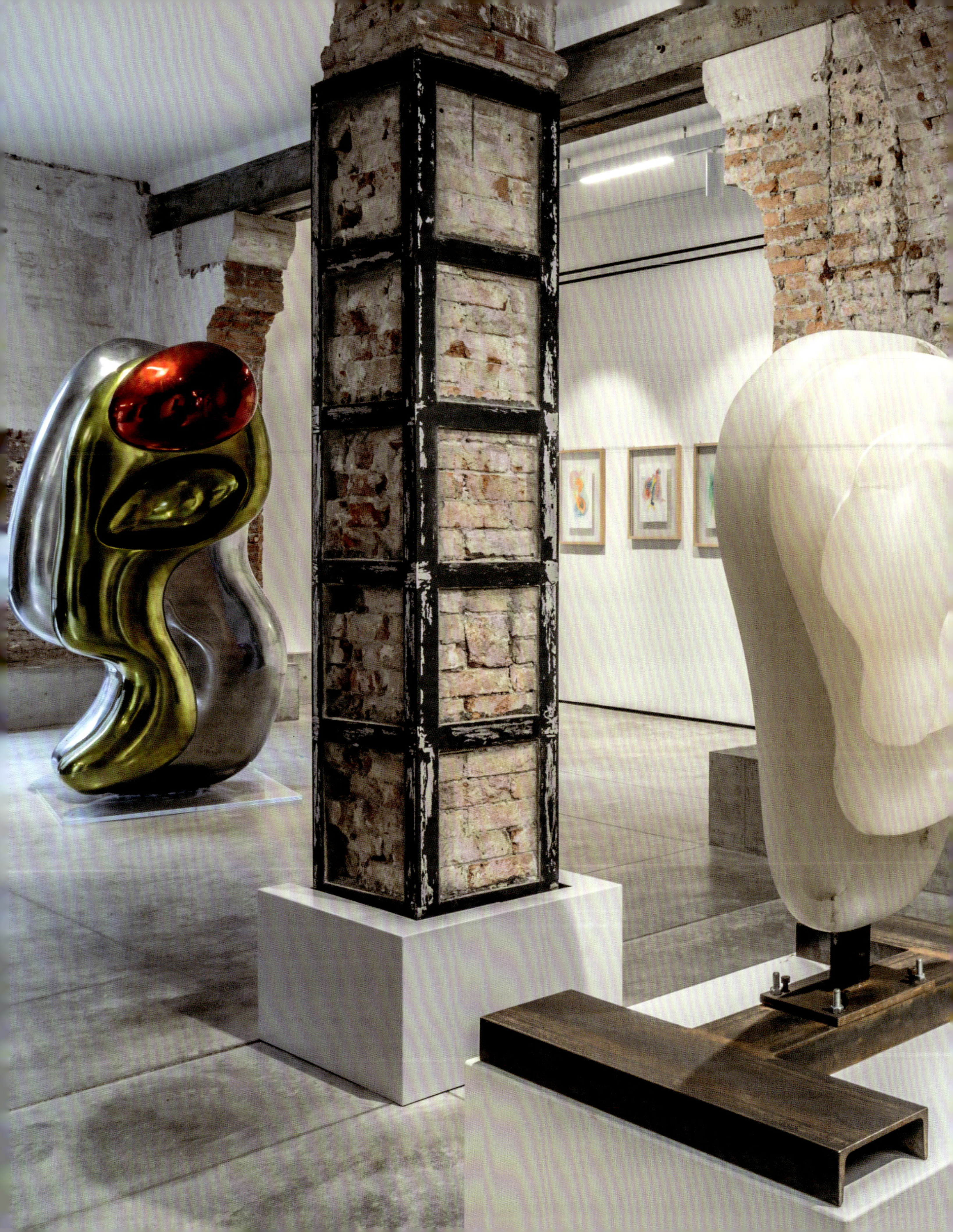

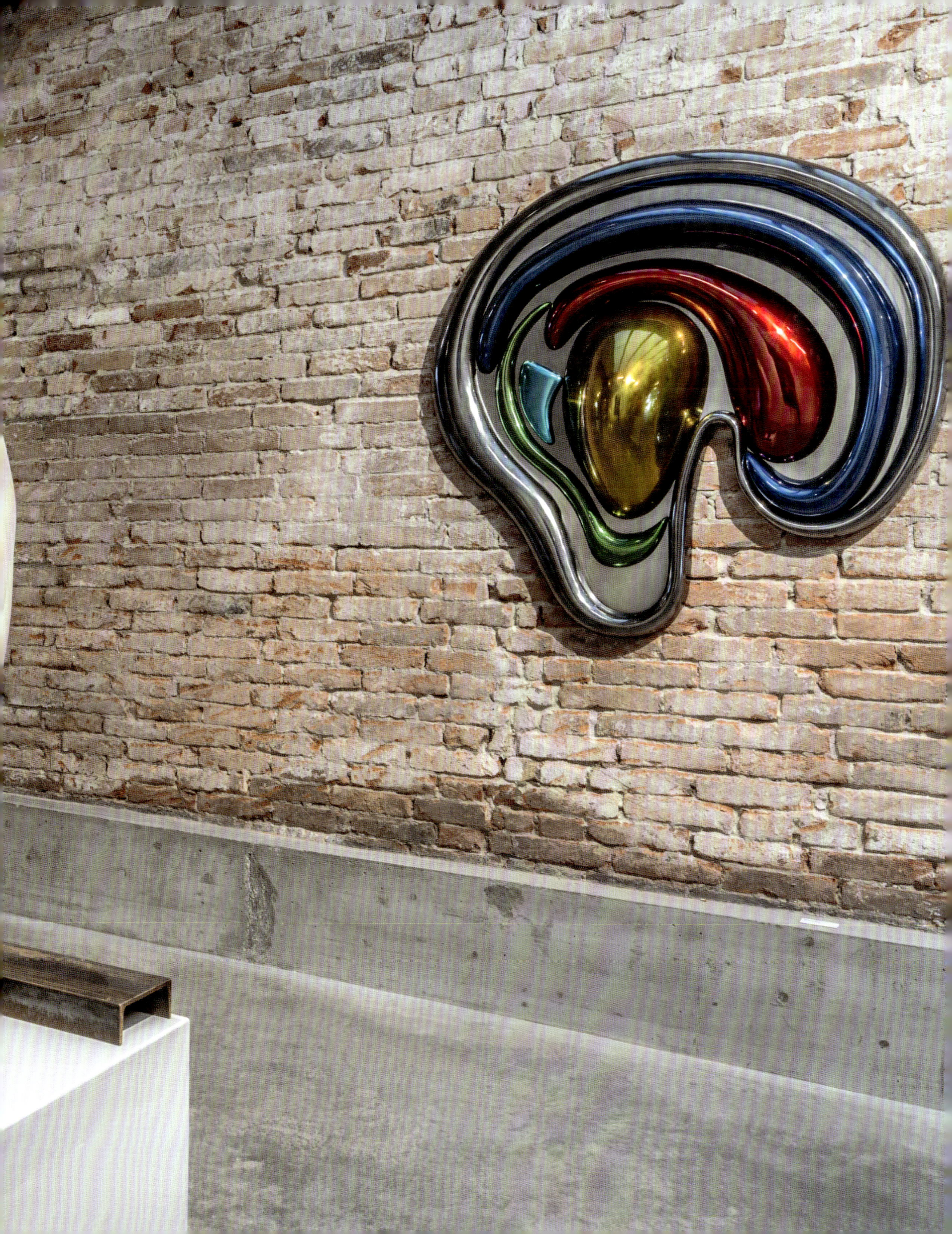

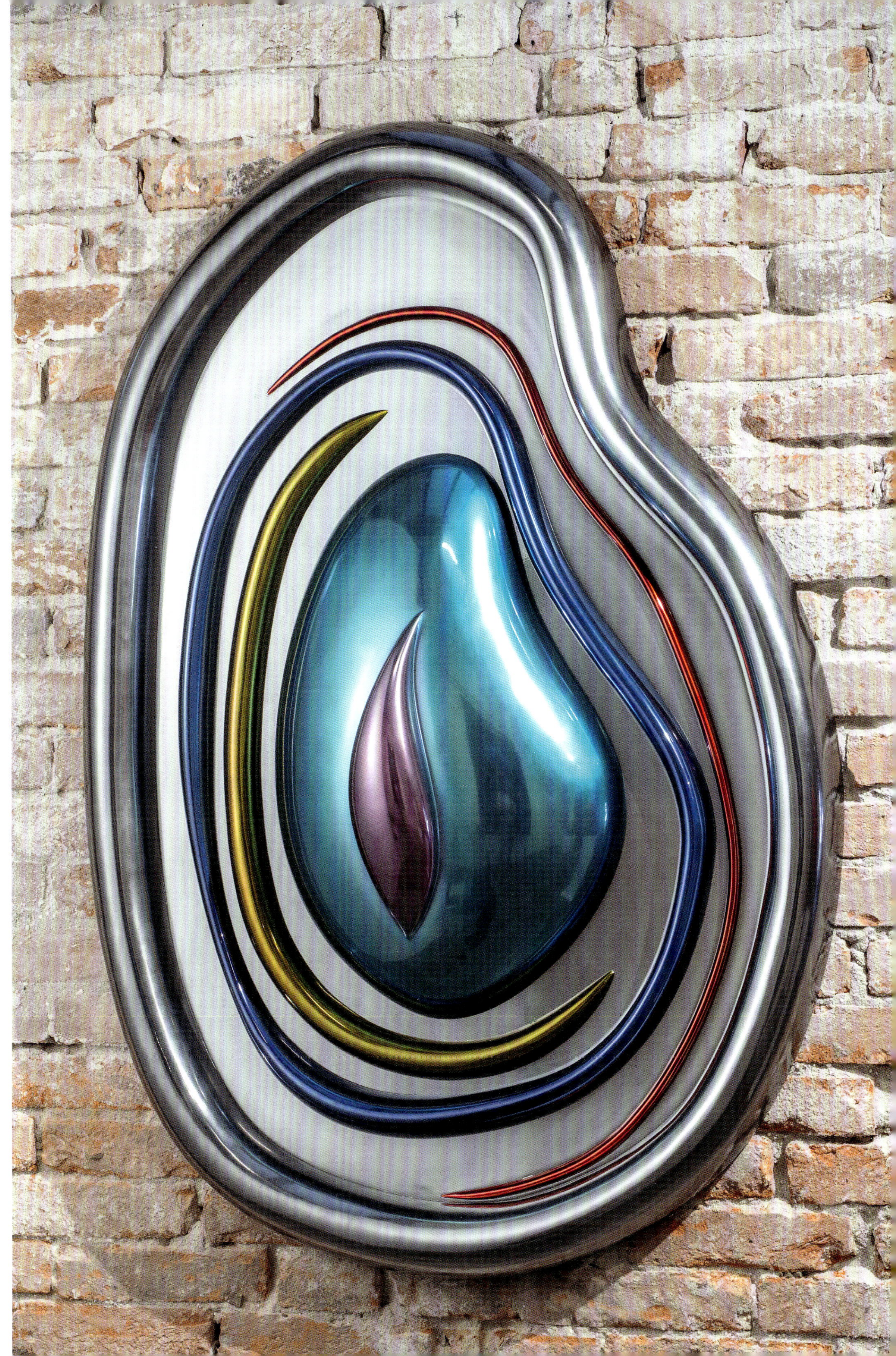

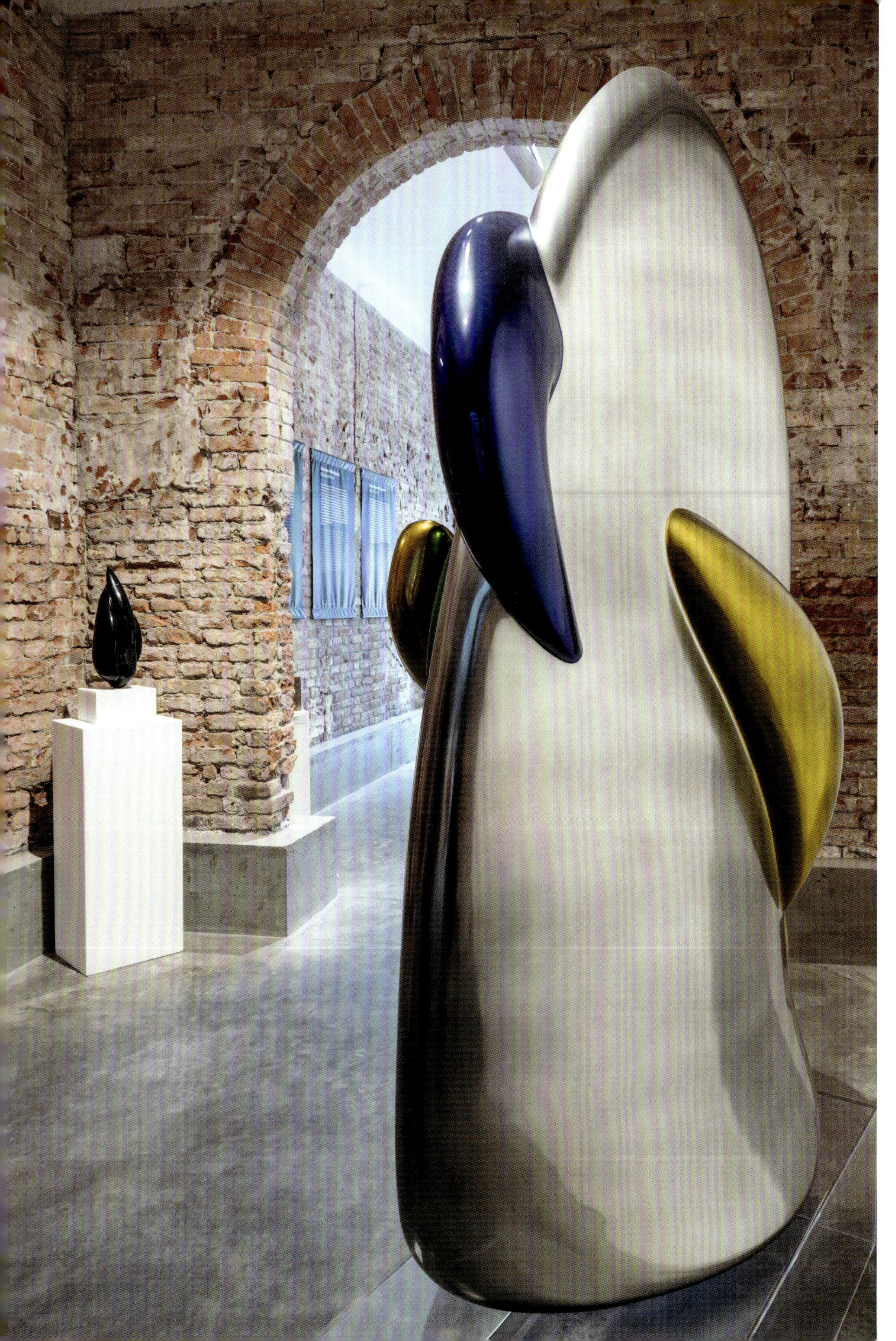

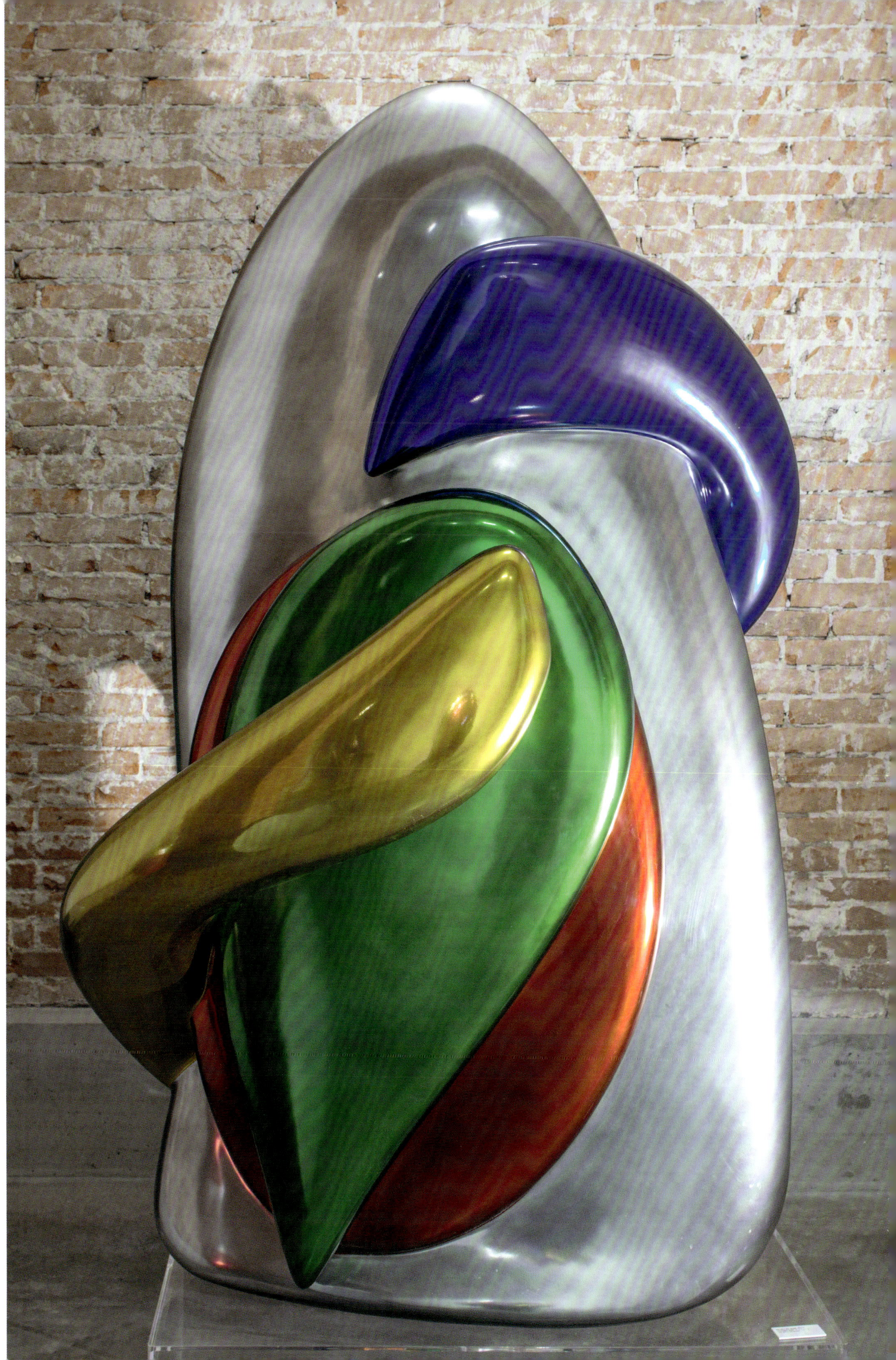

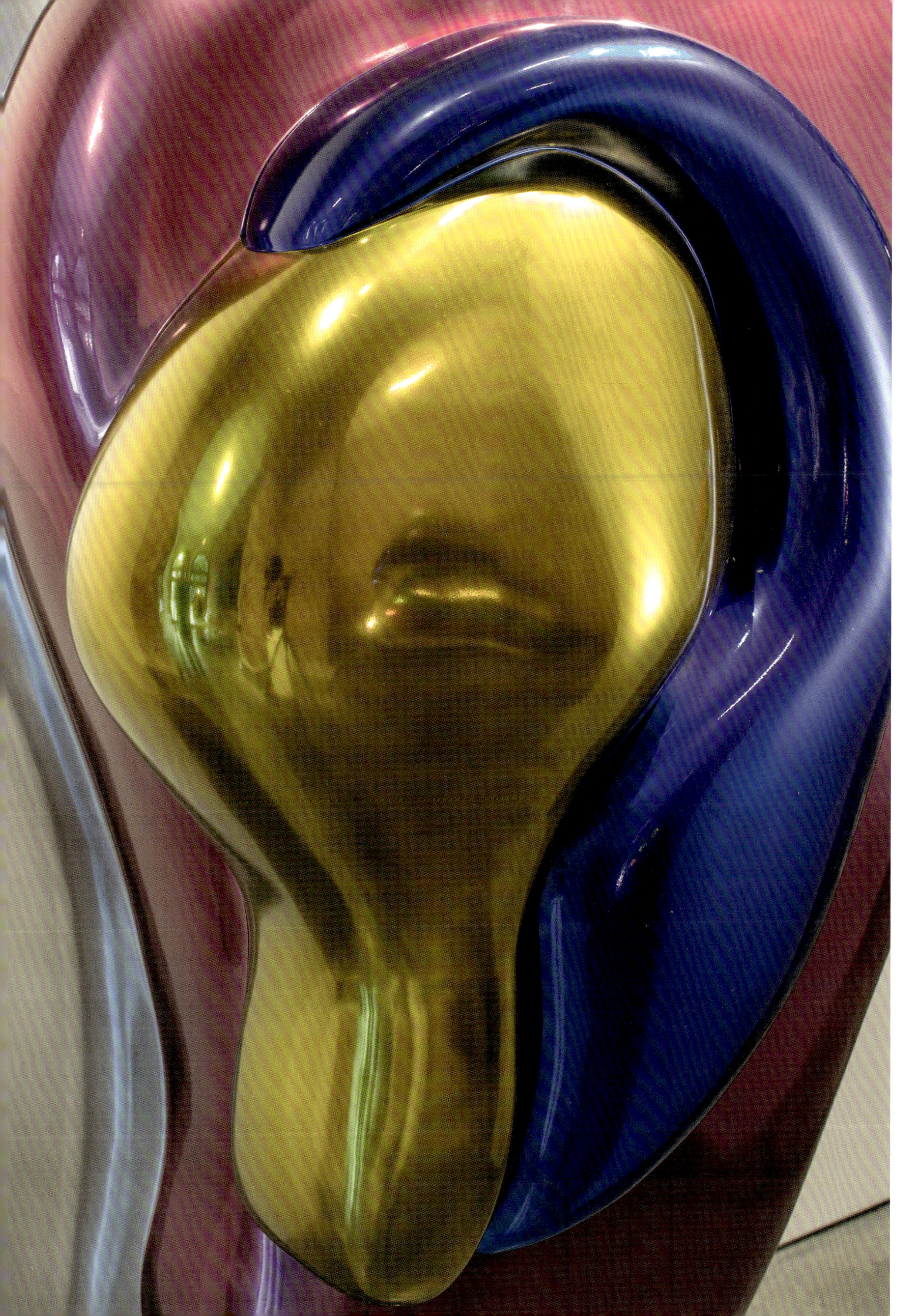

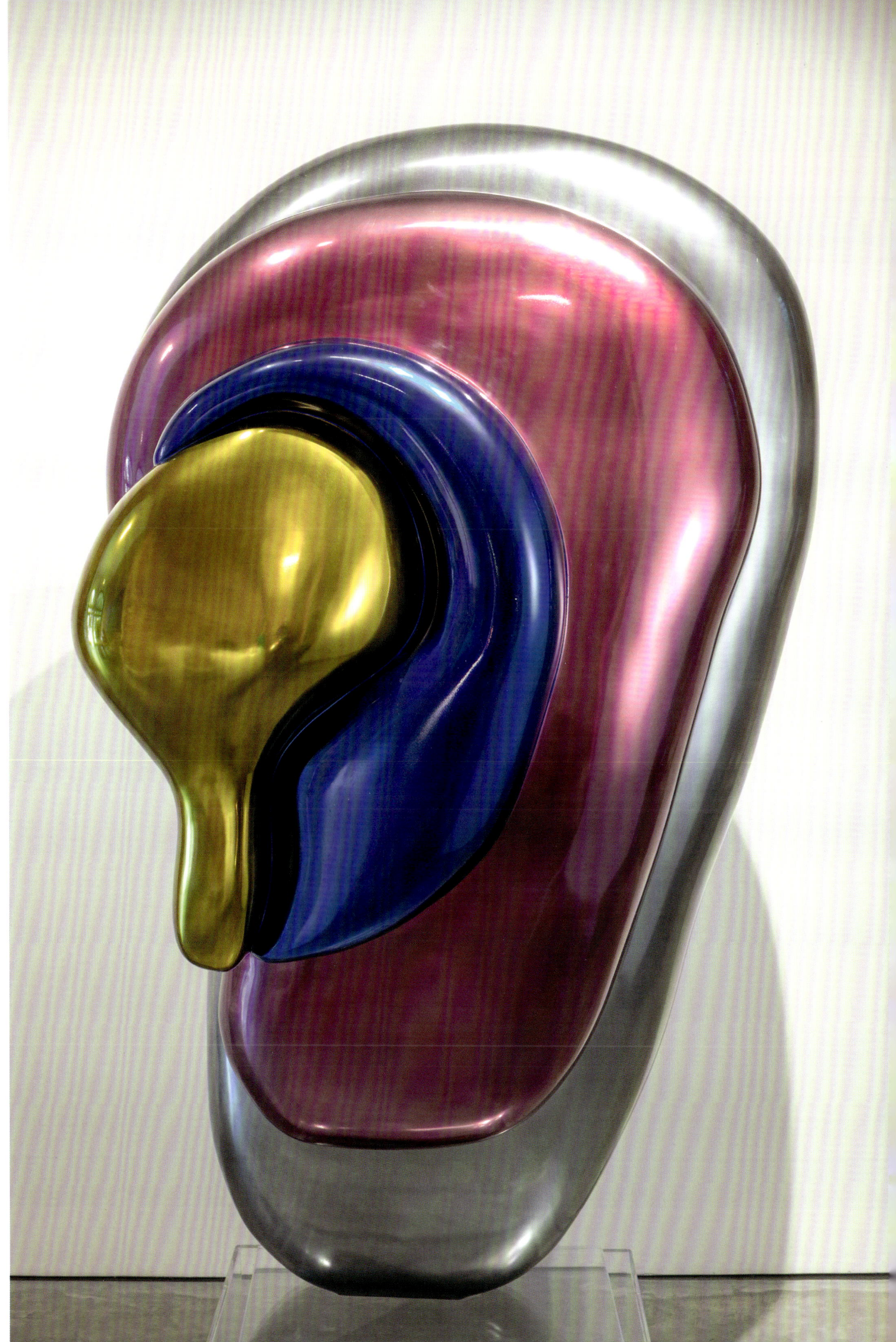

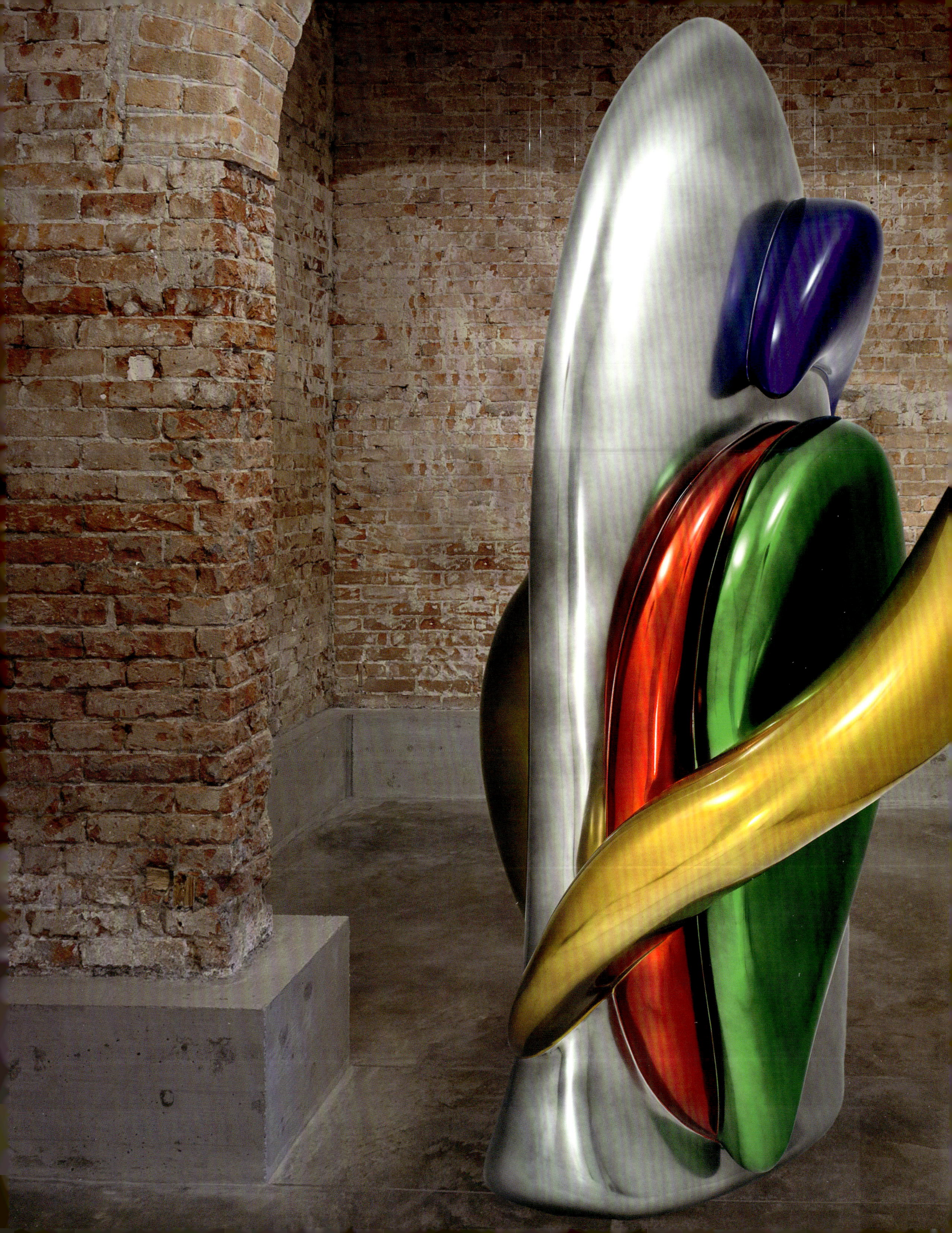

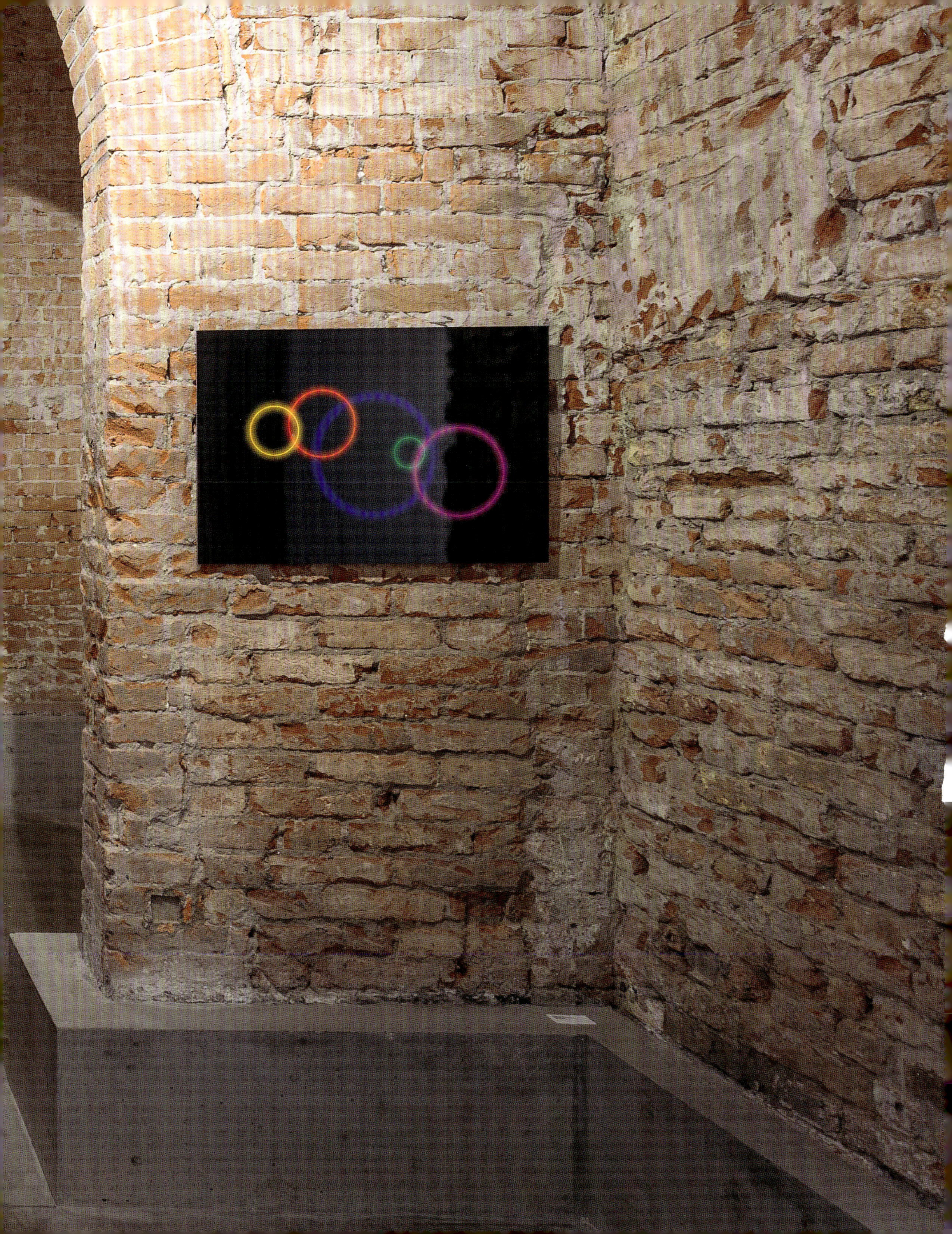

ELENCO DELLE OPERE / LIST OF WORKS

19 WOMAN FROM THE FUTURE
2007
mosaico, vetroresina epossidica, acciaio inossidabile / mosaic, epossidic fiberglass and stainless steel, 460 × 110 × 190 cm
Coral Springs, FL, USA

20-21 ACULEO / SPINE
2011
acciaio inossidabile e mosaico di vetro / stainless steel and glass mosaic, 230 × 220 × 130 cm, Caserma Cornioldi, Venezia / Venice

22-23 DIVINI VULTUS
2000
acrilico e alluminio / acrylic and aluminium, dimensioni variabili / variable dimensions
Blickachsen 3 Skulpturen im Kurpark Bad Homburg vor der Höhe, Germany

24-25 OCTOPUS
2011
mosaico di vetro, acciaio inossidabile / glass mosaic, stainless steel, Ø 130 × 560 × 550 cm
Yorkshire Sculpture Park

26-27 NIGHT AND DAY
2010
mosaico di vetro, acciaio inossidabile / glass mosaic, stainless steel, Ø 220 cm
Yorkshire Sculpture Park

28-29 SPIRIT AND LIGHT
2013
mosaico di vetro per *Hindustan Times* / glass mosaic for the *Hindustan Times*
172 × 475 × 3 cm
New Delhi, India

30 TRAIETTORIE STELLARI / STAR TRAJECTORIES
ideazione / ideation 2008, realizzazione / realisation 2012
seta e cotone filati a mano / hand embroidered in silk thread and cotton, 38,5 × 27 cm
55a Biennale di Venezia / 55th International Art Exhibition of la Biennale di Venezia; Biennale Giardini 2013

31 DIADEMA / DIADEM
ideazione / ideation 2008, realizzazione / realisation 2013
seta e cotone filati a mano / hand embroidered in silk thread and cotton, 33 × 33 cm
55a Biennale di Venezia / 55th International Art Exhibition of la Biennale di Venezia; Biennale Giardini 2013

32-33 NIGHT AND DAY
2010
mosaico di vetro, acciaio inossidabile / glass mosaic, stainless steel, Ø 220 cm
Yorkshire Sculpture Park

34-35 SANT'ANGELO
2013
mosaico di vetro e marmo / glass and marble mosaic, 178 × 120 cm
55a Biennale di Venezia / 55th International Art Exhibition of la Biennale di Venezia; Biennale Giardini 201

36/39 THE GARDEN OF INTUITIONS
2000
vetro, olio e bronzo / glass, oil and bronze, dimensioni variabili / variable dimensions, particolare / detail

40-41 INTO THE LIGHT
2009
particolare dell'installazione / detail of the installation
vetro, luci led, piume, pvc / glass, ledlight, feathers, pvc, installazione musicale / musical installation, 3,5 x 3 × 10 m, chiesa di San Samuele /church of San Samuele, Venezia / Venice

43 INTO THE LIGHT
2009
particolare dell'installazione / detail of the installation
vetro, luci led, piume, pvc / glass, ledlight, feathers, pvc, installazione musicale / musical installation, 3,5 x 3 × 10 m. chiesa di San Samuele /church of San Samuele, Venezia / Venice

44-45 THE WINGS OF LOVE
1997
nylon, piume / nylon, feathers, dimensioni variabili / variable dimensions
Museum und Galerie im Prediger, Schwabisch Gmund, 2002

46 EQUILIBRI / EQUILIBRIUM
1995
piume, nylon, rete / feathers, nylon, net, 320 × 240 × 67 cm

46 OCULAR PLANET
2022
mosaico e fibra di vetro / mosaic and fiber glass, dimensioni variabili / variable dimensions

47 ASCENSIONE / ASCENSION
1998
rete, fibra ottica, nylon / net, optical fiber, nylon, 600 × 130 × 60 cm

48-49 IL GIARDINO DELL'EDEN
THE GARDEN OF EDEN
2004
plexiglass, pvc e piume / perspex, polyester and feathers, dimensioni variabili / variable dimensions

51 OCULUS DEI
2001
perspex e acrilico / perspex and acrylic, Ø 150 cm

51 TRA LUNA E LE SETTE / BETWEEN THE MOON AND THE SEVEN
2001
acciaio e acrilico / steel and acrylic, 240 × 240 × 15cm
chiesa Santa Maria delle Croci /church of Santa Maria delle Croci, Ravenna

52-53 CREATIVE WISDOM
2009
vetro soffiato / hot glass blown dimensioni variabili / variable dimension chiesa di San Samuele / church of San Samuele, Venezia / Venice

54-57 IL CASTELLO DI SOLE / THE SUN CASTLE
2013
installazione musicale, tessuto, legno, specchio, mosaico di vetro / musical installation, textile, wood, mirror and glass mosaic
280 × 470 × 280 cm
55a Biennale di Venezia / 55th International Art Exhibition of la Biennale di Venezia; Biennale Giardini 2013

58-59 TRAIETTORIE STELLARI / STAR TRAJECTORIES
ideazione / ideation 2005, realizzazione / realisation 2011
12 anelli in calco di alluminio / 12 rings in cast aluminium, dimensioni variabili / variable dimensions

70-71 FIORE / FLOWER
2007
acquerelli / watercolours
45 × 30 cm

72 FIORI, PERLE, FARFALLE / FLOWERS, PEARLS, BUTTERFLIES
2005
acquerelli / watercolours
30 × 40 cm

73 GALASSIA / GALAXY
2006
acquerelli / watercolours
30 × 40 cm

74 PERLE, FARFALLE, GALASSIE / PEARLS, BUTTERFLIES, GALAXIES
2007
acquerelli / watercolours
30 × 45 cm

75 PERLE, FARFALLE, GALASSIE / PEARLS, BUTTERFLIES, GALAXIES
2007
acquerelli / watercolours
30 × 45 cm

76 PERLE, FARFALLE, GALASSIE / PEARLS, BUTTERFLIES, GALAXIES
2006
acquerelli / watercolours
30 × 45 cm

77 PERLE, FARFALLE, GALASSIE / PEARLS, BUTTERFLIES, GALAXIES
2007
acquerelli / watercolours
30 × 45 cm

80 ABISSI ROSSO / RED DEPTHS
2011
c-print, edizione di 15, diasec montata sotto plexiglass / c-print, edition of 15, diasec mounted under plexiglass, 180 × 134 cm

81 SPIRALE / SPIRAL
2010
c-print, diasec montata sotto plexiglass / c-print, diasec mounted under plexiglass, 40 × 29 cm

AURORA / DAWN
84 2011
stampa lambda, dibond, cornice
di legno / lambda print, dibond,
wood frame, 125 × 162 cm

FARFALLA / BUTTERFLY
2011
85 c-print, edizione di 15, diasec montata
sotto plexiglass / c-print, edition of 15,
diasec mounted under plexiglass,
180 × 134 cm

NOTTURNO / NOCTURNAL
86-87 2011
c-print, edizione di 15, diasec montata
sotto plexiglass / c-print, edition of 15,
diasec mounted under plexiglass,
180 × 134 cm

LAMPO / LIGHTING
88 2011
c-print, edizione di 15, diasec montata
sotto plexiglass / c-print, edition of 15,
diasec mounted under plexiglass,
180 × 134 cm

VIOLA
89 2011
c-print, edizione di 15, diasec montata
sotto plexiglass / c-print, edition of 15,
diasec mounted under plexiglass,
130 × 130 cm

MEDUSA ROSA / PINK JELLYFISH
90 2011
stampa lambda, dibond, cornice
di legno lambda print, dibond,
wood frame,
120 × 87 cm

91 ABISSI BLU / BLUE ABYSS
2011
c-print, diasec montata sotto plexiglass /
c-print, diasec mounted under plexiglass,
165 × 120 cm

TILLY
95 2016
alabastro / alabaster,
28 × 17 × 62 h cm

L'ABBRACCIO / THE HUG
97 2016
alabastro / alabaster,
40 × 20 × 50 h cm

LA FIAMMA DI LUCE SENZA FINE
99 THE FLAME OF LIGHT
WITHOUT END
2017
onice miele / honey onyx,
22,5 × 19 × 57,5 h cm

101 METEORITE
2017
marmo / marble statuario altissimo,
14 × 13 × 33 h cm

103 TRIADE / TRIAD
2017
onice / onyx
17 × 20 × 48 h cm

105 LA FIAMMA DI NERA SENZA FINE
THE BLACK FLAME ENDLESSLY
2016
marmo marquina / marble marquina,
18 × 21 × 45h cm

106-107 ECO / ECHO
2017
alabastro / alabaster,
65 × 16 × 100h cm

108-109 IL CIGNO BIANCO /
THE WHITE SWAN
2016
alabastro / alabaster,
78 × 35 × 52 h cm

111 L'ORIGINE / THE ORIGIN
2017
alabastro / alabaster,
60 × 40 × 107 h cm

113 IL GIGLIO / LILY
2017
alabastro / alabaster
23 × 15 × 92 h cm

115 IL SEME / THE SEED
2017
alabastro / alabaster,
55 × 18 × 55 h cm

117 LA BOCCA DEL VULCANO
THE MOUTH OF THE VOLCANO
2017
alabastro, luce / alabaster, light,
50 × 33 × 80 h cm

119 PETALI SOAVI / WHITE ONYX
2017
onice bianco / white onyx,
21,6 × 22,5 × 65 h cm

121 PANDORA
2017
onice bianco / white onyx,
21,3 × 25 × 47,5 h cm

123 CHIAVE DI SOL / CLEF
2017
alabastro / alabaster,
30 × 21 × 65 h cm

125 CUORE / HEART
2017
alabastro / alabaster,
41 × 36 × 20 h cm

128 UNTITLED
2011
tecnica mista su carta / mixed media
on paper, 38 × 27 cm

129 UNTITLED
2011
tecnica mista su carta / mixed media
on paper, 38 × 27 cm

130
UNTITLED
2011
tecnica mista su carta / mixed media
on paper, 38 × 27 cm

131 UNTITLED
2011
tecnica mista su carta / mixed media
on paper, 27 × 27 cm

133 GIRANDOLA / PINWHEEL
2017
calco di alluminio / cast aluminum,
130 × 124 × 26 h cm

135 INCONTRI / MEETINGS
2014
vetro soffiato a caldo e plasmato nella
fornace di Murano, Venezia / hot glass
blown and shaped in the furnace of
Murano, Venice, Ø 207 × 90 × 85 cm

137 VITA / LIFE
2017
vetroresina epossidica, pittura acrilica,
acciaio inossidabile /epossidic fiberglass
and acrylic paint, stainless steel, 90 × 120
× 136 h cm

139 SOSPIRO / SIGH
2017
vetroresina epossidica, pittura acrilica,
acciaio inossidabile /epossidic fiberglass
and acrylic paint, stainless steel, 86 × 65
× 150 h cm

142-143 AMORE / LOVE
2017
vetroresina epossidica, pittura acrilica,
acciaio inossidabile /epossidic fiberglass
and acrylic paint, stainless steel, 120 ×
110 × 220 h cm

144-145 JILLY
2017
vetroresina epossidica, pittura acrilica,
acciaio inossidabile /epossidic fiberglass
and acrylic paint, stainless steel, 76 × 100
× 190 h cm

147 IL FIORE / THE FLOWER
2016
calco di bronzo / cast bronze,
35 × 20 × 73 h cm

148-149 INFINITAMENTE / ENDLESSLY
2017
vetroresina epossidica, acrilici / epossidic
fiberglass, acrylic colors, 208 × 102 ×
230 h cm

153 NUCLEO / NUCLEUS
2017
calco di alluminio / cast aluminum,
130 × 90 × 23h cm

154-155 INSIEME / TOGETHER
2017
vetroresina epossidica / epossidic
fiberglass, 120 × 90 × 200 h cm

GENESI / GENESIS
157 2017
vetroresina epossidica, acciaio
inossidabile, acrilici / fiber glass, stainless
steel, acrylic colors, 115 × 80 × 185 h cm

158-159 GENESI / GENESIS
2017
acciaio inossidabile, acrilici / stainless
steel, acrylic colors
115 × 80 × 185 h cm

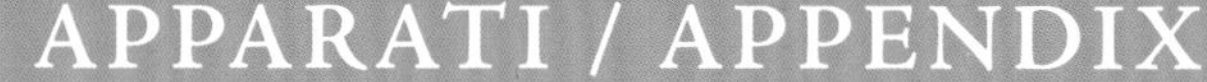

APPARATI / APPENDIX

MariaLuisa Tadei è nata a Rimini. Ha studiato storia dell'arte presso l'Università di Bologna e arte all'Accademia di Belle Arti di Bologna, a Düsseldorf e al Goldsmiths' College di Londra. Ha iniziato a dedicarsi alla scultura, agli inizi degli anni novanta, esibendo le sue opere a livello internazionale in gallerie e musei in Europa e America. Ha partecipato a esposizioni durante la Biennale d'Arte di Venezia nel 2009 e 2013, e alla Biennale di Architettura di Venezia nel 2010; inoltre nel 2008 ai Giochi Olimpici di Pechino. I suoi lavori sono parte di collezioni permanenti di musei in Italia, Olanda, Germania e Slovenia, mentre le commissioni pubbliche da lei realizzate includono pezzi scultorei per una stazione ferroviaria in Italia, per la città di Coral Springs in Florida, per un quotidiano in India, per la più grande nave da crociera del mondo e per Florida International University a Miami. Uno dei suoi pezzi è stato esposto fuori degli uffici del *Times* a Londra, e due dei suoi lavori sono al momento conservati al prestigioso Yorkshire Sculpture Park, nel Nord dell'Inghilterra. Si dedica anche alla fotografia e alla pittura. La sua arte è caratterizzata dall'utilizzo audace di colori e materiali, che includono mosaico, vetro, bronzo e piume, e dalle qualità liriche e spirituali del suo linguaggio artistico, che cerca di illuminare ciò che è intangibile e dare peso a ciò che è inconsistente.

"Marialuisa Tadei riesce a conferire forma astratta al mistero della vita, suggerendone così la trascendenza dalla natura in cui comunemente si manifesta, il carattere ultraterreno, al di là del tempo e dello spazio, simile alla sapienza creativa di Dio."
Donald Kuspit, *critico e docente di storia dell'arte, Stony Brook University, New York*

Marialuisa Tadei was born in Rimini, Italy. She studied art history at the University of Bologna, and art at the Accademia di Belle Arti, Bologna, in Düsseldorf and at Goldsmiths' College, London. She began to make sculpture in the early 1990s and has shown widely at galleries and museums in Europe and America. As well as this year, she has exhibited previously during the Venice Art Biennale in 2009 and 2013 and at its Architecture Biennale in 2010, and showed at the 2008 Olympic Games in Beijing. Her work is in the permanent collections of museums in Italy, Holland, Germany and Slovenia, while her public commissions include sculptures for a station in Italy, for the city of Coral Springs, Florida, for a newspaper in India, for the world's largest cruise ship and for Florida International University, Miami. One of her pieces was recently on display outside the offices of *The Times* in London and two of her works are currently at the prestigious Yorkshire Sculpture Park, in northern England. She also makes photographs and paintings. Her art is characterised by her bold use of colour and materials, including mosaic, glass, bronze and feathers, and by the lyrical and spiritual qualities of her artistic language, which seeks to make light what is dense and give weight to what is insubstantial.

"Marialuisa Tadei succeeds in giving the mystery of life abstract form, implying that it transcends the nature in which it ordinarily manifests itself, suggesting that it is unworldly - beyond space and time - like God's creative wisdom."
Donald Kuspit, *critic and professor of art history, University of New York at Stony Brook*

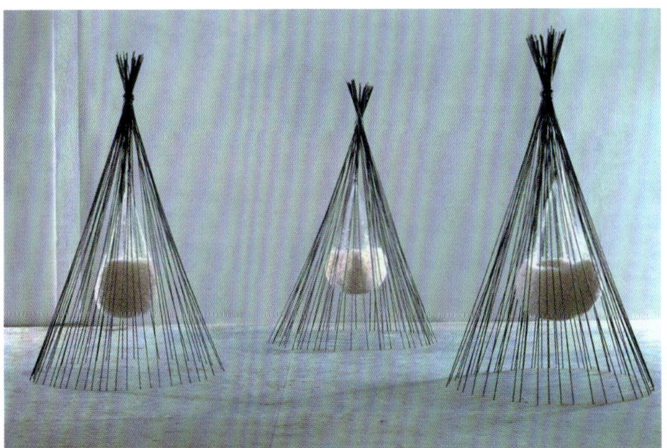

Senza titolo / Untitled, 1996
metallo e piume /metal and feathers, 300 × 180 × 180 cm
Galleria Atelier, Siena

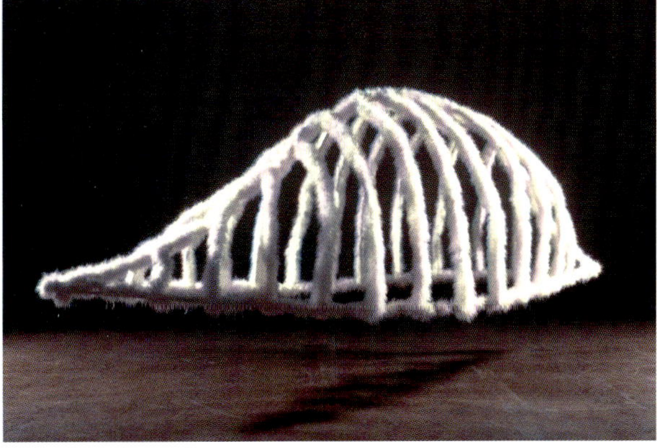

Arca, 1997
ferro e piume / iron and feathers
300 × 120 × 112 cm
Musma Museo della Scultura Contemporanea, Matera

ESPOSIZIONI PERSONALI / SOLO EXHIBITIONS

2017
Endlessly, Il Giardino Bianco Art Space, Venezia, Italia / Italy

2016
I Luoghi dell'Infinito, Garibaldi Art Space, Venezia, Italia / Italy

2014
A Sense of Wonder (Il Senso dello Stupore), Galleria Da Mihi, Berne, Svizzera / Switzerland

2012
Traiettorie Stellari, Galleria "Il ritrovo di Rob Shazar", a cura di / curated by Alan Jones, Sant'Agata De' Goti, Italia / Italy

2011
Marialuisa Tadei, Galleria Hay Hill, London, UK

Octopus, arte pubblica in / public art in Thomas More Square, London, UK, in collaborazione con / in collaboration with Galleria Hay Hill e / and Land Securities

2009
Into the Light (Passaggio alla Luce), a cura di / curated by Giorgio Cortenova, chiesa di San Samuele, Venezia, Italia / Italy

Inside the Eyes (Dentro lo Sguardo), a cura di / curated by Valerio Dehò, Galleria Contemporary Concept, Bologna, Italia / Italy

2007
Eternity (Eternità), Istituto Italiano di Cultura, New York, USA

2006
Marialuisa Tadei – Viaggio nella Visione, macrocosmi – microcosmi, Galleria Gagliardi Art System, Torino, Italia / Italy

Interior Nature (Natura Interiore), Art Centre South Florida, organizzato da / organized by Mariangela Capuzzo/Locomotives and Setart, Miami, Florida, USA

2005
Levitatis Laudatio (Elegia sulla Leggerezza), Art Centre South Florida, organizzato da / organized by Mariangela Capuzzo/Locomotives and Setart, Miami, Florida, USA

2004
Cosmic X, a cura di / curated by Brane Kovic, testo di / text by Brane Kovic (cat.), Galleria Civica Mestna Galerija, Lubijana, Slovenia

Cosmic X1, a cura di / curated by Brane Kovic, testo di / text by Brane Kovic (cat.), Istituto Italiano di Cultura, Lubijana, Slovenia

Cosmic Y, a cura di / curated by Brane Kovic, testo di / text by Brane Kovic (cat.), Galleria Civica Mestna Galerija, Nova Gorica, Slovenia

Cosmic Z, a cura di / curated by Brane Kovic, testo di / text by Brane Kovic (cat.), Galleria Patrizia Poggi, Ravenna, Italia / Italy

2003
Innerspace (Spazio Interiore), a cura di / curated by Massimo Sgroi, Vito Caiati, Geo Arte Contemporanea, Bari, Italia / Italy

Walking Between Galaxies (Camminando tra Galassie), organizzato da / organized by Luminarte/Galleria Patrizia Poggi/Consiglio Comunale di Ravenna, a cura di / curated by Fabiola Naldi, testo di / text by Fabiola Naldi (cat.), Ravenna, Italia / Italy

2002
Soglia/Übergang/Threshold, a cura di / curated by Gabriele Holthuis, Direttore del / Director of Museum im Prediger, testi di / texts by Gabriele Holthuis, Gottlieb Leinz, Direttore del / Director of Museo Wilhelm Lehmbruck, Duisburg, Germania / Germany, e di / and Achille Bonito Oliva e / and Victor De Circasia (cat.), "Museum und Galerie im Prediger", Schwäbisch Gmünd, Germania / Germany / Kulturzentrum, Englische Kirche e Galleria Scheffel, Bad Homburg vor der Höhe, Germania / Germany

2001
Coming in (In Arrivo), Galleria Scheffel, Bad Homburg vor der Höhe, Frankfurt, Germania / Germany

No Border (Nessun Confine), a cura di / curated by Claudio Spadoni, testo di / text by Claudio Spadoni (cat.), Santa Maria delle Croci, Ravenna, Italia / Italy

2000
Il giardino di Marialuisa, a cura di / curated by Giovanni Pintori, Studio Ercolani, Bologna, Italia / Italy

1997
Incisioni, diretto da / directed by Tommaso Binga, a cura di / curated by Claudio Cerritelli, testo di / text by Claudio Cerritelli (cat.), Centro Culturale Lavatoio Contumaciale, Roma, Italia / Italy

Installazioni, a cura di / curated by Omar Calabrese, testo di / text by Omar Calabrese (cat.), Galleria Atelier, Siena, Italia / Italy

ESPOSIZIONI COLLETTIVE / GROUP EXHIBITIONS

2018
Il vuoto e le forme 6., a cura di / edited by Anna Caterina e / and Daniela Bellati, VI Edizione, Chiavenna Biennale, Chiavenna, Italia / Italy

Venire per avere, a cura di / curated by Bustos Domenech, ARCOS - Museo d'Arte Contemporanea, Benevento, Italia / Italy

Our place in space (Il nostro posto nello Spazio), 11 Artists ispirati dalle immagini del Hubble Space Telescope, III edizione /edition, organizzata da / organized by ESA e / and Bellati Editore con il contributo della / with the contribution of NASA, a cura di / curated by Tania Johnston, Anna Caterina Bellati e / and Antonella Nota, ESO Supernova Planetarium e Visitor Centre, Garching, Monaco di Baviera, Germania / Germany

Coupure, a cura di / curated by Bustos Domenech e / and Elisabetta Castellari, Il Giardino Bianco Art Space, Venezia, Italia / Italy

Sostanza d'acqua - I canali della Serenissima, cura di / curated by Anna Caterina Bellati, Palazzetto Tito - Fondazione Bevilacqua La Masa, Venezia, Italia / Italy

Una sera incontrai un ragazzo gentile, a cura di / curated by Anna Caterina Bellati, Chiavenna, Italia / Italy

2017
Montezuma, Fontana, Mirko. La scultura in mosaico dalle origini a oggi, a cura di / curated by Alfonso Panzetta, con la collaborazione di / with the collaboration of Daniele Torcellini, testo di / text by Alfonso Panzetta e / and Daniele Torcellini, MAR - Museo d'Arte della città, Ravenna, Italia / Italy

Scultura Mosaico, curatela e testo di / curatorship and text by Laura Gavioli, Museo Nazionale di Ravenna (Museo di San Vitale), Ravenna, Italia / Italy

Our place in space (Il nostro posto nello Spazio), 11 Artists ispirati dalle immagini del Hubble Space Telescope, organizzata da / organized by ESA e / and Bellati Editore con il contributo della / with the contribution of NASA, a cura di / curated by Antonella Nota e / and Anna Caterina Bellati, Campo Santo Stefano, Palazzo Cavalli Franchetti, Venezia, Italia / Italy

Our place in space (Il nostro posto nello Spazio), 10 Artists ispirati dalle immagini del Hubble Space Telescope, organizzata da / organized by ESA e / and Bellati Editore con il contributo della / with the contribution of NASA, a cura di / curated by Antonella Nota e / and Anna Caterina Bellati, ex Convento dei Cappuccini e / and Piazza Bertacchi, Chiavenna, Italia / Italy

Transit-Reality, Mihi Gallery, Berna, Svizzera / Switzerland

2016
Il vuoto e le forme 5., a cura di / curated by Anna Caterina e / and Daniela Bellati, V edizione Chiavenna Biennale, Chiavenna, Italia / Italy

2015
Materia Celeste, a cura di / curated by Anna Caterina Bellati e / and Antonella Nota, Venezia, Italia / Italy

2013
55ª *Biennale d'Arte*, Il Palazzo Enciclopedico, a cura di / edited by Massimiliano Gioni, "Silk Map", Padiglione Venezia ai Giardini Napoleonici, Venezia, Italia / Italy

Il Palazzo Enciclopedico, a cura di / curated by Massimiliano Gioni, "Silk Map", Padiglione Venezia ai Giardini Napoleonici, Venezia, Italia / Italy

Yourope in progress, a cura di / curated by Ewald Stastny, Palazzo Bonvincini, Venezia, Italia / Italy

Open Air, Octopus, e *Night and Day (Notte e Giorno)*, in mostra al / on exhibition at Parco delle Sculture dello Yorkshire, UK

Luce sul Mare, a cura di / curated by Anna Caterina Bellati, Porto Mirabello, La Spezia, Italia / Italy

Cuore e anima, Art Hotel Gran Paradiso, a cura di / curated by Ignazio Maria Colonna, Sorrento, Italia / Italy

2011
Un'idea di Mare, a cura di / curated by Anna Caterina Bellati, in collaborazione con / in collaboration with Ismar, Caserma Cornoldi, Venezia, mostra in parallelo con la / in parallel with 54ª Biennale d'Arte di Venezia, Italia / Italy

Art London (Galleria Hay Hill), Royal Hospital Chelsea, London, UK

Progetto scultura, a cura di / curated by Beatrice Buscaroli, Castel Sismondo, Rimini, Italia / Italy

Loghi Italiani: storie dell'arte di eccellere, Museo d'Arte Guan Shanyue, Shenzhen, China

2010
Il vuoto e le forme, a cura di / curated by Anna Caterina Bellati, XII Biennale di Architettura, Venezia, Italia / Italy

14° Biennale d'Arte Sacra, Fondazione Stauros, a cura di / curated by Giorgio Cortenova *et al.*, San Gabriele, Teramo, Italia / Italy

Biennale di Scultura Internazionale 2010, a cura di / curated by Luciano Caramel, Racconigi, Italia / Italy

2009
Fare mondi, a cura di / curated by Daniel Birenbaum, 53ª Biennale d'Arte, Venezia, Italia / Italy

2008
10° Edizione Artisti della Carpegna, a cura di / curated by Giovanni di Carpegna Falconieri, Palazzo dei Principi, Carpegna, Italia / Italy

Dall'Accademia alla Fornace, arte per lo sviluppo del territorio, a cura di / curated by Silvia Rossetti, testo di / text by Fabio Girardello, Fornace di Asolo, Asolo, Italia / Italy

Settima Biennale dell'arte sperimentale, Museo Manege, a cura di / curated by Enzo Fornaro e / and O. Dotti, St. Petersburgh, Russia

Olympic Fine Arts 2008 (Esposizione ufficiale ai Giochi Olimpici), a cura di / curated by Katy Feng, Hu Xiaowei, Beijing, China

Donna Materia Creatività, Galleria Palazzo Coveri, Firenze, Italia / Italy

10 + 10 = 20 anni. Poeti e artisti per clanDestino. 29° Meeting per l'amicizia fra i popoli. O protagonisti o nessuno, a cura di / curated by Beatrice Buscaroli, Davide Rondoni, Padiglione clanDestino, Rimini, Italia / Italy

CMYK – I linguaggi del Mediterraneo, Pinerolo, Italia / Italy

Astralia Mirano, a cura di / curated by Maria Luisa Trevisan, Venezia, Italia / Italy

Creek Art Fair, Bastakiya, Dubai, Emirati Arabi Uniti

2007
Shanghai Mart Art Fair, Galleria Present Contemporary Art, Shanghai, Cina

Non calpestare le margherite, Palazzo dei Principi di Carpegna, Pesaro, Italia / Italy

2006
Quaranta per quaranta circa, Galleria PAD – Pay and Display, Verona, Italia / Italy

Nuove presenze, Museo della Scultura temporanea, Parco Ranghiasci, a cura di / curated by Giorgio Bonomi, Gubbio, Italia / Italy

XXIV Biennale di Scultura, Palazzo Ducale/Ari del Palazzo dei soli/Palazzo Pretorio/Palazzo del Turismo/Parco Ranghiasci, a cura di / curated by Giorgio Bonomi, Gubbio, Italia / Italy

Unnaturally Occurring: Salt, Sand, Bronze, Gold, con / with Makoto Fujimura, Clement Price-Thomas, Marialuisa Tadei, Karina Wisniewska, Galleria Sara Tecchia Roma-New York, USA

Ephemeral/Trends (Effimero/Di Tendenza), IV Arteamericas Fair, Coconut Grove Convention Centre Miami, progetto a cura di / curated by Milagros Bello Ph. D, Miami, USA

Esposizione di lavori acquisiti e donati al MAR - Museo Arte Ravenna, Italia / Italy, a cura e catalogo di / curatorship and catalogue by Claudio Spadoni

L'immaginario femminile, Galleria Biasutti & Biasutti, a cura di / curated by Piero Gilardi, Giuseppe Biasutti, Torino, Italia / Italy

2005
Omni Art, Art Basel Miami, a cura di / curated by Tina Spiro, Carol Damian, Julia Herzberg, Miami, USA

Erect ArtCenter/South Florida & Majestic Properties, Miami Design District, a cura di / curated by Claire Bruekel, Miami, USA

Galleria Altri Lavori in Corso, Roma, Italia / Italy

56ª *edizione Premio Michetti IN & OUT opera e ambiente nella dimensione Glocal*, a cura di / curated by Luciano Caramel, testo di / text by Luciano Caramel (cat.)

Palazzo San Domenico, Museo e Fondazione Michetti, Francavilla a Mare, Italia / Italy

ClanDestino, Meeting dell'amicizia fra i popoli, a cura di / curated by Gianfranco Lauretano, Rimini, Italia / Italy

Altre Lilith. Le Vestali dell'Arte-Terzo Millennio, Museo Tuscolano – Scuderie Aldobrandini, a cura di / curated by Rosetta Zozzini, Gabriella Serusi, testo in catalogo di /catalogue text by Gabriella Serusi, Frascati, Italia / Italy

Dreamscapes (Paesaggi Immaginari), John Michael Kohler Arts Center, a cura di / curated by Carmen Devine, Sheboygan, USA

2004
Cass Sculpture Foundation,
London, UK

Galleria il Torchio Costantini,
Milano, Italia / Italy

Lang Gallery, London, UK

ClanDestino arteat, Meeting dell'amicizia fra i popoli, a cura di / curated by Marina Mojana, Fiera di Rimini, Rimini, Italia / Italy

Maravee Clorofilla, a cura di / curated by Sabrina Zannier (cat. Comunicarte Edizioni), Villa Ottelio-Savorgnan, Ariis di Rivignano (UD), Italia / Italy

Arte Fiera Bologna, Galleria Patrizia Poggi, Ravenna, Italia / Italy

2003
Vergine d'oliva, Pinacoteca, Bari, Italia / Italy

Sala del Parlamento Europeo Strasburgo, a cura di / curated by Vito Caiati, testo di / text by Vito Caiati, Lorella Scacco, Giusi Petruzelli, Antonella Marino (cat.), Strasbourg, Francia / France

Io non ho paura del colore, a cura di / curated by Lorella Scacco, testo di / text by Lorella Scacco (cat.), Villa Piccolomini, Roma, Italia / Italy

Wulbari Galleria en plein air, a cura di / curated by Wences Rambla (cat.), Pinerolo, Italia / Italy

Art2003 London Art Fair, Galleria Robert Sandelson, London, UK

2002
Arcadia in the City (L'Arcadia in Città), Marble Hill Richmond, London, UK

Fiera dell'arte di Colonia, Galleria Scheffel, Bad Homburg vor der Höhe, Germania / Germany

Fiera dell'Arte di Francoforte, Galleria Scheffel, Bad Homburg vor der Höhe, Germania / Germany

L'ultima cena (con /with Bill Viola, Andres Serrano, Mimmo Paladino, Nino Longobardi, Marco Neri, Michele Chiossi, Gabriel Orozco, Miltos Manetas, Bianco-Valente, Gulia Lusikova, Giovanni Rizzoli, Jason Martin, Perino & Vele, Arturo Casanova, David Bade, Loris Cecchini, Martino Coppers, Chiara Dynys, Peter Friedl, Giuseppe Mingione, Simon Morley, Ryuji Miyamoto, Marina Nunez, Simon Reilly, Markus Schaller, Pieter Schoolwerth, Adrian Tranquilli, Vedovamazzei, Sislej Xhafa, Peter Zimmerman (cat.), a cura di / curated by Massimo Sgroi, Castello dell'Ovo, Napoli, Italia / Italy

La beauté du geste (La bellezza del gesto), Salon de l'Art, a cura di / curated by Marie Aimée Tirole, sezione italiana a cura di / curated by Boris Brollo (cat.), Principauté de Monaco

Glass Way (con /with Joseph Beuys, Louise Bourgeois, Marcel Duchamp, Jaume Plensa e altri / and ohters), sezione contemporanea a cura di / contemporary section curated by Maurizio Sciaccaluga (cat.), Museo Archeologico Regionale, Aosta, Italia / Italy

Scultura Internazionale al Parco La Mandria (con / with William Pye, Antony Gormley, Anish Kapoor, Rui Chafef, Edward Chillidia, Esther Ferrer, John Aiken, Anselmo, Jean Pierre Rainaud, Ruick Reim, cat.), presentato da / presented by Sir Nicholas Serota, scritto e curato da /written and curated by Victor De Circasia, organizzato dall'/organized by Associazione Piemontese Arte, Parco La Mandria, Torino, Italia / Italy

Blu-Place Arte, a cura di / curated by Victor De Circasia, testo di / text by Victor De Circasia (cat.), Cavagnolo Po (TO), Italia / Italy

Sculturama, Galleria Annovi, a cura di / curated by Maurizio Sciaccaluga, testo di / text by Maurizio Sciaccaluga (cat.), Sassuolo, Italia / Italy

Lune parlanti, ideato da / from an idea by Walter Gasperoni, a cura di / curated by Walter Gasperoni, testo di / text by Alberto Fiz, Vittoria Cohen, Flaminio Gualdoni, Emilio Tadino, Cesare Padovani (cat.), Rocca Malatestiana di Montefiore, Rimini, Italia / Italy

No-Style Show (Metal Room), a cura di / curated by Boris Brollo, testo di / text by Boris Brollo (cat.), San Donà di Piave (VE), Italia / Italy

2001
Fiera dell'Arte di Colonia, Galleria Scheffel, Bad Homburg vor der Höhe, Germania / Germany

Fiera dell'arte di Francoforte, Galleria Scheffel, Bad Homburg vor der Höhe, Germania / Germany

Blickachsen 3 Skulpturen im Kurpark (con / with Louise Bourgeois, David Nash, Jaume Plensa, Wolf Vostell, cat.), a cura di / curated by Cristian Scheffel, testo di / text by Gottlieb Leinz, Direttore del Museo Wilhelm Lehmbruck, Duisburg, Germania / Germany, Bad Homburg vor der Höhe, Germania / Germany

Tattoo tagi, Pescheria d'Este, a cura di / curated by Maria Luisa Trevisan, testo di / text by Maria Luisa Trevisan (cat.), Padova, Italia / Italy

Arte oggetto '01 xyz cmyk, Biblioteca comunale, a cura di / curated by Maria Luisa Trevisan e Boris Brollo, testi di / texts by Maria Luisa Trevisan e / and Boris Brollo (cat.), Buia (UD), Italia / Italy

In-pressione, AEM Stabilimenti Gas-Bovisa, a cura di / curated by Mimmo di Marzio, Chiara Guidi, testi di / texts by Mimmo di Marzio, Chiara Guidi (cat.), Milano, Italia / Italy

Mo.vi.e Modena mostra video (con / with Franco Vaccari, Willy Darko, Jorge Peris, Laura Ambrosi, Giuliana Cuneaz, Maurizio Camerani), a cura di / curated by Willy Darko e / and Mario Bertoni, col patrocinio della / under the patronage of Provincia di Modena, Chiesa di San Paolo, Modena, Italia / Italy / Italy/ a cura di / curated by Willy Darko, col patrocinio del / under the patronage of Comune e Provincia di Novara (cat.), Italia / Italy

Videotape, Palazzo Arengo del Broletto, Novara, Italia / Italy

Art Tv On Match Music Tv station, a cura di / curated by Fabiola Naldi

Kunst in der Kammer 5, Borsa valori di Francoforte, a cura di / curated by Cristian Scheffel, testi di / texts by Ursula Grzecha-Mohr, Städelsches Kunstinstitut und Museum, Frankfurt, Germania / Germany

Aeroporto Internazionale (2001-2002) a cura di / curated by Cristian Scheffel, testi di / texts by Ursula Grzecha-Mohr, Städelsches Kunstinstitut und Museum, Frankfurt, Germania / Germany

2000
Maionese, Galleria en plein air, a cura di / curated by Luca Beatrice, Alessandra Galletta, testi di / texts by Luca Beatrice, Alessandra Galletta (cat.), Pinerolo, Italia / Italy

Onda Big, Galleria en plein air, a cura di / curated by Olga Gambari, testi di / texts by Olga Gambari, Pinerolo, Italia / Italy

One Day at a Time (Giorno per giorno), Galleria en plein air, a cura di / curated by Alberto Barbero, Olga Gambari, Marco Aime, Pino Guglielmo, Margherita Hack, Paolo Molino, Marco Robino, Andrej Termikov, testi di / texts by Alberto Barbero, Olga Gambari, Marco Aime, Pino Guglielmo, Margherita Hack, Paolo Molino, Marco Robino, Andrej Termikov (cat.), Pinerolo, Italia / Italy

Periplo della scultura italiana temporanea 2, a cura di / curated by Giuseppe Appella, Pier Giovanni Castagnoli, Fabrizio D'Amico, testi di / texts by Giuseppe Appella, Pier Giovanni Castagnoli, Fabrizio D'Amico (cat.), Matera, Italia / Italy

Anatomie del paesaggio, a cura di / curated by Maria Luisa Trevisan, testo di / text by Maria Luisa Trevisan (cat.), Sant'Elena D'Este, Italia / Italy

1999
Museo all'aperto, a cura di / curated by Miriam Campagnini, testo di / text by Miriam Campagnini, col patrocinio del / under the patronage of Comune di Vicchio (cat.), Vicchio (FI), Italia / Italy

Morbi, Mole Vanvitelliana, a cura di / curated by Antonio Luccarini, testo di / text by Antonio Luccarini, col patrocinio del / under the patronage of Comune di Ancona (cat.), Ancona, Italia / Italy

Pubblicità: una vista dall'arte, a cura di / curated by Pierre Restany, testo di / text by Pierre Restany (cat.), Spazio Consolo, Milano, Italia / Italy

1998
Gli elementi – Water Air Earth Fire (Gli elementi – Acqua Aria Terra Fuoco). Tra arte e ambiente, a cura di / curated by Maria Luisa Trevisan, Lucia Majer, Umberto Daniele, testi di / texts by Maria Luisa Trevisan, Lucia Majer, Umberto Daniele (cat.), Sant'Elena D'Este, Italia / Italy

OPERE IN COLLEZIONI PUBBLICHE / WORK IN PUBLIC COLLECTIONS

Yorkshire Sculpture Park,
Leeds, UK

Museo della Scultura "MUSMA",
Matera, Italia / Italy

Museo d'arte della Città di Ravenna "MAR",
Ravenna, Italia / Italy

Museo della Scultura Contemporanea,
Gubbio, Italia / Italy

Museo "Beelden aan Zee",
Hague/Scheveningen, Olanda /
The Netherlands

Collezione della società Fresenius,
Bad Homburg vor der Höhe, Germania / Germany

Museo di Arte Contemporanea "Mestna Galerija Nova Gorica", Nova Gorica, Slovenia

Bad Homburg vor der Höhe Public Collection
Frankfurt, Germania / Germany

Museum im Prediger,
Schwäbisch Gmünd, Germania / Germany

Cass Sculpture Foundation,
Sussex, UK

Museo all'aperto,
Vicchio, Italia / Italy

City Public Collection,
Coral Springs, Florida, USA

Florida International University College of Law,
Miami, Florida, USA

Stazione sotterranea di Acerra
Napoli, Italia / Italy

Collezione Novartis,
West Sussex, UK

Stazione Circumvesuviana, Acerra (NA), Italia / Italy

PREMI / PRIZES

2014
Vincitrice della competizione per la realizzazione di una scultura per la nave da crociera / Winner of the competition for the realization of a sculpture for the cruise ship *Quantum of the Seas*, Miami, USA. Scultura in vetro soffiato / blown glass *Meeting*, esposizione permanente / permanent exhibition

2013
BAMM (British Association of Modern Mosaicists)
Mosaico dell'anno / Mosaic of the year 2013,
Il Castello di Sole

2008
Florida International University College of Law,
Miami, Florida, USA

2003
Concorso pubblico per i nuovi Tribunali di Pescara,
Italia / Italy
Primo premio nella sezione giovani artisti / Prize for the young artists section

2006-2007
City Public Collection,
Coral Springs, Florida, USA

2004
Stazione Circumvesuviana
Napoli, Italia / Italy

2002
Menzione speciale della Giuria alla Terza edizione del premio Internazionale di Scultura della Regione Piemonte
a cura dell' / curated by Associazione Piemontese Arte e della Galleria di San Filippo Neri
Testi di / texts by Claudio Cerritelli, Martina Corgnati, Pier Giovanni Castagnoli (cat.),
Torino, Italia / Italy

2001
Vincitrice del premio Novartis
Esposizione permanente,
Novartis, Horsham, West Sussex, UK

in copertina / Cover
La fiamma di luce senza fine /
The flame of light without end
2017

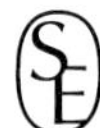
Silvana Editoriale

Direzione editoriale / Direction
Dario Cimorelli

Art Director
Giacomo Merli

Coordinamento editoriale / Editorial Coordinator
Sergio Di Stefano

Redazione / Copy Editor
Lorena Ansani

Progetto grafico / Graphic Design
Nicola Cazzulo

Traduzioni / Translations
Contextus srl, Pavia (Sara Crimi)

Coordinamento di produzione / Production Coordinator
Antonio Micelli

Segreteria di redazione / Editorial Assistant
Ondina Granato

Ufficio iconografico / Photo Editor
Alessandra Olivari, Silvia Sala

Ufficio stampa / Press Office
Lidia Masolini, press@silvanaeditoriale.it

Silvana Editoriale S.p.A.
via dei Lavoratori, 78
20092 Cinisello Balsamo, Milano
tel. 02 453 951 01
fax 02 453 951 51
www.silvanaeditoriale.it

Le riproduzioni, la stampa e la rilegatura
sono state eseguite in Italia
Reproductions, printing and binding in Italia / Italy
Stampato da / Printed by Grafiche Aurora, Verona
Finito di stampare nel mese di aprile 2018
Printed April 2018

Crediti fotografici / Photo credits

Claudio Abate,
Aurelio Amendola,
Francesco Allegretto,
Gianlcua Bardonchelli,
Elzbieta Bialkowska,
Ferdinand Carabott,
Nicola Gnesi,
Markus Hofele,
Fabio Luisetti,
Laura Macelli,
Giovanni Matarazzo,
Ernani Orcorte,
Vito Panico,
Alejandro Pintado,
Michele Sereni,
Roberto Turci,
Jim Varney,
Valerio Vasi,
Giuseppe Vezzoli,
Fabio Zani,
Fabrizio Zani